Gerhard Hirtlreiter

Vinschgau

Reschenpass – Sulden – Martelltal – Schnalstal

50 ausgewählte Wanderungen und Bergtouren

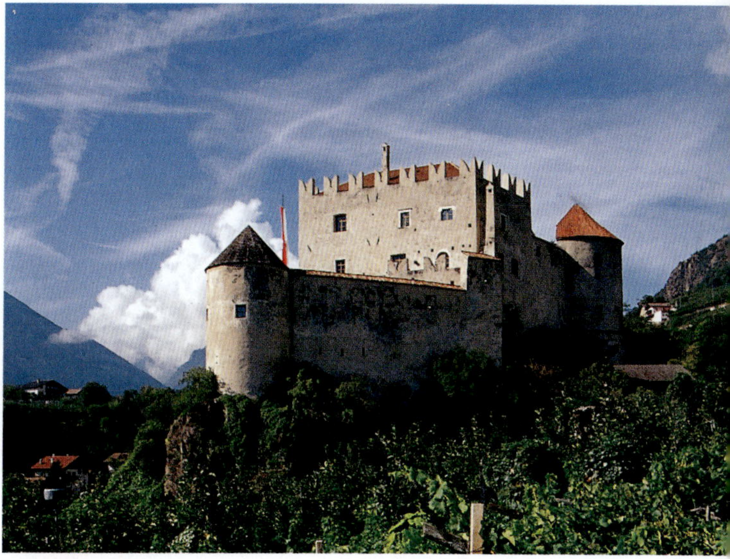

ROTHER
BERGVERLAG

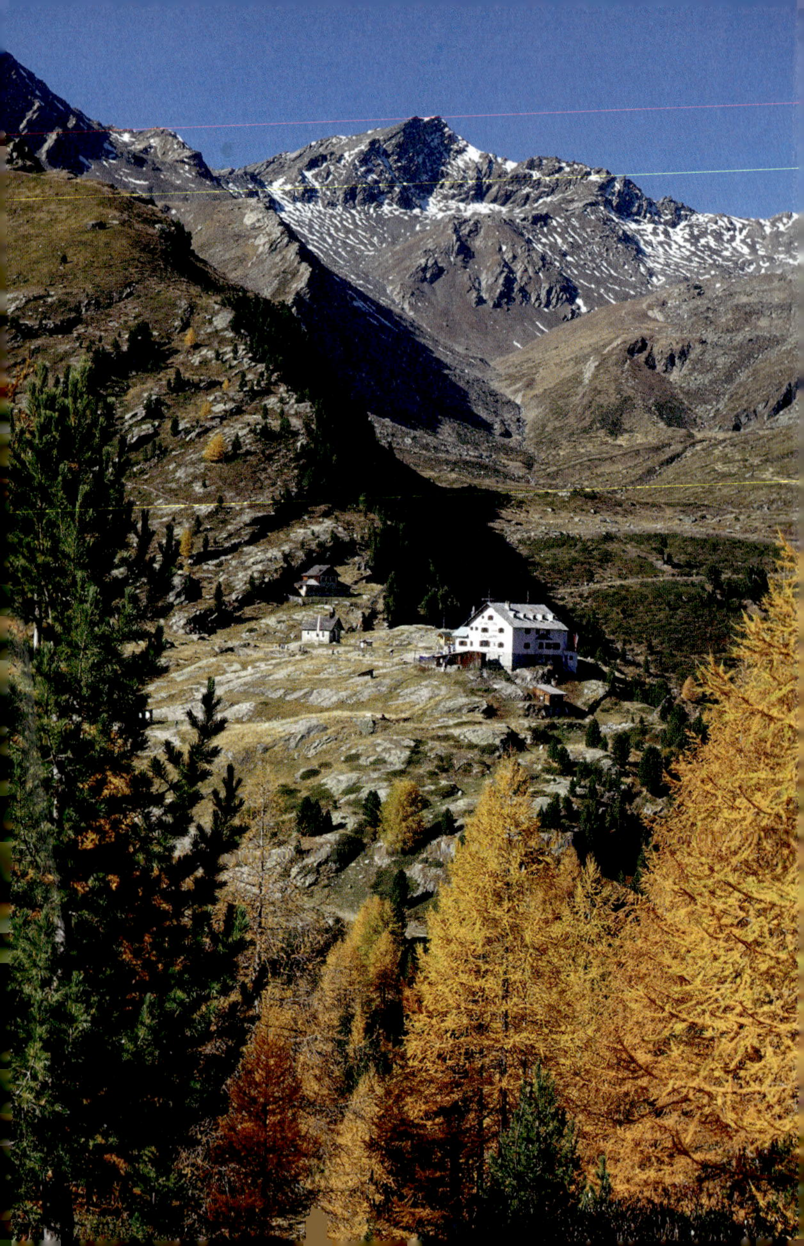

VORWORT

Der Vinschgau präsentiert sich als vielfältiges Wanderer- und Bergsteigerziel im Herzen der Alpen. Überragt wird die Region vom 3908 m hohen, eisgepanzerten Ortler, die Täler und Niederungen sind geprägt von Weinbergen, Obstgärten und Kastanienwäldern.
Das Gebiet dieses Wanderführers reicht vom Reschenpass im Westen etschabwärts bis zum Schnalstal und umfasst alle in diesem Bereich einmündenden Seitentäler: Langtaufers, Rojen, Matscher Tal, Münstertal, das Ortlergebiet, dazu Martelltal und Schnalstal.
Seit vorgeschichtlicher Zeit siedeln Menschen hier, die ersten kamen schon bald nach der letzten Eiszeit – wie auch der am Tisenjoch hoch über dem Schnalstal gefundene »Ötzi«, der 5300 Jahre alte »Mann aus dem Eis«, belegt.
Den Vinschgau zeichnet ein warmes, trockenes Klima aus. Das ist besonders auf der Sonnenseite zu spüren, während die »Nörderseite« südlich der Etsch feucht und dicht bewaldet ist. In diesen sonnenbestrahlten Vinschgauer Tälern war man gezwungen, den Fluren mithilfe von künstlicher Bewässerung Erträge abzutrotzen. Gletscherwasser wurde dafür unter großen Mühen aus großer Entfernung hergeleitet. Die geschickt konstruierten Wasserläufe, in denen die Bächlein glucksend talwärts fließen, nennt man Waale; der Name leitet sich vom rätoromanischen Wort Aqualis ab. Um diese Wasserwege instand zu halten, wurden nebenher laufende Steige angelegt. Sie sind heute die Attraktion für viele Besucher. Nirgends wandert man so angenehm auf beinahe ebenen Wegen im Schatten dahin.
Erhalten hat sich im Vinschgau auch das reiche kulturelle Erbe vom frühen Mittelalter bis heute. Burgen, Kirchen und Kapellen stehen hoch über den Tälern, sie prägen die Landschaft. Neben der Pflege dieser Kulturgüter wird großer Wert auf Erhaltung von Traditionen gelegt, wozu auch die Wirtshauskultur gehört. In fruchtbaren Talniederungen, auf Almen und Berghütten – überall wird zu deftiger Kost und zum Übernachten eingeladen. Dort kommt auf den Tisch, was vor Ort erzeugt wird: Früchte aus den Gärten, Speck, Käse, Butter vom eigenen Hof und dazu das Vinschgerl, ein Fladenbrot, das kräftig gewürzt wird.
Die Wander- und Kulturregion Vinschgau in all ihrer Schönheit und Eigenart zu erleben, wünsche ich allen Benutzern dieses Wanderführers.

Gerhard Hirtlreiter

Im oberen Martelltal. Blick über die Zufallhütte zur Madritschspitze.

INHALTSVERZEICHNIS

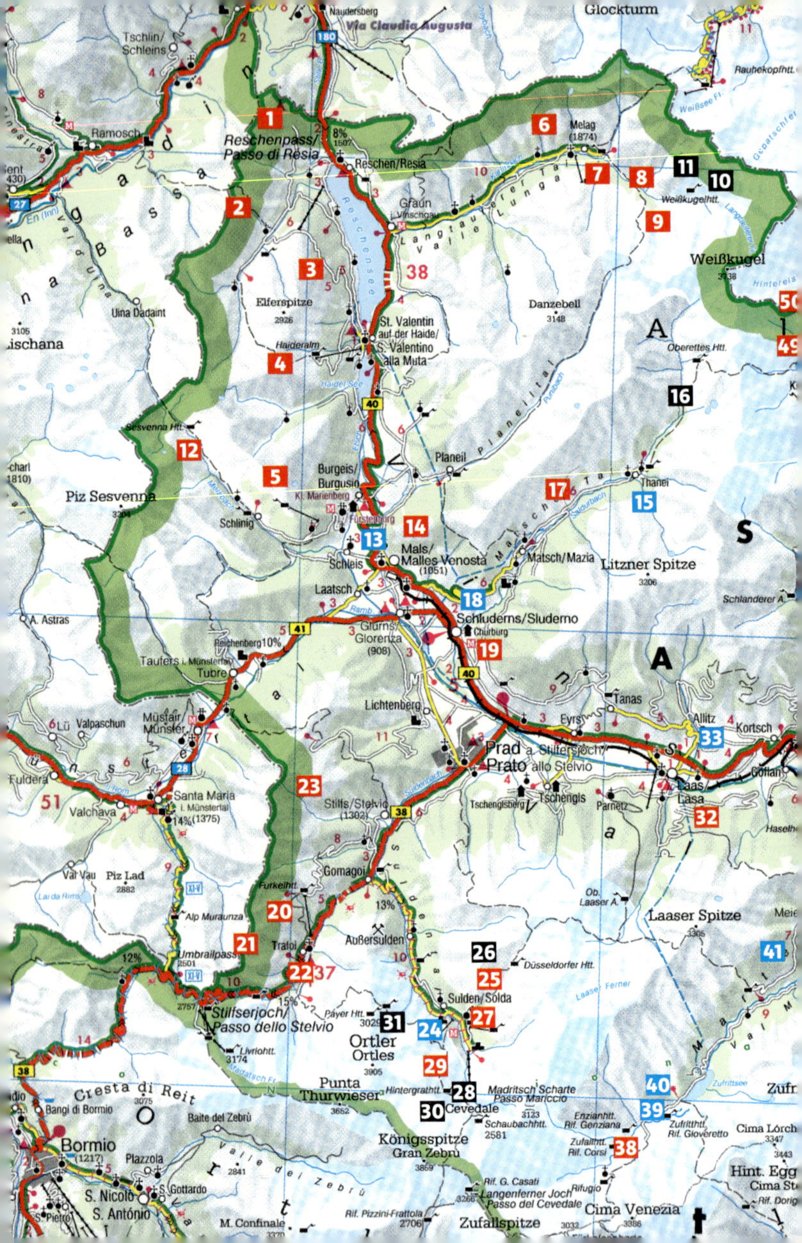

Via Claudia Augusta
Reschenpass/
Passo di Resia
Reschen/Resia
Graun
i. Vinschgau
Langtauferer Tal
Valle Lunga
Melag
(1874)
Weißkugelhtt.
Weißkugel
3738
Glockturm
Rauhekopfhtt.
Naudersberg
Tschlin/
Schleins
Ramosch
Reschensee
Elferspitze
2926
Haideralm
St. Valentin
auf der Haide/
S. Valentino
alla Muta
Haider See
Danzebell
3148
Oberettes Htt.
Uina Dadaint
Lischana
Sesvenna Htt.
Piz Sesvenna
3204
Schlinig
Planeil
Planeiltal
Burgeis/
Burgusio
Kl. Marienberg
Fürstenburg
Mals/
Malles Venosta
(1051)
Schleis
Matsch/Mazia
Matscher Tal
Thanei
Litzner Spitze
3206
Schlanderer A.
Laatsch
Glurns/
Glorenza
(908)
Schluderns/Sluderno
Churburg
Reichenberg
10%
Taufers i. Münstertal
Tubre
A. Astras
Lü
Valpaschun
Müstair/
Münster
Fulldera
Santa Maria
i. Münstertal
14% (1375)
Valchava
Lichtenberg
Prad a. Stilfserjoch/
Prato allo Stelvio
Tschengls
Tschenglsberg
Eyrs
Tanas
Allitz
Kortsch
Laas/
Lasa
Parnetz
Göflan
Stilfs/Stelvio
(1302)
Gomagoi
Val Vau
Piz Lad
2882
Lai da Rims
Alp Muraunza
Umbrailpass
2501
Furkelhtt.
Trafoi
Außersulden
13%
Ob. Laaser A.
Laaser Spitze
3305
Düsseldorfer Htt.
Laaser Ferner
Sulden/Solda
12%
15%
2757
Stilfserjoch/
Passo dello Stelvio
Payer Htt.
3029
Ortler
Ortles
3905
Livriohtt.
3174
Hintergrathtt.
Punta
Thurwieser
3652
Madritsch Scharte
Passo Madriccio
3123
Cevedale
Schaubachhtt.
2581
Enzianhtt.
Rif. Genziana
Zufallhtt.
Rif. Corsi
Zufritthtt.
Rif. Gioveretto
Cima Lorch
3347
Hint. Egg
Cima St
Rif. Dorig
Zufrittsee
Cresta di Reit
3075
Bangi di Bormio
Baite del Zebrù
Bormio
(1217)
Plazzola
2841
Valle dei Zebrù
Königsspitze
Gran Zebrù
3859
S. Gottardo
S. Nicolò
S. Antònio
S. Pietro
M. Confinale
3370
Rif. G. Casati
Langenferner Joch
Passo del Cevedale
3266
Rifugio
Rif. Pizzini-Frattola
2706
Zufallspitze
Cima Venezia
3386
3032
Val Martell
Engadina
Val d'Uina
Val Müstair
Ortler Alps
1
2
3
4
5
6
7
8
9
10
11
12
13
14
15
16
17
18
19
20
21
22
23
24
25
26
27
28
29
30
31
32
33
37
38
39
40
41
49
50
51

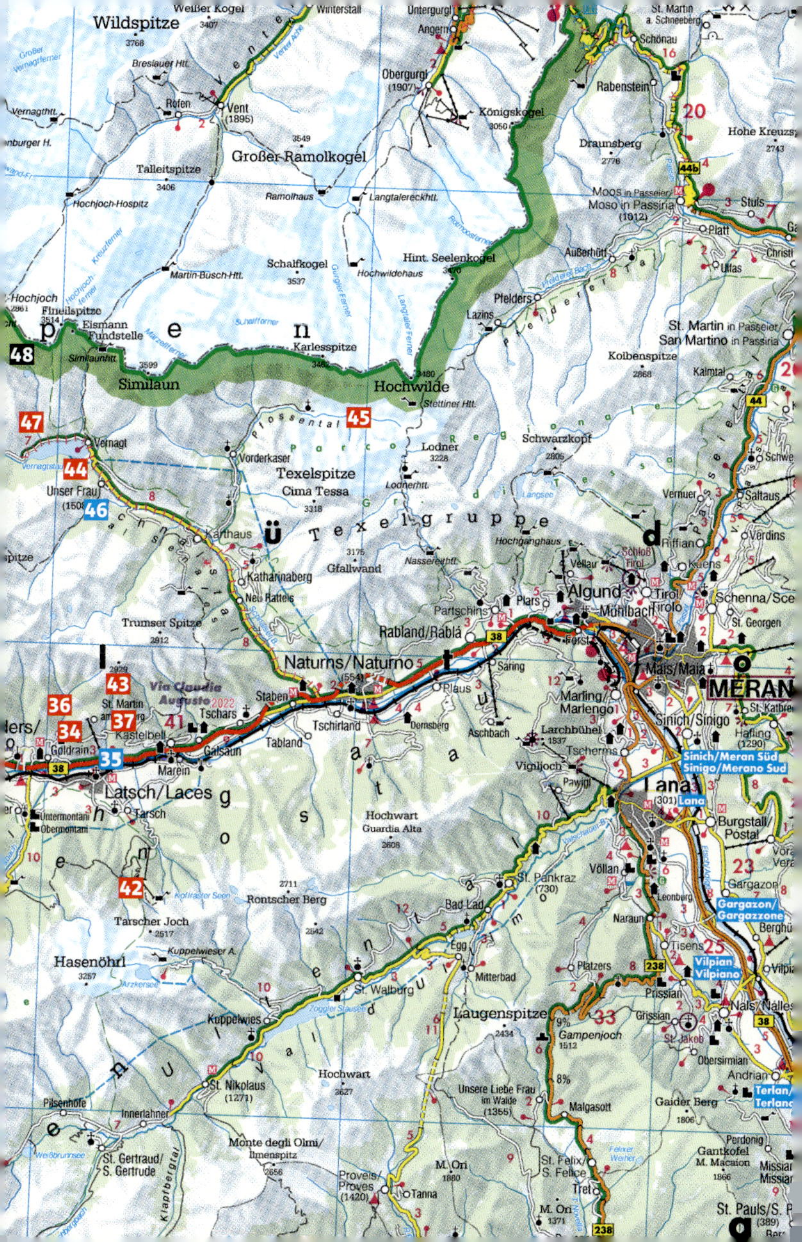

Wildspitze
3768
Weißer Kogel
3407
Winterstall
Untergurgl
Angern
Obergurgl
(1907)
St. Martin
a. Schneeberg
Schönau
Breslauer Htt.
Vernagthtt.
Rofen
Vent
(1895)
Königskogel
3050
Rabenstein
20
16
Großer Ramolkogel
3549
Draunsberg
2776
Hohe Kreuzsp.
2743
Talleitspitze
3406
Ramolhaus
Langtalereckhtt.
Moos in Passeier/
Moso in Passiria
(1012)
44b
Stuls
7
Hochjoch-Hospitz
Platt
Außerhütt
Ulfas
Schalfkogel
3537
Hint. Seelenkogel
3470
Martin-Busch-Htt.
Hochwildehaus
Pfelders
Hochjoch
2861
Fineilspitze
3514
Eismann
Fundstelle
Lazins
St. Martin in Passeier/
San Martino in Passiria
48
Similaunhtt.
3599
Karlesspitze
3462
3480
Kolbenspitze
2868
Similaun
Hochwilde
Kalmtal
Stettiner Htt.
44
47
45
Vernagt
Lodner
3228
Schwarzkopf
2806
44
Vorderkaser
Unser Frau
(1504)
46
Texelspitze
Cima Tessa
3318
Lodnerhtt.
Vernuer
Saltaus
Parco Regionale Gruppo di Tessa
Texelgruppe
Karthaus
3175
Hochganghaus
Riffian
Verdins
Gfallwand
Nasereithtt.
Vellau
Schloß Tirol
Kuens
Katharinaberg
Neu Ratteis
Algund
Tirol/
Tirolo
Schenna/Sce
Mühlbach
Plars
Partschins
St. Georgen
Trumser Spitze
2912
Rabland/Rablá
38
Forst
2929
Naturns/Naturno
(554)
Saring
Mais/Maia
MERAN
43
Via Claudia Augusta 2022
36
St. Martin
Staben
Plaus
Marling/
Marlengo
St. Kathrei
37
41
Tschars
Sinich/Sinigo
34
Kastelbell
Tschirland
Dornsberg
Aschbach
Larchbühel
1837
Hafling
(1290)
Goldrain
35
38
Galsaun
Tabland
Tscherms
Sinich/Meran Süd
Sinigo/Merano Sud
Marein
Vigiljoch
Pawigl
Latsch/Laces
Lana
(301)
Lana
Untermontani
Obermontani
Tarsch
Hochwart
Guardia Alta
2608
Burgstall/
Postal
23
St. Pankraz
(730)
Völlan
10
42
2711
Rontscher Berg
Gargazon/
Gargazzone
Leonburg
Bad Lad
Naraun
Tarscher Joch
2517
2542
Egg
Tisens
25
Kuppelwieser A.
238
Vilpian
Vilpiano
Hasenöhrl
3257
Platzers
Mitterbad
St. Walburg
Prissian
Nals/Nalles
Grissian
38
Kuppelwies
Zoggler Stausee
Laugenspitze
2434
33
Gampenjoch
1512
St. Jakob
Obersirmian
Andrian
Hochwart
2627
St. Nikolaus
(1271)
Unsere Liebe Frau
im Walde
(1355)
Terlan/
Terlano
Pilsenhöfe
Innerlahner
Malgasott
Gaider Berg
1806
Monte degli Olmi/
Ilmenspitz
2656
Perdonig
Gantkofel
M. Macaion
1866
St. Gertraud/
S. Gertrude
Klapfbergtal
M. Ori
1880
St. Felix/
S. Felice
Proveis/
Proves
(1420)
Tanna
Tret
M. Ori
1371
St. Pauls/S. P.
(389)
238
Ultental
Val d'Ultimo

ALLGEMEINE HINWEISE

Anforderungen

Die meisten der beschriebenen Wanderungen verlaufen auf markierten Steigen und Wegen.

Jedoch sind bei manchen Touren große Höhenunterschiede zu überwinden, an manchen Stellen des Routenverlaufs ist besondere Trittsicherheit und Schwindelfreiheit erforderlich. Es ist zu beachten, dass die Touren im Frühsommer wegen rutschiger Altschneereste und nach längeren Schlechtwetterperioden wegen frischer Erosionsschäden erhöhte Schwierigkeiten aufweisen können.

Um die Anforderungen der Wanderungen besser einschätzen zu können, sind die jeweiligen Tourennummern farbig markiert – entsprechend drei unterschiedlichen Schwierigkeitsgraden:

SCHWIERIGKEITSKATEGORIEN

■ = Leicht

Wanderwege, die markiert und meist nur mäßig steil sind, daher auch bei Schlechtwetter meist relativ gut zu begehen. Diese Touren können unter normalen Bedingungen auch von Kindern und ungeübten Wanderern ohne größere Schwierigkeiten bewältigt werden, die Orientierung stellt keine besondere Herausforderung dar, Aufmerksamkeit an Verzweigungen vorausgesetzt.

■ = Mittel

Wege und Steige, die ausreichend markiert, aber überwiegend schmal sind. Sie können über kurze Abschnitte etwas ausgesetzt sein, Stellen können mit Halteseilen gesichert sein. Daher sollten nur einigermaßen trittsichere und entsprechend ausgerüstete Bergwanderer solche Touren gehen.

■ = Schwierig

Diese Routen sind nicht immer deutlich markiert und nutzen schmale sowie über weite Abschnitte steil angelegte Pfade und Steige. Sie können in hochalpinen Lagen über 3000 m verlaufen. Stellenweise können sie sehr ausgesetzt sein, manchmal muss man die Hände zu Hilfe nehmen. Derartige Steige sollten ausschließlich absolut trittsichere, alpin erfahrene, konditionsstarke und entsprechend ausgerüstete Wanderer in Angriff nehmen.

Ausrüstung

Trekkingschuhe mit Profilsohle, witterungsangepasste Kleidung, Mobiltelefon, Rucksack mit Mütze, Regen- und Sonnenschutz, Proviant und reichlich Wasser oder Tee sowie Verbandszeug sind Grundausstattung – besonders bei alpinen Touren.

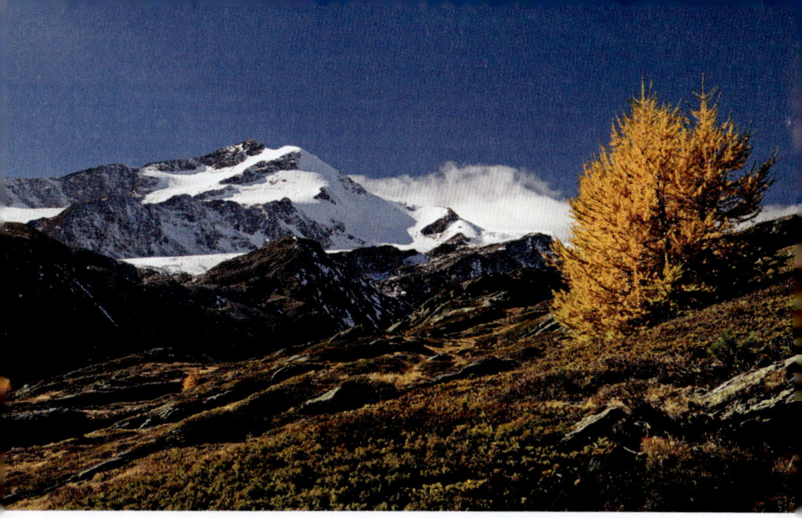

Der Weg zwischen Zufallhütte und Marteller Hütte (Tour 38) wird optisch beherrscht von der 3757 m hohen Zufallspitze.

Gefahren

Obwohl die meisten der in diesem Wanderführer vorgestellten Touren bezeichneten Wegen oder Steigen folgen, ist zu beachten, dass sie teilweise in hochalpines Gelände führen, in dem ein plötzlicher Wettersturz fatale Folgen haben kann.

Einzelne Wanderungen queren darüber hinaus Firnfelder und Moränen: Das setzt Trittsicherheit, richtige Ausrüstung und ein Grundmaß an alpiner Erfahrung voraus. Nur diese hilft, mögliche Gefahrenmomente zu erkennen. Beim Gehen an abrutschgefährdeten Stellen und beim Queren steiler Hänge sowie in steinschlaggefährdetem Gelände ist erhöhte Vorsicht am Platz.

Schnee ist in den Hochlagen auch im Sommer möglich. Hier am Eisjöchl (2895 m, Tour 45), Blick über die Texelgruppe zu den Zillertaler Alpen.

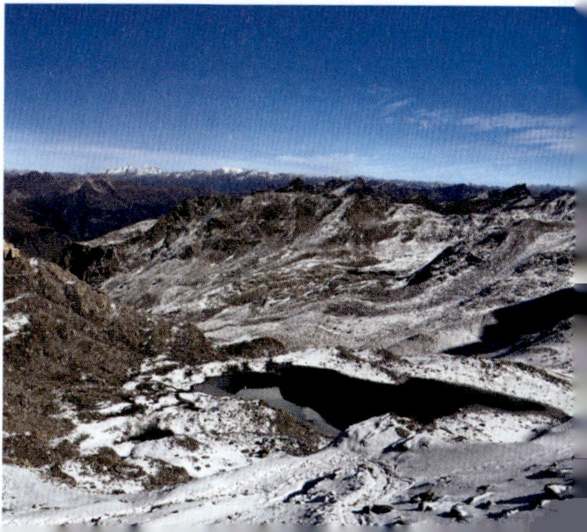

Höchste Gefahr in hochalpiner Umgebung tritt ein, wenn sich plötzlich das Wetter verschlechtert. Es ist deshalb ratsam, sich vor jeder Tour in größere Höhen über die aktuelle Wetterlage zu informieren.

GPS-TRACKS UND KOORDINATEN DER AUSGANGSPUNKTE

Auf **gps.rother.de** stehen zu diesem Wanderführer GPS-Tracks und die Koordinaten der Ausgangspunkte zum kostenlosen Download bereit. Dieser QR-Code führt direkt zum Download.
11. Auflage, Passwort: **420511fun**
Die GPS-Tracks können in die **Rother App** importiert werden. In der App kann man unterwegs stets sehen, wo man gerade ist und wo es langgeht. **Anleitungen dazu: rother.de/gps**
Trotz sorgfältiger Prüfung können wir Fehler und zwischenzeitliche Veränderungen nicht ausschließen. Verlassen Sie sich für die Orientierung niemals einzig und allein auf die GPS-Daten, sondern beurteilen Sie die Verhältnisse vor Ort.

Notruf

Für Hilfe in allen medizinischen Notfällen – auch Bergrettung – alarmiert man die Notrufzentrale unter Tel. 112. Sollten Sie kein Netz haben, schalten Sie Ihr Handy aus und wieder ein und geben statt des PIN-Codes direkt die 112 ein. So sucht sich das Handy automatisch das stärkste am Ort verfügbare Netz.

Gehzeit und Höhenunterschied

Die im Tourenkopf und im Höhenprofil angegebene Zeit für eine Wanderung ist zwar reichlich bemessen, enthält jedoch nur die reine Gehzeit ohne Rast, Einkehr etc. Die Gehzeit zwischen einzelnen wichtigen Wegpunkten kann man dem jeweiligen Höhenprofil entnehmen.
Bei dem in den Kurzinformationen angegebenen Höhenunterschied handelt es sich um die Summe aller Höhendifferenzen, inklusive der Gegensteigungen.

Einkehrmöglichkeiten

Bei Hüttenbesuchen mit Übernachtung empfiehlt sich besonders während der Hauptbesuchszeit im Sommer und frühen Herbst ein vorheriger Anruf; fast alle Hütten sind telefonisch oder im Internet erreichbar. Gaststätten im Talbereich haben in Südtirol meistens an einem Wochentag Ruhetag. Klären Sie vor der Wanderung, ob Ihr Einkehrziel geöffnet ist. Almen sind im Sommer bewirtschaftet, sie gehören zu den beliebtesten Ausflugszielen, daher gibt es auf den meisten zumindest einen einfachen Gastbetrieb. Im Frühjahr und Herbst sind die Bewirtschaftungszeiten von Almen manchmal witterungsabhängig. Aktuelle Infos zu einzelnen Vinschgauer Almen und Jausenstationen findet man im Restaurantführer auf www.vinschgau.net.

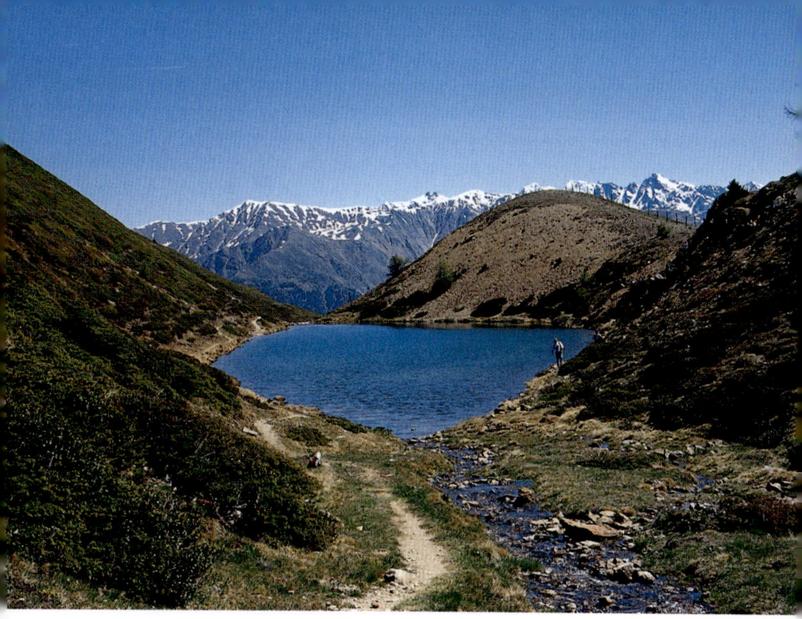

Einer der Pfaffenseen am Watles (Tour 5).

Karten

Bestandteil jeder der 50 Vinschgau-Touren ist eine Karte mit dem jeweiligen Routeneintrag. Eine gute Ergänzung zur großräumigeren Orientierung stellt die Wanderkarte WK S2 »Vinschgau« von Freytag & Berndt dar.

SYMBOLE

Symbole im Tourenkopf

- Mit Bahn/Bus erreichbar
- Einkehrmöglichkeit
- für Kinder geeignet

Symbole im Höhenprofil

- Ort mit Einkehrmöglichkeit
- Einkehrmöglichkeit
- Parkplatz
- Bushaltestelle
- Bahnhof / S-Bahn-Haltestelle
- Gipfel
- Kirche, Kapelle, Marterl, Bildstock
- Burg, Schloss
- Aussichtspunkt
- Auf-/Abfahrt mit Seilbahn
- Auf-/Abfahrt mit Sessellift
- Pass, Sattel, Joch
- Ruine, archäologische Stätte
- Brücke, Steg
- Rast- bzw. Picknickplatz

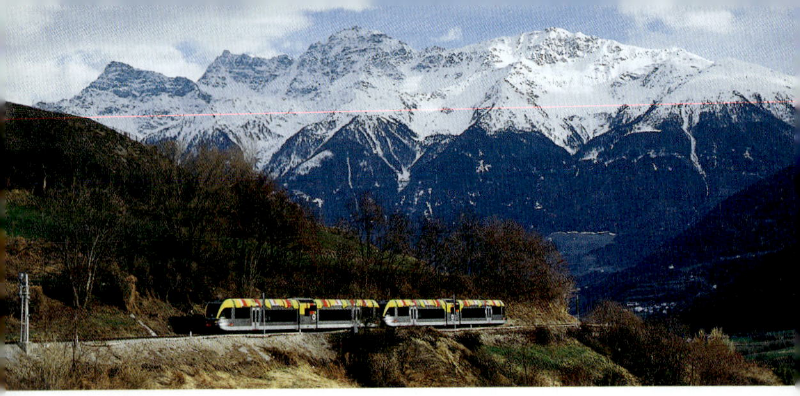

Die Vinschgerbahn in Fahrt unterhalb des Tartscher Bichl.

Öffentliche Verkehrsmittel und »Südtirol Guest Pass«

Das Bus-Symbol im Tourenkopf zeigt an, ob der Ausgangspunkt einer Tour mit öffentlichen Verkehrsmitteln erreichbar ist. Dies ist im Vinschgau wegen eines gut ausgebauten ÖPNV-Netzes bei vielen Touren möglich und dank des »Südtirol Guest Pass« für Übernachtungsgäste mit Quartier in Südtirol kostenlos. Da die Fahrpläne teils saisonal variieren, sollte man sich vorab informieren. Vor Ort liegt z. B. der »Sommerfahrplan der autonomen Provinz Bozen-Südtirol / Zone Vinschgau« in den Tourismusbüros aus, online sind Zeiten und Routen unter www.sii.bz.it (Verkehrsverbund Provinz Bozen) und www.sad.it (Vinschgerbahn und Bus-Nahverkehr) bequem abrufbar.

Die Regionalzüge der Vinschgerbahn verkehren täglich überwiegend im Stundentakt zwischen Mals (erste Abfahrt um 5.16 Uhr) und Meran (erste Abfahrt um 5.34 Uhr) und bedienen dabei ein Dutzend Stationen im Vinschgau. An Werktagen verkehren auch Züge weiter nach/von Bozen.

Wichtige Busverbindungen: Meran–Schnalstal, Goldrain–Martell, Morter–Laatsch–Tarsch, Stilfs/Sulden–Prad–Mals, Mals–Müstair–Zernez, Nauders/Langtaufers–Mals, Citybusse verkehren innerorts und in der näheren Umgebung von Schlanders, Mals, Tartsch und Burgeis.

Seilbahnen

Bei einigen Touren erfolgt der Transport zum Ausgangs-/Endpunkt per Seilbahn oder Sessellift. Viele der Aufstiegshilfen stehen Wanderern nur während der Sommersaison (Ende Juni bis Mitte/Ende September) zur Verfügung, in der übrigen Zeit können solche Tourenziele bzw. Ausgangspunkte teils nur zu Fuß erreicht werden. Informieren Sie sich vor Ihrer Anreise über die Betriebszeiten. Aufstiegshilfen im Sommer: Schöneben, Haider Alm, Langtaufers, Watles, Sulden (Langenstein, Kanzel, Sulden-Seilbahn), St. Martin im Kofel.

TOP-TOUREN

Piz Lat, 2808 m
Ein klassischer Aussichtsberg des Oberen Vinschgaus. Von der Reschner Alm, einer beliebten Einkehr, geht es über Wiesen und auf altem Militärpfad in die felsige Gipfelregion, mit Blick auf die Ötztaler Eisriesen, die Ortlerberge und unten den Reschensee *(Tour 1, 4.30 h).*

Watles, 2555 m
Dank der Bergbahn bis zur Plantapatsch-Hütte auf über 2100 m ist der Watles mit seiner grandiosen Fernsicht eines der beliebtesten Ausflugsziele des Oberen Vinschgaus. Trotzdem findet man noch genug Ruhe *(Tour 5, 3.00 Std.).*

Gletscherlehrpfad Weißkugelhütte
Die Hütte mit dem eindrucksvollen Gletscherpanorama ist ein Muss für den Vinschgau-Wanderer und von der Melager Alm auch über einen Gletscherlehrpfad mit Moränenbegehung erreichbar *(Tour 9, 4.40 Std.).*

Spitzige Lun, 2324 m
Der flache Gipfel des »Mondbergs«, besteigbar vom Planeiltal oder von Mals, ist ein schöner Platz zum Verweilen und Schauen: Das Ortlermassiv im Süden, die schroffen Sesvennaberge im Westen und der Vinschgau mit kleinen Orten in grünen Tallagen *(Tour 14, 7.30 Std.).*

Oberetteshütte und Saldurseen
Die Saldurseen liegen einsam in einer von kargen Hängen umgebenen Hochfläche auf gut 2700 m, die vergletscherten Saldurberge erheben sich direkt darüber. Am schönsten ist der Kondition fordernde Zustieg von der Oberetteshütte über die jochartige Erhebung unter dem Spitzat, von der aus man eine prachtvolle Aussicht genießt *(Tour 16, 7.20 Std.).*

Trafoier Höhenweg
Nach der Busfahrt zum Pass führt diese Höhenwanderung vom Stilfserjoch über den Goldsee hinab nach Trafoi. Der Jahrhunderte alte Handelsweg »Wormisionssteig« erfreut heute Wanderer mit herrlichen Aussichtskanzeln auf die Ortlerberge *(Tour 21, 3.00 Std.).*

Düsseldorfer Hütte, 2721 m
Auch von Osten her zeigt König Ortler seine Majestät, besonders prächtig auf dem Weg von Sulden zur Düsseldorfer Hütte. Der Anstieg durch das Zaytal präsentiert Bilderbuch-Hochgebirge *(Tour 25, 5.15 Std.).*

Tabarettahütte – Payerhütte
Zum Fuß der Ortler-Nordflanke: Der Weg von Sulden zur Tabarettahütte ist bei Wanderern beliebt, danach geht es steiler am Felsrücken auf über 3000 m zur Payerhütte, die nahe dem Felsgrat kühn über einem Zacken steht, mit herrlichem Blick auf den mächtigen Gletscher *(Tour 31, 6.15 Std.).*

Pederköpfl, 2585 m
Vom Zufrittsee lohnt die Wanderung durch schönen Wald und über Almwiesen zum Panorama-Gipfel über dem inneren Martell: Im Süden sieht man den Zufrittkamm, dazu die Firngipfel von Zufallspitze und Veneziaspitzen *(Tour 40, 4.15 Std.).*

»Im Hinteren Eis«, 3269 m
Der krönende Abschluss des Schnalstals: ein unvergletscherter, vom Schutzhaus »Schöne Aussicht« leicht zu besteigender Dreitausender. Die Sicht an klaren Tagen ist unvergleichlich, reicht vom Hintereisferner mit der Weißkugel über die Ötztaler und Ortlerberge bis zu den Dolomiten *(Tour 50, 7.00 Std.).*

Der Umwelt zuliebe ...

Auch beim Wandern hinterlassen wir einen ökologischen Fußabdruck, aber im Einklang mit der Natur unterwegs zu sein, ist gar nicht so schwer!

VORBEREITUNG UND ANFAHRT

- Sich vorab informieren, worauf in Bezug auf Natur und Umwelt in der jeweiligen Wanderregion besonders zu achten ist.
- Soweit möglich mit Bahn und Bus anreisen, Wander- und Rufbusse nutzen.
- Ist eine Anfahrt mit dem Auto nötig, Fahrgemeinschaften bilden.
- Bei weiten Anfahrten Mehrtagestouren planen oder von einem Quartier vor Ort aus mehrere Touren absolvieren.
- Flugreisen möglichst reduzieren und durch Beiträge zu Klimaschutzprojekten kompensieren.

KLEIDUNG UND AUSRÜSTUNG

- Beim Kauf von Outdoor-Kleidung auf umweltfreundliche und faire Herstellung achten und Kleidungsstücke möglichst viele Jahre nutzen.
- Ausrüstung kann man eventuell auch gebraucht kaufen oder ausleihen.
- Reparieren statt neu kaufen.

VERPFLEGUNG

- Beim Einkauf Bio-Ware, regionale und saisonale Erzeugnisse bevorzugen.
- Hütten und Gasthäuser auswählen, die regionale Produkte verwenden.
- Auf Einwegflaschen und Plastikverpackungen verzichten, stattdessen wiederverwendbare Trinkflaschen und Brotzeitboxen benutzen.

ÜBERNACHTUNG

- Bei lokalen Anbietern buchen, damit Menschen vor Ort profitieren.
- Auf Hütten und in anderen Unterkünften Strom und Wasser sparen.

UNTERWEGS

- Wege benutzen und Abkürzer vermeiden.
- Sperrungen von Wegen und Schutzgebieten respektieren.
- Keine Blumen pflücken und keine Pflanzen entnehmen.
- Waldbrandgefahr beachten.
- Müll wieder mit nach Hause nehmen und dort entsorgen.
- Toilettengänge in freier Natur möglichst vermeiden.
- Lärm vermeiden.
- Hunde an die Leine nehmen.

ROTHER
BERGVERLAG

TALORTE UND AUSFLUGSZIELE

Obervinschgau – Reschenpass

- **Reschen**, 1508 m. Am Wiesenhang am nordöstlichen Ufer des Reschensees gelegener Ferienort, unterhalb der Passhöhe, 1520 m, die Italien (Vinschgau) mit Österrreich (Tirol) verbindet. In der Römerzeit führte die Via Claudia Augusta vom Süden durch den Vinschgau und über den Pass nach Norden, im Mittelalter und in der frühen Neuzeit noch einer der wichtigsten Alpenpässe, heute v. a. eine vielseitige Urlaubs- und Wanderregion.
- **Rojen**, 1968 m. Am Südhang des äußeren Rojentales westlich über dem Reschensee, höchste geschlossene Siedlung der Ostalpen. Von Reschen aus auf Fußweg oder über eine gut ausgebaute Asphaltstraße erreichbar; im Sommer auch von der Bergstation der Gondelbahn Schöneben, 2118 m. Am Oberrand das Kirchlein St. Nikolaus, das Langhaus reicht in die Romanik zurück, Vorhalle mit gotischem Kreuzgewölbe, Altarraum gänzlich mit Fresken ausgemalt (15. Jh.).
- **Graun**, 1520 m. Am Ostufer des Reschensees, am Fuß des Aussichtsgipfels Grauner Berg, 2556 m. Berühmt ist die Ansicht mit dem aus dem Wasser herausragenden Kirchturm von Alt-Graun, das 1949 für den Stausee geflutet wurde; das Gemeindemuseum zeigt anschaulich die Geschichte der Reschensee-Aufstauung. Schiffsverkehr mit der »MS Hubertus«, mehrere

Spazierweg beim Reschensee, im Hintergrund der Ortler.

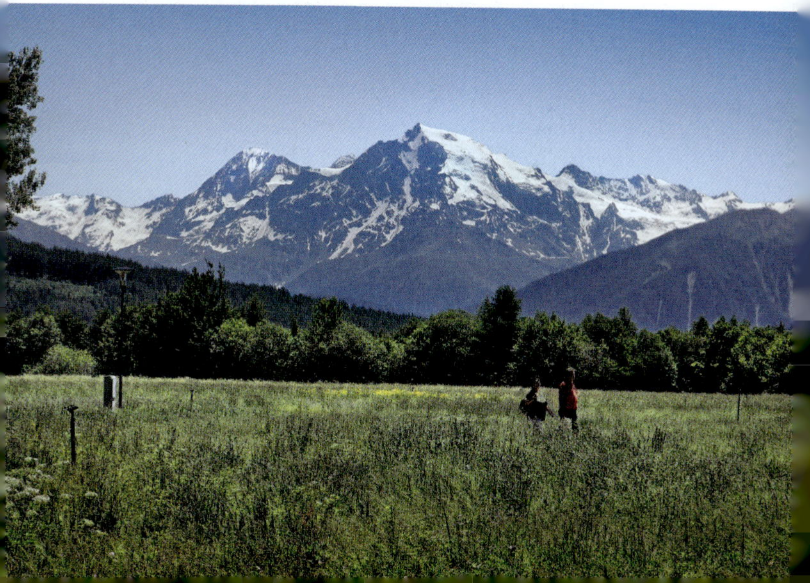

INFORMATIONEN

Regionale Tourismusinformationen
Gästeinformation Vinschgau, www.vinschgau.net.
Ferienregion Reschenpass, Hauptstr. 22, I-39027 Reschen, Tel. +39 0473 633 101, www.reschenpass.it; Zuständigkeit: Reschen, Graun, St. Valentin, Langtaufers.
Tourismusverein Obervinschgau, St. Benediktstr. 1, I-39024 Mals, Tel. +39 0473 831 190, Fax 0473 831 901, www.ferienregion-obervinschgau.it; Büros: Burgeis, Tel. +39 0473 831 422; Schluderns, Tel. +39 0473 615 258; Glurns, Tel. +39 0473 831 097.
Ferienregion Ortlergebiet, I-39029 Sulden, Tel. +39 0473 613 015, www.ortlergebiet.suedtirol.com, Büros: Sulden, Tel. +39 0473 613 015; Prad, Tel. +39 0473 616 034; Trafoi, Tel. +39 0473 611 677.
Tourismusverein Schlanders-Laas, Göflanerstr. 27, I-39028 Schlanders, Tel. +39 0473 730 155, www.schlanders-laas.it; Zuständigkeit: Schlanders, Vetzan, Kortsch, Göflan, Laas, Eyrs, Tschengls, Allitz, Tanas.
Tourismusverein Latsch-Martell, Hauptstr. 38/A, I-39021 Latsch, Tel. +39 0473 623 109, www.latsch-martell.it. Zuständigkeit: Latsch, Martell, Goldrain, Morter, Tarsch, St. Martin.
Tourismusverein Schnalstal, Karthaus 42, I-39020 Schnals, Tel. +39 0473 679 148, www.merano-suedtirol.it/de/schnalstal.html, Zuständigkeit: Karthaus, Katharinaberg, Pfossental, Vernagt, Kurzras.

Nationalpark Stilfserjoch
Zentrale, Rathausplatz 1, I-39020 Glurns, Tel. +39 0473 830 430, www.nationalpark-stelvio.it; Nationalparkhäuser: Naturatrafoi, Tel. +39 0473 530 045; Culturamartell, Tel. +39 0473 745 027; Aquaprad, Tel. +39 0473 618 212; Avimundus Schlanders, Tel. +39 0473 730 156.

Alpenverein Südtirol
Giottostraße 3, I-39100 Bozen, Tel. +39 0471 978 141, www.alpenverein.it (Informationen zu Schutzhütten, Touren, Wetter etc. in der Provinz Bozen).

Touren im Sommer ab Graun am Turm, inklusive Hintergrundinfos durch den Kapitän (Auskunft: Sport Winkler, Tel. +39 0473 633 126).

- **Langtaufers**, um 1900 m. Bei Graun mündet von Osten das Langtauferer Hochtal mit wenigen Orten, Höfen und kleinen Siedlungen in Wiesenlandschaft, gesäumt von steilen Bergflanken und mit imposanter Kulisse um die Weißkugel mit den großen Gletschern im Talschluss. Von Graun aus an der Südflanke, fast 1000 m über dem Talgrund, oberhalb der Waldgrenze, folgt der Langtauferer Höhenweg dem Verlauf eines Militärwegs der Mussolini-Zeit.
- **Melag**, 1925 m. Kleiner Ort mit eng zusammenstehenden Häusern am Ende der befahrbaren Straße durch das Langtauferer Tal, mit Gastwirtschaft. Ausgangspunkt für Wanderungen zum beliebten Familienziel Melager Alm sowie für hochalpine Touren z. B. Weißkugelhütte, 2542 m.
- **St. Valentin auf der Haide**, 1464 m. Hervorgegangen aus einem im 12. Jh. gegründeten Hospiz, überragt vom 230 m langen Staudamm des Haidersees; Talstation der Gondelbahn zur beliebten Haideralm, 2120 m.

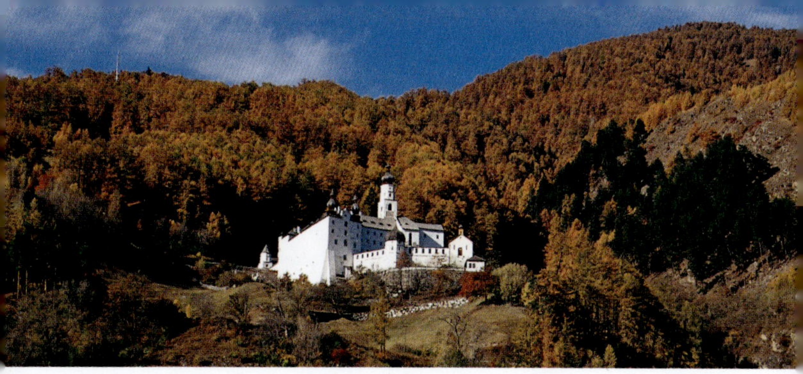

Das Benediktinerkloster Marienberg oberhalb von Burgeis (Tour 13).

Obervinschgau – Mals-Burgeis, Schluderns und Glurns

- **Malser Haide**. 13 km² großer Murkegel zwischen St. Valentin und Mals, ein baumfreier Wiesenhang mit traditionellem Waal-Bewässerungssystem, Wasserläufen mit Wegen daneben, die heute zum Wandern dienen. An der Einbuchtung des nördlichsten Zipfels der Malser Haide liegt Plawenn, 1725 m, eine Häusergruppe mit schönem, zinnengeschmücktem Ansitz (Gastbetrieb); von hier auch schöner Blick auf die Malser Haide. Etwas südlich, in Alsack, 1540 m, an der Straße Mals–Plawenn, die Marienkapelle mit mittelalterlicher Gruppe Maria mit Kind aus dem Kloster Marienberg und modernem Wandbild von Karl Plattner (1919–1986).
- **Planeil**, 1579 m. Typischer Vinschgauer Bergbauernort am Steilhang im gleichnamigen Tal; eng zusammengebaute Häuser, die nach Bränden immer wieder aufgebaut wurden. Ausgangspunkt für Wanderungen durch das einsame Planeil-Hochtal, u. a. zur Planeilscharte, dem Übergang ins Langtaufers.
- **Burgeis**, 1216 m, am westlichen Rand der Malser Haide. Schöner, weitgehend unverbauter Ort mit ursprünglich romanischer Bauweise, interessante Kombination bäuerlicher und städtischer Elemente; vor allem der Ortskern ist fast noch im ursprünglichen Zustand erhalten. Am Oberrand von Burgeis die kleine Kirche St. Nikolaus mit interessanten Fresken (13. Jh.; nur mit Führungen zu besichtigen, Info im Tourismusbüro); am Südrand des Ortes die mittelalterliche Fürstenburg, erbaut von den Churer Bischöfen, heute Landwirtschaftsschule (Mo Führungen).
- **Marienberg**, 1333 m. Festungsartige Klosteranlage über Burgeis, höchstgelegene Benediktinerabtei Europas, im 12. Jh. gestiftet von den Herren von Tarasp (Schweiz); aus dieser Zeit Krypta mit Engelsdarstellungen und das Portal der einst dreischiffigen, im 17. Jh. barockisierten Kirche. Museum im ehemaligen Wirtschaftsgebäude mit Ausstellung zu Klosterleben, -geschichte und Deutung der romanischen Kryptafresken (6.4.–31.10. Mo–Sa, Krypta nur im Rahmen der Vesper, 1.5.–31.10. Mo–Sa 17.45 Uhr).

Die Urkirche von Marienberg, St. Stephan (7. Jh.), liegt an der Straße ins Schlinigtal; bei Ausgrabungen im Jahr 1986 fand man hier Gräber mit langobardischem Schmuck (Führungen Mo 14 Uhr, Do 10 Uhr).

- **Prämajur**, 1702 m. Häusergruppe mit Hotels in aussichtsreicher Lage westlich über der Malser Haide, mit Blick u. a. auf die Ötztaler Gletscherberge, nach Süden zur Ortlergruppe. Zufahrt auf Straße Burgeis–Schlinigtal. Von hier Straße zur Bergbahn Watles, rund um den Gipfel, 2555 m, zahlreiche Wandermöglichkeiten mit schönem Panorama und den Pfaffenseen, 2222 m, einer malerischen Hochgebirgs-Seenplatte.
- **Schlinig**, 1726 m. Am Ende der befahrbaren Talstraße von Burgeis; das gleichnamige Tal mündet mit einer Schlucht bei Schleis in den Vinschgau. Ausgangspunkt für die Talwanderung zur Schliniger Alm (Alp Planbell) 1868 m, einem beliebten Ausflugsziel, darüber die Sesvennahütte.
- **Schleis**, 1064 m. Ruhiger Ferienort am Eingang des Schlinigtals. Neben Ferienunterkünften gibt es hier noch ursprüngliche Landwirtschaft, z. B. am Migihof (www.migihof.it), wo jeden zweiten Freitag Bio-Vollkornbauernbrot im Holzofen gebacken wird (Vorbestellung unter Tel. +39 348 7424635).
- **Mals**, 1061 m. Am Fuß der Malser Haide, im »Rätischen Dreieck«, wo die Etsch einen weiten Bogen nach Osten macht. Gassen mit schön restaurierten Bürgerhäusern, die Silhouette der Stadt prägen fünf historische Türme. Am westlichen Ortsrand St. Benedikt (9. Jh.), dessen karolingische Fresken zu den ältesten im deutschen Sprachraum zählen (6.4.–1.11., Führungen). In der Nähe St. Martin (12. Jh.), mit geschlossenem Ensemble von Kirche, Anger, Friedhof, Mauer, Kirchsteig und Portal, daneben Prälatenhaus und Garten; außerdem der romanische Turm St. Johann, der runde »Fröhlichsturm« der Pfarrkirche.
- **Tartscher Bichl** (auch »Bühel«), 1176 m. Auffallende baumfreie Felskuppe, auf der die romanische St.-Veit-Kirche als Wahrzeichen des Obervinschgaus steht. Der Hügel war bereits in vorgeschichtlicher Zeit besiedelt und Ort eines Fruchtbarkeitskultes; eine archäologische Ausgrabungsstätte ist mit Führungen zugänglich (Juli, Aug., Sept. jeden Do, Tel. +39 0473 831 190). Auf der Kuppe ein sehr schöner Rastplatz mit Rundblick; am 15. Juni St.-Veits-Markt, Treffpunkt und Volksfest für alle umliegenden Bewohner.
- **Schluderns**, 920 m. Beliebter ruhiger Ferienort mit stattlichen Häusern am Ausgang des Matschertals, über dem Ort erstreckt sich der Vinschgauer Sonnenberg, am Rand des breiten Etschtals; hier auch die Schludernser Au, das größte intakte Feuchtbiotop Südtirols (Führungen). In der Pfarrkirche mit romanischem Turm die Grabstätte der ersten Grafen Trapp, die ab 1500 hier herrschten und bis heute die Churburg über dem Ort besitzen, im 13. Jh. von den Bischöfen von Chur erbaut. Die ehemals kleine, wehrhafte Burg wurde zu einem der schönsten Renaissancebauten mit Arkaden und Fresken umgebaut und vergrößert, mit 26 m hohem Bergfried, Burgkapelle mit Passionsaltar von 1415, Innenräume mit Möbeln

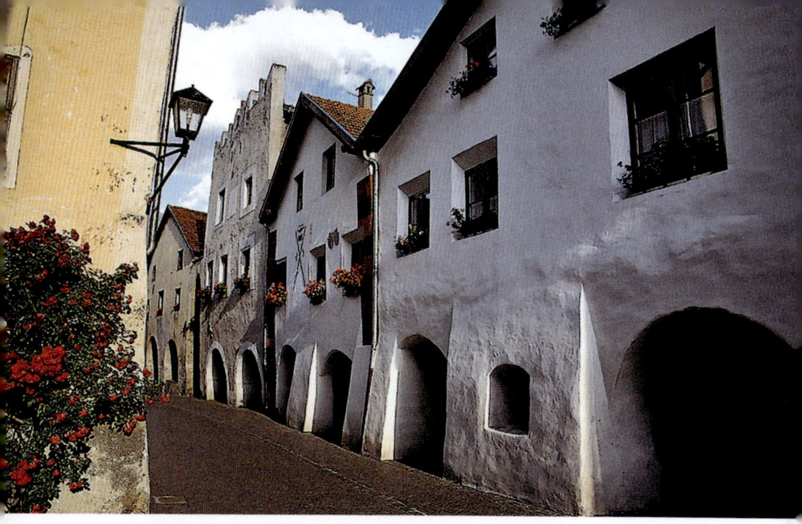

Besonders sehenswert: Glurns mit seinen typischen Laubengängen.

und Kassettendecken, Bildergalerien, Sammlung von Ritterrüstungen (20.3.–31.10., Besichtigung nur mit Führung: Di–So 10–12, 14–16.30 Uhr, Tel. +39 0473 615 241, www.churburg.com). In der Nähe zeigt das Vintschger Museum in einem Bau aus dem 16. Jh. Alltagsgegenstände der Region sowie Funde vom Ganglegg (20.3.–31.10., Mo Ruhetag); zu dem bronzezeitlichen Siedlungsplatz 45 Min. zu Fuß; archäologischer Park am Ausgrabungsort Ganglegg mit konservierten Strukturen von Gebäuden und Befestigungen, zwei rekonstruierte Häuser.

■ **Glurns**, 907 m. Komplett von einer Stadtmauer mit Stadttoren umgebenes, bestens erhaltenes mittelalterliches Städtchen, mit stattlichen Gasthäusern und Edelsitzen um den Stadtplatz; erhalten sind auch Tore, Lauben- und Wehrgänge; Ausstellung zur Geschichte im Kirchtor-Turm. Glurns ist Geburtsort des Zeichners und Karikaturisten Paul Flora (1922–2009). St. Jakob bei Söles, außerhalb der Stadt, wurde nach zweimaliger Zerstörung aus Resten wiederaufgebaut, romanische Wandmalereien wurden in der Vorgängerkirche entdeckt (25.4.–23.10. Fr 16–17 Uhr, Führungen).

■ **Matsch**, 1576 m. Am östlichen Eingang des Matscher Tals, einer Schlucht, die von Nordosten bei Schluderns in den Vinschgau mündet; gut ausgebaute Straße von Schluderns bis Matsch. Eng zusammengebautes Dorf hoch über dem Saldurbach, mit rätischen Elementen; außerdem die sog. Rätischen Fluren: kleine Stützmäuerchen bis hoch in die Steilhänge, die die schmalen Terrassen-Kulturflächen vor dem Abrutschen schützen; auch viele Flurnamen erinnern an die vorgermanische Besiedelung des Landes.

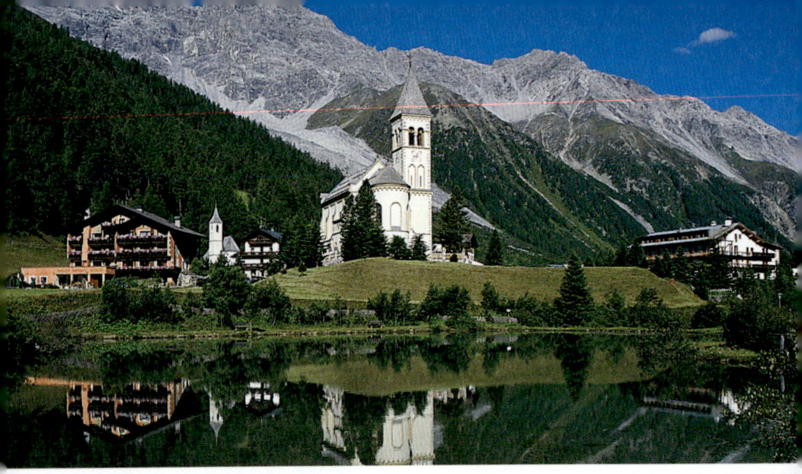

Die Suldener Kirche St. Gertraud am Ortler (Tour 24).

Etwas talaus, am gegenüberliegenden Talhang, thronen die Ruinen der ehemals stolzen Burgen der Grafen von Matsch.

■ **Laatsch**, 967 m. Am Ausgang des Münstertals; Pfarrkirche St. Leonhard mit sehenswertem gotischen Flügelaltar aus der Werkstatt Hans Schnatterpecks, schöne Fresken (Führungen, Auskunft bei Tourismus Mals). Das Heimatmuseum Laatsch zeigt Alltagsgegenstände aus der Region.

Ortlergebiet

■ **Prad**, 913 m. Am südlichen Rand des Etschtals, im Herzen des Ortlergebietes und am Rand des Stilfserjoch-Nationalparks. Wichtiger Verkehrsknoten und Ferienort, Ausgangspunkt für die Hochtouren im Ortlergebiet; zahlreiche Tourismuseinrichtungen und Unterkünfte. In Prad das moderne Nationalparkhaus »aquaprad«, Besucherzentrum mit interessanten Ausstellungen mit Schwerpunkt Wasser im Hochgebirge, Fauna und Fora (ganzj. Di–Fr 9–12, 14.30–18, So/Fei 14.30–18 Uhr, Mo geschl.). Im Ortsteil Agums die Wallfahrtskirche zum hl. Georg, mit dem Kreuz »Großer Herrgott« (14. Jh.); im Ortsteil Lichtenberg die romanische Kirche zur hl. Christina, ein früherer Kultplatz, sowie Schloss Lichtenberg (Ruine aus dem 13. Jh.), einst Trutzfeste der Grafen von Tirol gegen den Bischof von Chur (Anm. zu Führungen für beide im Fremdenverkehrsbüro Prad).

■ **Sulden**, 1866 m. Inmitten stolzer Dreitausender, sommers wie winters ein beliebter Ferienort. Zahlreiche Beherbergungs- und Gastronomiebetriebe, moderne Erholungs- und Sporteinrichtungen. Bergbahnen Kanzelbahn und Langensteinlift sowie die Sulden-Seilbahn machen viele Bergwanderungen leichter durchführbar und erfreuen sich großer Beliebtheit. Bei der Talstation die schöne Kneipp-Anlage »Bärenbadl«.

In einem historischen Bauernhof Reinhold Messners »Mountain Museum Ortles« mit Schwerpunktthema Eis, in Bildern und Installationen, auch am Beispiel Ortler (Mitte Juni–Mitte Okt. und Mitte Dez.–1. Mai Mi–Mo 14–18 Uhr, Di geschl., Tel. +39 335 608 1205, www.messner-mountain-museum.it).

- **Trafoi**, 1533 m. Kleiner Ort in einer grünen Talweitung, inmitten der Gletscherberge der westlichen Ortlergruppe. Beliebtes Erholungs- und Wandergebiet im Stilfserjoch-Nationalpark. Am südlichen Ortsrand das Nationalparkhaus »naturatrafoi«, modernes Ausstellungsgebäude mit Ausstellung »Leben an der Grenze«, Tiere und Pflanzen im Hochgebirge, alles Wissenswerte über das Ortlergebiet und -massiv (ganzj. Di–Fr 9–12, 14.30–18, So/Fei 14.30–18 Uhr, Mo geschl.). Von Trafoi führt die zum Teil enge Straße in 48 Kehren auf das Stilfserjoch, 2758 m, im Sommer Attraktion für Motorrad-, Auto- und auch Fahrradfahrer; mit 6 m Straßenbreite ist der Verkehr oft schwierig zu bewältigen.

Mittel-/Untervinschgau – Schlanders-Laas und Latsch-Martelltal

- **Laas**, 870 m. Inmitten ausgedehnter Obstpflanzungen gelegen, berühmt durch seine Marmorvorkommen am Nörderberg, auf 2100 m, die seit der Römerzeit abgebaut werden; ein Teil wird in Laas in Marmorwerken verarbeitet (Führungen Juli–Sept. Di und Do, Juni/Okt. Sa, Tel. +39 0473 626 342). Im Ort die Pfarrkirche St. Johannes mit Apsis (12. Jh.) aus Laaser Marmor; St.-Sisinius-Kirche (11. Jh.) mit gotischem Spitzbogentor; St.-Nikolaus-Kirche am südlichen Ortsausgang mit (Christopherus-)Fresken aus dem 16. Jh.
- **Tanas**, 1454 m. Streusiedlung auf einer Mittelgebirgsterrasse am Sonnenberg, an der Panoramastraße Schluderns–Schlanders mit herrlichem Blick auf die Ortlerberge sowie den Mittleren/Unteren Vinschgau.
  Nahebei die Barockkirche St. Peter (1769) in spektakulärer Lage auf einem Felsvorsprung über dem Steilhang, sehenswert die Gravur eines Sonnenrades im Stein rechts des Tores an einem Felsen.
- **Schlanders**, 738 m, Hauptort des Vinschgaus auf der Sonnenseite des Etschtals, mit Obstanbau rundum. Kultur-, Verkehrs- und Handelszentrum sowie Ferienort mit städtischem Flair in der Fußgängerzone; prächtige Ansitze und Bürgerhäuser, viele Gaststätten und Geschäfte; besonders schön die Promenade am Nordrand des Ortes sowie die Waalwege in der Umgebung (z. B. Zalwaal, Ilswaal). Wahrzeichen ist die Pfarrkirche Maria Himmelfahrt mit dem höchsten Kirchturm Südtirols (97 m); in der ursprünglich gotischen Spitalskirche ein Fresko mit historischer Ortsansicht; über dem Ort die Schlandersburg (12.–13. Jh.), zu einem Renaissance-Adelssitz umgebaut, schön restauriert (Bibliothek).
- **Kortsch**, 800 m. Feriendorf westlich von Schlanders, von ausgedehnten Obstgärten umgeben; Pfarrkirche St. Johannes mit gotischem Schnatterpeck-Flügelaltar (16. Jh.); am Steilhang »Schatzknott« über dem Ort das Kirchlein St. Ägidius mit Fresken aus dem 13. Jh.

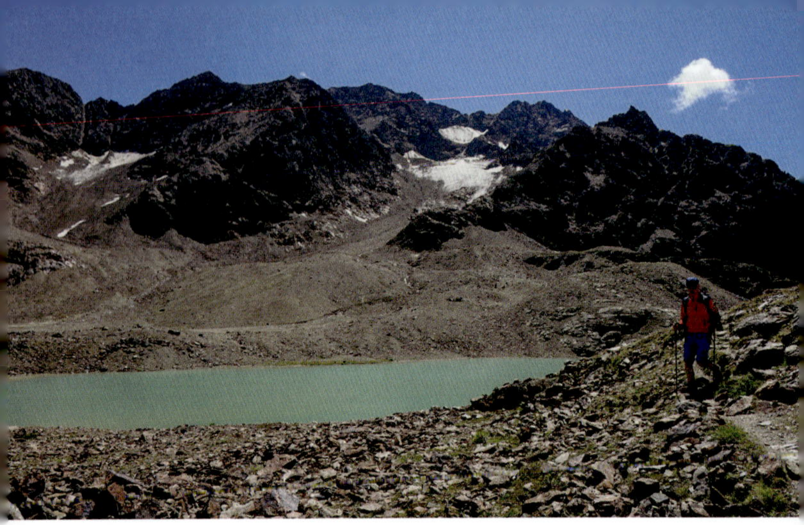

Der größte der Saldurseen, überragt von der Saldurspitze (3433 m) und den Resten des Nördlichen Saldurferners (Tour 16).

- **Latsch**, 639 m. Schöner Obstbau- und Ferienort am Fuße des Tarscher Murkegels; reiches kulturelles Erbe, u. a.: Spitalkirche zum Heiligen Geist, nach 1470 in gotischem Stil umgebaut, wertvoller Flügelaltar von 1524 des Meisters Jörg Lederer mit prachtvollen Schnitzereien, barocke Seitenaltäre, gotisches Marmor-Portal, Freskenzyklus aus dem 17. Jh. (1.7.–2.11. Mo–Sa 9–17 Uhr); Pfarrkirche Zu den Heiligen Petrus und Paulus (12. Jh.), Hauptportal und Grabsteine aus weißem Marmor, im Seitenschiff Grabmal von 1350 (Kirche geöffnet); Bichlkirche (1020), romanisch-barocke Elemente, 1992 Fund eines 5300 Jahre alten Menhirs, zu sehen im Museum Latsch.
  In Latsch das Aquaforum, ein großes Schwimmbad mit mehreren Becken für die ganze Familie, Saunalandschaft, Liegewiese, Spielplatz etc.
  Rund um Latsch-Kastelbell zahlreiche Waalwege, z. B. Latschander Waal.
- **St. Martin im Kofel**, 1736 m. Kleine Siedlung hoch am Sonnenberg, erreichbar von Latsch per Seilbahn; guter Ausgangspunkt für leichte Wanderungen; am Rand des Steilhangs die Wallfahrtskirche, ehemals heidnisches Heiligtum, die Martinsstatue in einer Felshöhle. Westlich der Seilbahn am extremen Steilhang die Höfe Egg und Vorra.
- **Goldrain**, 685 m. Sonniger Ferienort, 3 km östlich von Schlanders am Fuß des Sonnenberges. An dessen Hang Schloss Goldrain (11. Jh.), Renaissanceteil aus dem 17. Jh., heute ein engagiertes Bildungs- und Kulturzentrum (www.schloss-goldrain.com), sowie Schloss Annenberg (13. Jh.), einst Besitz der Herren von Matsch, dann der Grafen von Annenberg (privat, keine Besichtigung).

- **Morter**, 701 m. Ruhiger Ferienort inmitten der Obstpflanzungen an der südlichen Talseite. Hier die Vigiliuskirche, originelles Kirchlein aus romanischer Zeit (1080) mit drei Apsiden (Besichtigung: Tel. +39 0473 742 332), sowie die gotische Pfarrkirche zum hl. Dionys.
  Etwas südlich, am Eingang ins Martelltal, die Burg Obermontani, errichtet 1228 von Albert I. von Tirol als Trutzburg gegen die Churer Bischöfe; außerhalb der Ruine die Burgkapelle St. Stephan, 799 m, mit gut erhaltenen Fresken aus dem 15. Jh. (Besichtigung Fr und Sa 14.30–17.30 Uhr).
- **Tarsch**, 816 m. Ruhiger Ort auf der Kuppe des Tarscher Murkegels, am Oberrand der weiten Obst- und Wiesenflächen über Latsch, mit weitgehend ursprünglicher Dorfstruktur, schöne Bauernhäuser; im Ort die Pfarrkirche St. Michael (1214) mit romanischen Fresken, und St.-Karpophorus-Kirche mit romanischem Turm (1214), der zu den schönsten Bauten der Vinschgauer Romanik zählt; auf freier Anhöhe über Tarsch die kleine romanische Kirche St. Medardus mit ehemaligem Hospiz, ein prähistorisches Quellheiligtum, mit romanischem Turm und schönen Rundbogenfenstern.
- **Martelltal**. Schmales, raues Seitental des Vinschgaus, durch eine Straße von Goldrain über Morter erschlossen; Hauptort Martell, am äußeren Talhang, 1300–1600 m. Ein gutes Wanderwegenetz ermöglicht Talwanderungen ebenso wie Touren zu den Hochalmen und Gletscherbergen. Das Tal ist nach wie vor agrarisch geprägt, durch klimatische Besonderheiten auch Anbau von Beerenobst (Erdbeeren, Himbeeren, Johannisbeeren), die hier in Höhen von 800 bis 1800 m gut gedeihen und in vielen Gaststätten des Tals im Sommer zu Spezialitäten verarbeitet werden.
  Das Martell liegt fast komplett im Nationalpark Stilfserjoch, Nationalparkhaus »culturamartell« unmittelbar neben der Sportanlage Trattla, an der Hauptstraße am Eingang des Martelltals, mit Ausstellung zu Kultur(landschaft), bäuerlichem Alltag und Traditionen des Martell (im Sommer. Di–Fr 9–12, 14.30–18, So/Fei 14.30–18 Uhr, Mo geschl.).
  Im Talinneren der große Zufritt-Stausee (mit Gasthof), von dort schöner Blick auf Zufallspitze, 3757 m, und Cevedale, 3769 m, im Talschluss.

Schnalstal

- **Katharinaberg**, 1245 m. Ort mit Wallfahrtskirche, östlich hoch oben auf einer Talstufe. Wichtiges Etappenziel am Meraner Höhenweg, der von Gigglberg kommend hier vorbei ins Pfossental führt.
- **Karthaus**, 1327 m. Auf einer westlichen Terrasse hoch über dem Tal in sonniger, aussichtsreicher Lage, gepflegte Gastronomie und zahlreiche Wandermöglichkeiten. Dorf(name) geht auf das Karthäuserkloster Allerengelberg (1326) zurück, das durch die Säkularisation Kaiser Josephs II. von Österreich 1782 aufgehoben wurde; die verfallenen Zellen und Gebäude wurden vorbildlich restauriert, besonders sehenswert der gotische Kreuzgang, in dem Künstler im Sommer zeitgenössische Werke ausstellen.

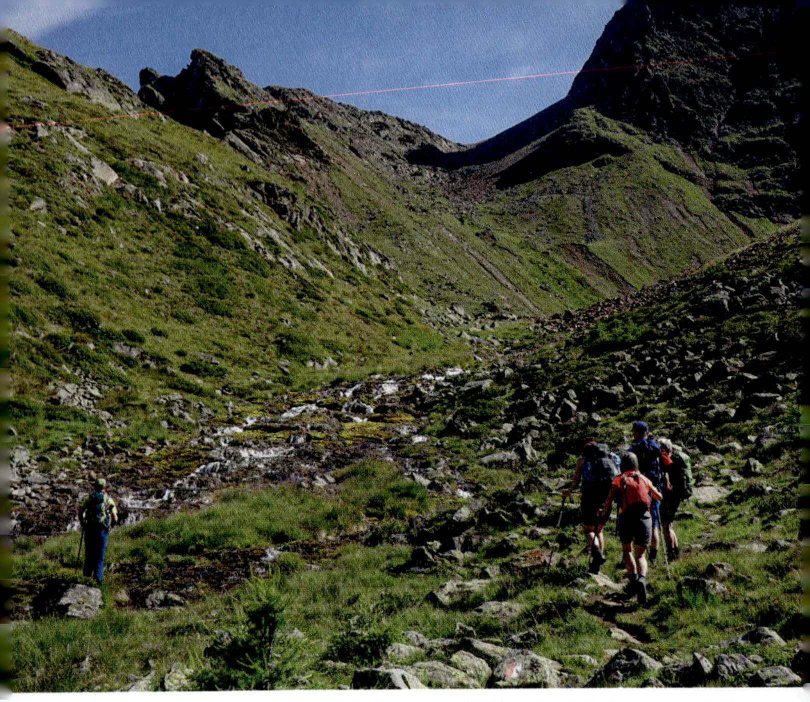

Lebendig sprudelnder Bergbach in den alpinen Matten oberhalb der Inneren Matscher Alm (Tour 13).

- **Pfossental**. Ursprüngliches Tal im Naturpark Texelgruppe, das bei Karthaus vom Schnalstal nach Nordosten abzweigt und sich bis auf fast 3000 m zum Eisjöchl, dem Übergang ins Pfelderer Tal, und zur Stettiner Hütte, 2875 m, emporzieht. Die befahrbare Straße führt über Nassereith (auch Nassreidhof), 1535 m, Gasthof mit Übernachtung, und endet in Vorderkaser-Jägerrast, 1693 m, heute letzter ganzjährig bewohnter Hof, gepflegte Gaststätte, beliebtes Ausflugsziel mit Übernachtung; beide Häuser sind Etappen am Meraner Höhenweg.
  Zwischen Vorderkaser und Eishof wurde ein Almerlebnisweg mit Schautafeln eingerichtet. Dazwischen liegen die Almen Mitterkaser, 1954 m, in alter Schnalser Bauweise als Blockbau erhalten, und Rableid, 2004 m, 1290 erstmals erwähnt, 1876 als Dauersiedlungsplatz aufgegeben, seither bewirtschaftete Alm mit Übernachtung. Eishof, 2071 m, war einst die höchste Dauersiedlung im Schnalstal; 1973 abgebrannt, wurde er 1981 wiederaufgebaut als Einkehr mit Übernachtung, ebenfalls Station am Meraner Höhenweg.

- **Unser Frau im Schnalstal**, 1510 m. Feriendorf, mehrere Gaststätten, bekannt als traditioneller Wallfahrtsort; Kirche wurde 1748 umgebaut, erhalten eine Marienfigur von 1300 in einer Monstranz, die bei der Wallfahrt am 15.8. (Hoher Frauentag) durch die Fluren getragen wird; vom südwestlichen Ortsrand bis zur Kirche Wallfahrtsweg Unser Frau mit fünf Stationen, vorbei an Bildstöcken mit Szenen aus der Marienvita, von einheimischen Künstlern. In Unser Frau der archeoParc Schnals, ein archäologisches Museum rund um den 5300 Jahre alten Mann aus dem Eis (»Ötzi«), der auf 3210 m Höhe am Tisenjoch gefunden wurde; im Freien rekonstruierte Hütten der Jungsteinzeit, Infos zum frühzeitlichen Alltag in Form von Schautafeln, Filmen, Vorführungen, auch zum Mitmachen etc. (www.archeoparc.it); zudem Ausgangspunkt von 15 archäologischen Wanderungen (auch mit Führungen).
- **Vernagt am See**, 1606 m. Heute am Ufer des gleichnamigen Sees über dem großen Staudamm gelegen, der in den 1950er-Jahren durch Aufstauung des Schnalser Baches entstanden ist. Der 5 km lange Stausee ist zum Anziehungspunkt für Touristen geworden, beliebte Wanderungen führen am Ufer um den See oder am Höfeweg oberhalb, vorbei an über 700 Jahre alten Höfen, nach Kurzras.

  Vernagt ist auch Ausgangs- bzw. Endpunkt des Archäologischen Wanderwegs zur Similaunhütte, 3017 m, und weiter zur Fundstätte des berühmten »Ötzi« am Tisenjoch, 3210 m (siehe oben).
- **Kurzras**, 2011 m. Am Ende der befahrbaren Schnalstal-Straße; Häusergruppe mit modernem Hotelkomplex, bestand vor der Erschließung nur aus dem alten Kurzhof, der in seiner ehemaligen Bauweise inmitten der neuen Häuser erhalten ist. Heute beliebtes Wander- und Wintertourismusziel mit umfangreichem Angebot, Klettergarten und wechselnden Events, auch noch viel Traditionelles. Talstation der Schnalstaler Gletscherbahn auf die Grawand, 3251 m, auch Ganzjahresskigebiet, Panorama auf etwa 300 Dreitausender; an der Bergstation »Ötzi-Show-Gallery«, Ausstellung zum Leben des Mannes aus dem Eis, und Ausstellung »Gletscherwelten«.

Das Wasser des Vernagtstausees wird zum Naturnser Sonnenberg geleitet und rauscht von dort durch Druckrohre mit einer Fallhöhe von 1135 Metern zum Kraftwerk in Naturns hinab.

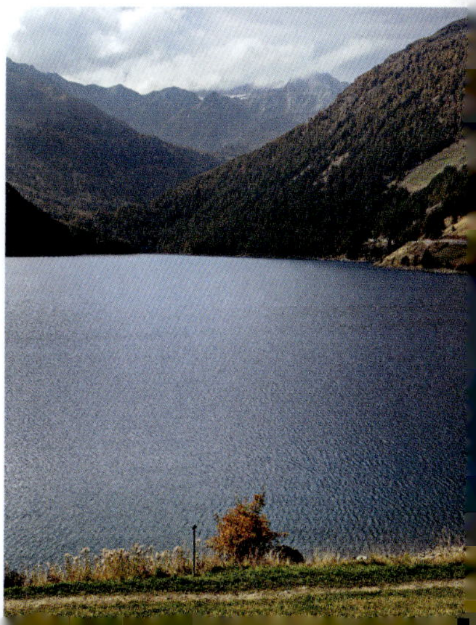

TOP

↗ 810 m | ↘ 810 m | 7.5 km

1 Piz Lat, 2808 m

4.30 h

Aussichtsreiche Bergtour über dem Reschensee

Das Felsmassiv, dem der Piz Lat (auch »Lad«) entragt, ist von weitum sichtbar. Es bildet am Reschen die Grenze zwischen Südtirol und dem Schweizerischen Engadin, in dessen weit hinauf begrünte Berge und ebenso sattgrüne Täler man vom Gipfel blicken kann. Ein gut gangbarer Steig führt zum felsigen Gipfel, auch einen alten Militärweg nutzt man streckenweise. Diese Wege findet man hier überall im nördlichen Grenzgebiet – Relikte aus Zeiten, als umkämpfte Grenzen die Länder trennten, die über die Jochpfade Jahrtausende lang von Nord nach Süd und umgekehrt verbunden waren. Am höchsten Punkt hat man Blick auf die Ötztaler Alpen, ebenso wie auf die Bernina, die Ortlergruppe im Süden und den Reschensee tief unten.

Ausgangspunkt: Reschner Alm, 2000 m. Anfahrt auf Asphaltstraße vom Ort Reschen an das Nordende des Sees, an der Talstation der Schönebenbahn vorbei und in Kehren aufwärts Richtung Rojen. Wo die Reschner-Alm-Straße rechts abzweigt, stellen Langschläfer ihr Auto am Parkplatz (1808 m) ab und wandern in knapp 1 Std. zur Alm (von 10–16 Uhr gilt ab hier Fahrverbot!). Wer früh genug dran ist, biegt rechts ab und fährt auf schmalem Schottersträßchen nach Norden weiter zur Alm. Oder: Anstieg von Reschen, 1513 m; vom Nordende des Sees zum Weiler Falliert (Weg 7, 5); auf Fußweg, kurzes Stück auf Sträßchen, dann wieder Steig hinauf zur Reschner Alm (1.15 Std.).
Anforderungen: Markierte Wege und Steige, am Gipfelaufbau steiler Steig.
Einkehr: Am Touranfang bzw. -ende Reschner Alm, bew. Juni–Sept., Tel. +39 351 649 4644.
Variante: Als Abstieg kann man auch vom Gipfel nach Südwesten dem Steig über den Kamm folgen, bis der Weg in die Nordwestseite führt, und ein kleines Plateau mit Grenzstein erreicht. Links des Grenzsteins (nicht weiter bis zum großen Steinzeichen) zuerst steil hinab, dann in Kehren hinunter zum Militärweg und auf dem Anstiegsweg zurück zur Reschner Alm. 2.45 Std.

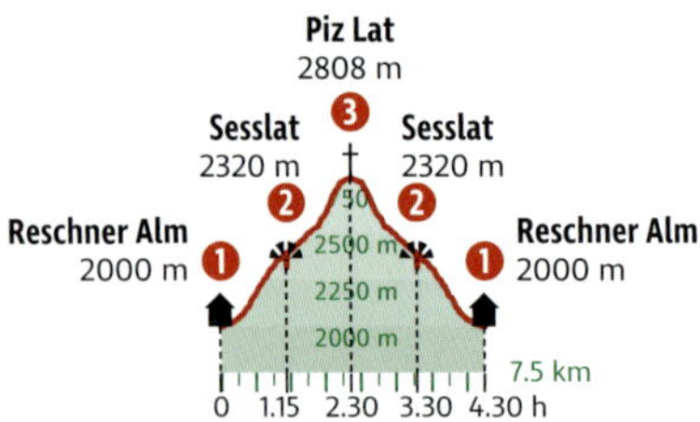

Von der **Reschner Alm** ❶ geht es auf gutem Weg (Nr. 5) nach Nordwesten durch lichten Wald aufwärts. In freiem Gelände wandert man anschließend über Bergwiesen, die im Frühsommer eine besondere Blumenvielfalt zei-

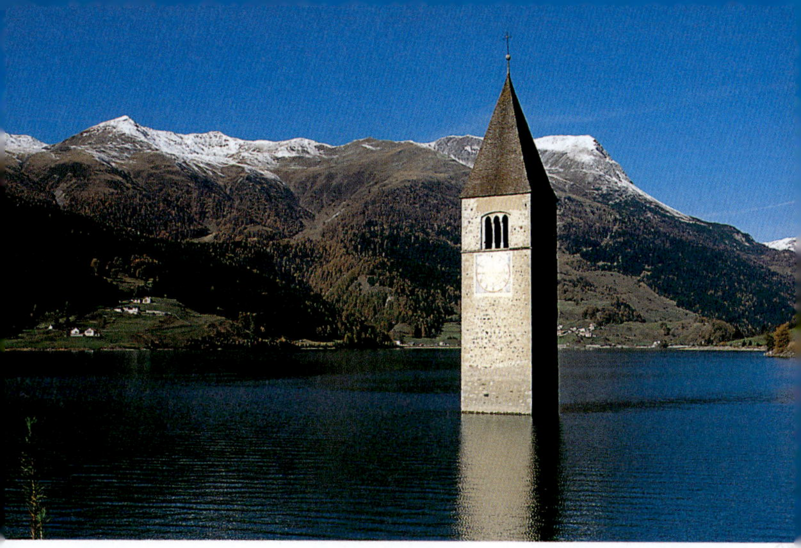

Reschensee mit Kirchturm, dahinter Äußerer Nockenkopf (links) und Piz Lat (rechts).

gen, und gelangt auf die Anhöhe **Sesslat** ❷, 2320 m, mit großem Kreuz und schöner Aussicht. Man erreicht einen Militärweg, der durch den weiten Hang hinaufführt an den Fuß des Gipfelaufbaus und weiter bis zur Südostschulter des Berges. Nun steigt man in vielen kleinen Kehren zum Gipfel des **Piz Lat** ❸ mit seinem großen Gipfelkreuz auf.
Der Abstieg führt auf dem Aufstiegsweg zurück zur **Reschner Alm** ❶.

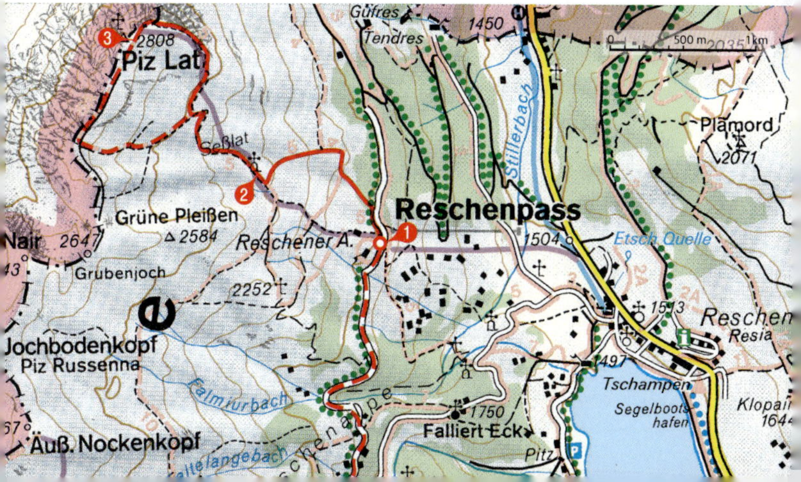

↗ 800 m | ↘ 800 m | 7.3 km

2 Äußerer Nockenkopf, 2767 m

4.30 h

Beliebter Aussichtsgipfel über dem romantischen Rojental

Die Wanderung zu diesem beliebten Aussichtspunkt beginnt in Rojen, einem Bergweiler am grünen Hang über dem Eingang ins Rojental. Der Nockenkopf erhebt sich im Kamm, der das Engadin vom Vinschgau trennt, und die Gipfelschau bezieht die Grenzregionen in den Blick ein. Die rauen Gebirgsketten ringsum stehen in Kontrast zur grünen Senke von Reschen und dem Reschensee. Wie immer ist es der sich majestätisch erhebende Ortler, der die Aufmerksamkeit auf sich zieht, er bestimmt stets die südliche Kulisse des Vinschger Oberlandes.

Ausgangspunkt: Ehemaliger Gasthof Bergkristall in Rojen, 1968 m. Bis dorthin ist die Straße vom Reschenpass mit Pkw befahrbar. Oder: Aufstieg von Reschen, 1513 m, auf Fußweg 9b, der die Zufahrtsstraße nach Rojen im unteren Teil abkürzt, dann über die Straße aufwärts, bis zur Abzweigung, die zur Reschner Alm führt; hier geradeaus weiter ins Rojental; man erreicht die Wiesen, hier zuletzt rechts ab und hinauf zu den bereits sichtbaren Häusern von Rojen. 2.00 Std.

Anforderungen: Gute Wege und Steige bis zum Gipfel.

Einkehr: Unterwegs keine. Alpengasthof Bergkristall in Rojen, bis auf Weiteres geschlossen. Wer sich etwas Besonderes leisten will, kehrt bei der Rückfahrt am Ufer des Reschensees beim Hotel Schlössl am See ein (Tel. +39 0473 633533).

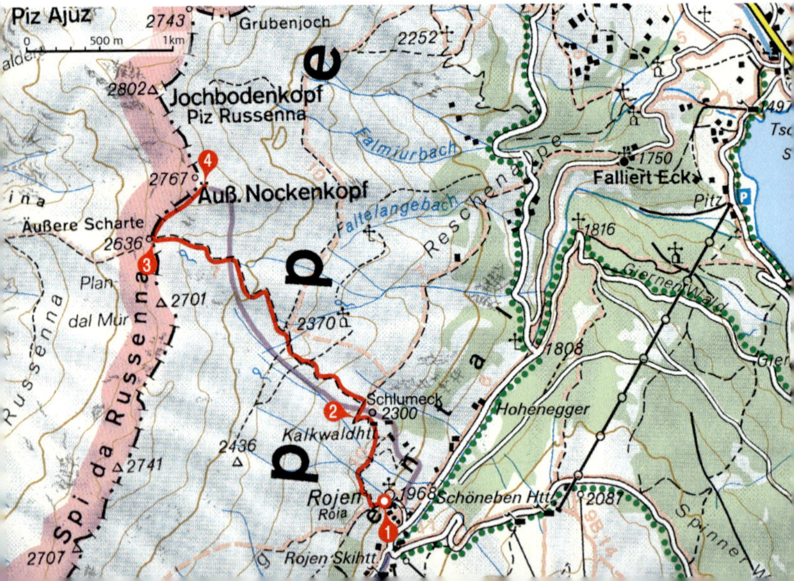

Man steigt von den Häusern von **Rojen** ❶ empor bis unterhalb des Kirchleins St. Nikolaus (Hinweisschild »Innerer Nockenkopf«). Hier beginnt der Weg, der links über Treppen zwischen Zäunen aufwärtsführt (nach etwa 10 Min. zweigt der Weg 13 zum Inneren Nockenkopf links ab). Man steigt gerade weiter auf dem Steig aufwärts und gelangt zum Waldrand, dann zu den Bergwiesen mit den kleinen Heustadeln, **Schlumeck** ❷.
Der gut markierte Steig führt weiter aufwärts, auf etwa 2400 m Höhe zweigt rechts der Reschner Höhenweg ab. Auf unserem Steig geht es nordwestwärts über wenig geneigte Böden in angenehmer Wanderung weiter, bis man die **Äußere Scharte** ❸, 2636 m, erreicht. Hier weitet sich die Sicht, man blickt nach Westen ins Engadin.
Nach rechts geht es auf dem nun zunehmend steilen Steig über den Rücken weiter und von dort zu einer Erhebung. Von hier kurz nach Osten haltend erreicht man in etwa 10 Min. den Gipfel des **Äußeren Nockenkopfs** ❹, 2767 m, mit Gipfelkreuz.
Der Abstieg erfolgt auf demselben Weg zurück nach **Rojen** ❶.

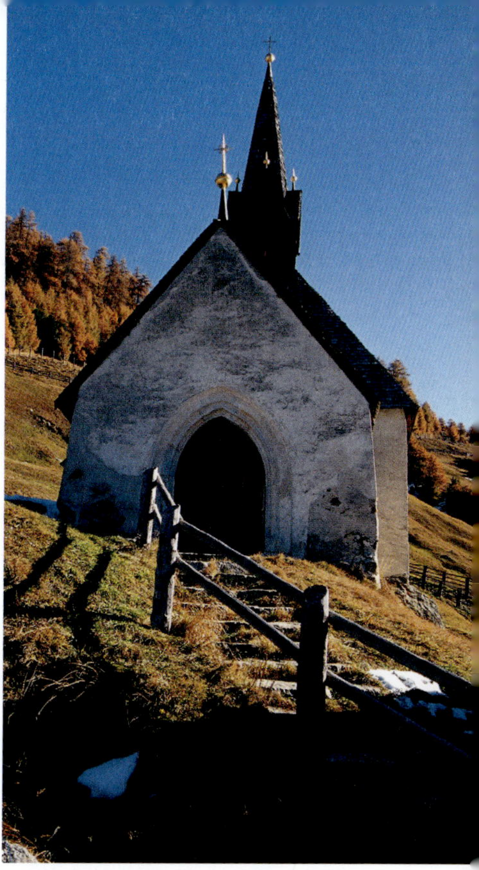

Die St.-Nikolaus-Kapelle oberhalb der Siedlung Rojen, im gleichnamigen Hochtal.

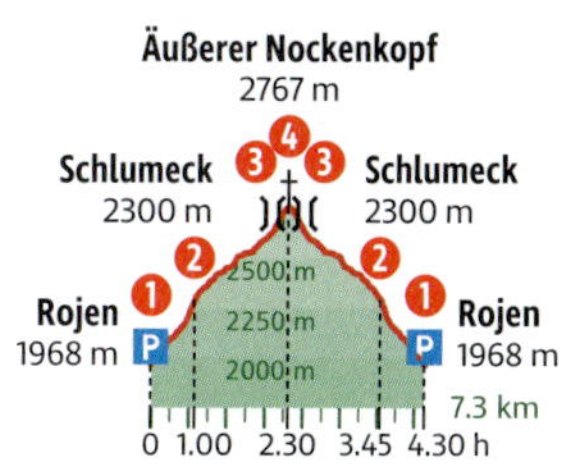

↗ 200 m | ↘ 200 m | 5.8 km

3 Höhenweg Schöneben – Haideralm

2.00 h

Der aussichtsreiche Höhenweg über dem Obervinschgau

Diese Tour kann sowohl von Schöneben im Rojental als auch von der Haideralm aus begangen werden. Von dem Höhenweg aus genießt man eine besonders schöne Aussicht. Darin liegt aber auch der Reiz dieser Höhenwanderung: weit über dem Talboden, meist über freies Gelände mit weiter Sicht auf die umliegenden Gipfel und hinab ins Tal. Auf dem Schönebner Weg wandert man an uralten Zirbenbäumen vorbei, im Frühsommer gibt es seltene Bergblumen und blühende Alpenrosensträucher. Schuttkare wechseln mit kargen Bergrasenflächen, im Westen die Fels- und Schrofengipfel von Zehnerkopf, Elferspitz und Seebödenspitze. Im Süden zeigen sich die Ortlerberge mit ihren auch im Sommer weiß leuchtenden Gletschern.

Ausgangspunkt: Kabinenbahn Schöneben (www.schoeneben.it, Tel. +39 0473 633 333), Talstation Piz auf 1498 m. Beschilderte Zufahrtsstraße vom Ort Reschen. Bergstation auf 2118 m. In Betrieb von Anfang Juni bis Mitte Oktober, 8.30 bis 16.30 Uhr.
Endpunkt: Seilbahn Haideralm (Info und Betriebszeiten wie bei Schönebenbahn), Bergstation auf 2120 m; Talstation der Gondelbahn am Ortsrand von St. Valentin auf der Haide, 1464 m; Rückfahrt mit Bus 273 nach Reschen, von dort Spazierweg am See entlang zum Parkplatz an der Schöneben-Talstation.
Anforderungen: Gute, markierte Steige; man kann nur vom Beginn oder Endpunkt ins Tal absteigen bzw. die Tour beenden.
Einkehr: Schöneben, Jausenstation; Haideralm, Berggasthaus mit Übernachtung und voller Bewirtschaftung; beide geöffnet während der Bahnbetriebsmonate.
Varianten: 1) Abstieg nach St. Valentin: Auf Fußsteig (Weg 9) und Almweg bis Falatsch, dann auf Forststraße zur Talstation und zur Bushaltestelle in St. Valentin. 1.30 Std. 2) Wer auf der ausgeschilderten Zufahrtsstraße übers Rojental zur Bergstation Schöneben mit dem Auto hinaufgefahren ist, geht auf demselben Weg zurück oder auf Forstwegen, die von der Haideralm nordwärts etwas tiefer als der Höhenweg durch Wald nach Schöneben zurückführen. 2.30 Std.

Von der Talstation **Piz** ❶ fahren wir mit der Gondel zur **Bergstation Schöneben** ❷. Von dort wandern wir auf dem Höhenweg Nr. 14 kurz durch Wald, dann bergauf zu den Wiesen von **Fraiten** ❸. (Hier zweigt der Steig 9b ab, der in gleicher Richtung, aber weiter oben am Hang südwärts, schließlich über den steilen geröllbedeckten Hang zum Zehnerkopf, 2675 m führt.) Der Höhenweg verläuft jedoch auf gleicher Höhe weiter nach Süden, wir bleiben auf etwa 2200 m Höhe, oder etwas darüber. Gleich am Beginn des Weges genießt man den schönsten Blick in das Langtauferer Tal, dessen schmales, von hohen Bergketten gesäumtes und von der Ache durchflossenes grünes Band nach Osten läuft, bis dorthin, wo die Gletscherberge Weißseespitze, Langtauferer Spitze, Weißkugel und Bärenbartkögel am

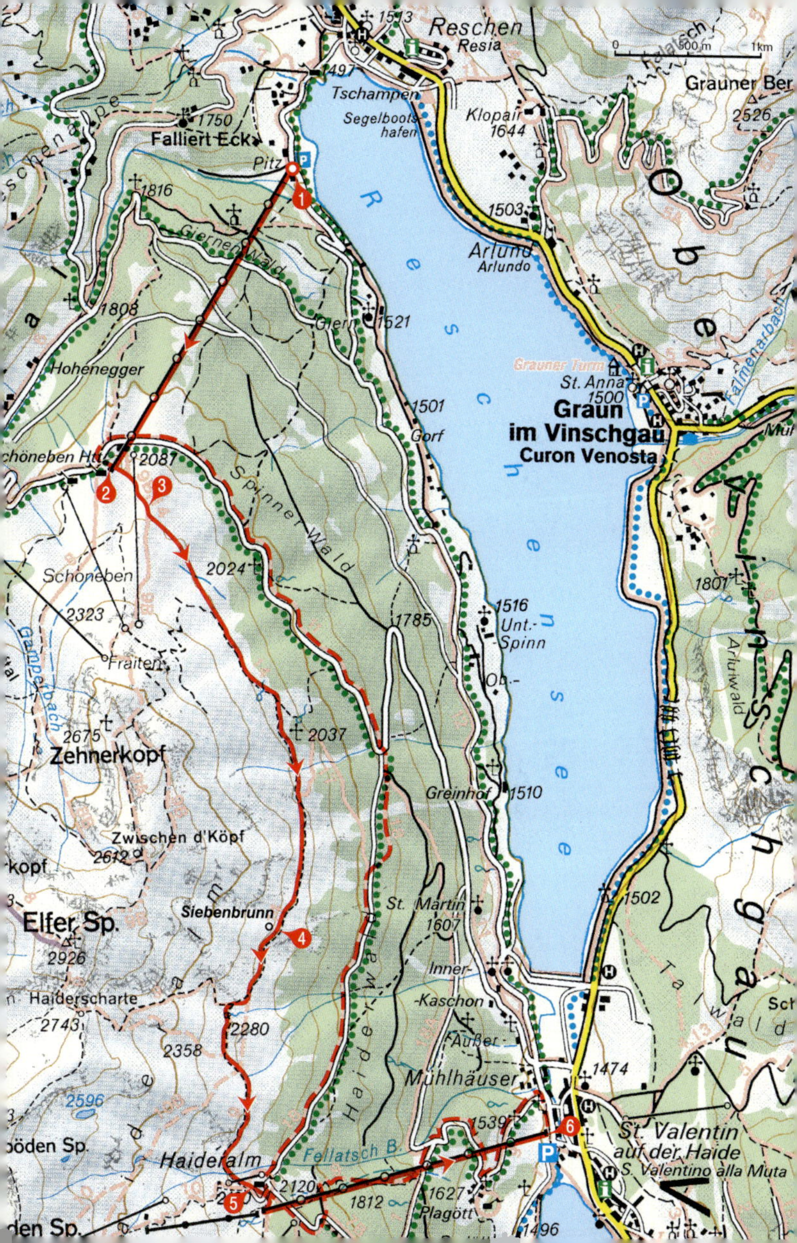

Reschen
Resia
1513
1497
Tschampen
Segelboots-
hafen
Klopair
1644
Grauner Ber
2526
0
500 m
1km
1750
Falliert Eck
Pitz
1816
Giernen Wald
1503
Arlund
Arlundo
1808
Giern
1521
Reschensee
Hohenegger
Grauner Turm
St. Anna
1500
Graun
im Vinschgau
Curon Venosta
Falmenarbach
1501
Gorf
Schöneben Htt.
2087
Spinner Wald
Schöneben
2024
1801
2323
1785
1516
Unt.-
Spinn
Fraiten
Ob.-
Arluiwald
Gampenbach
2675
2037
Zehnerkopf
Greinhof
1510
Zwischen d'Köpf
2612
Elfer Sp.
Siebenbrunn
St. Martin
1607
1502
2926
Haiderwald
Inner-
Haiderscharte
-Kaschon
2743
2280
Außer-
2358
Talwald
1474
2596
Mühlhäuser
1539
Haideralm
Fellatsch B.
St. Valentin
auf der Haide
S. Valentino alla Muta
2120
1627
1812
Plagött
1496
Vinschgau

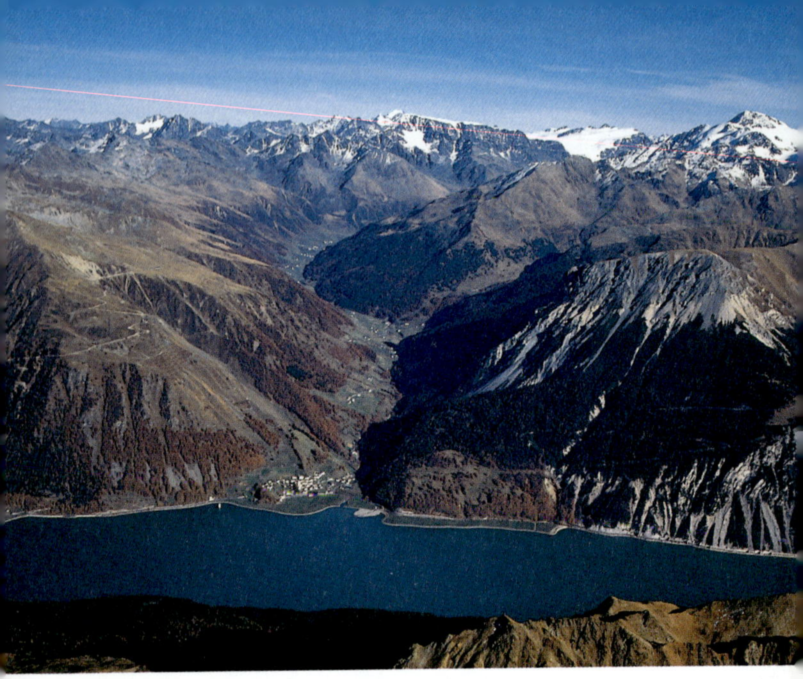

Tiefblick von Schöneben auf Reschensee und Langtauferer Tal.

Horizont sichtbar sind. Der Blick talwärts wird bestimmt von der großen Wasserfläche des Reschensees, die immer wieder andere Farben zeigt.
Auf Höhe 2280 m kommt man in eine Mulde zu den hier entspringenden Bächen, genannt **Siebenbrunn** ❹. Bald darauf trifft man auf die Wegabzweigung, von der aus man die Besteigung von Elferspitz und auch Seebödenspitz angehen kann. Von diesem Kreuzungspunkt im weiten Blockkar wandert man etwas bergauf und dann geht es durch lichten Wald hinunter auf die Wiesenhänge der **Haideralm** ❺.

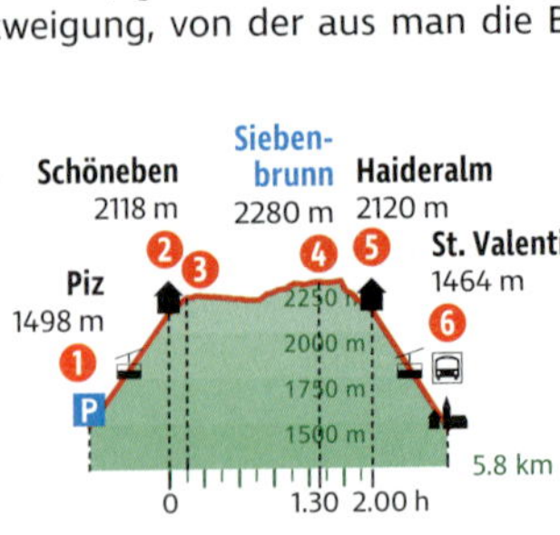

Von dort gondelt man mit der Kabinenbahn nach **St. Valentin auf der Haide** ❻ hinab und steuert anschließend die Bushaltestelle an der Hauptstraße an.

Auf den Almböden von Fraiten, im Hintergrund die Weißseespitze.

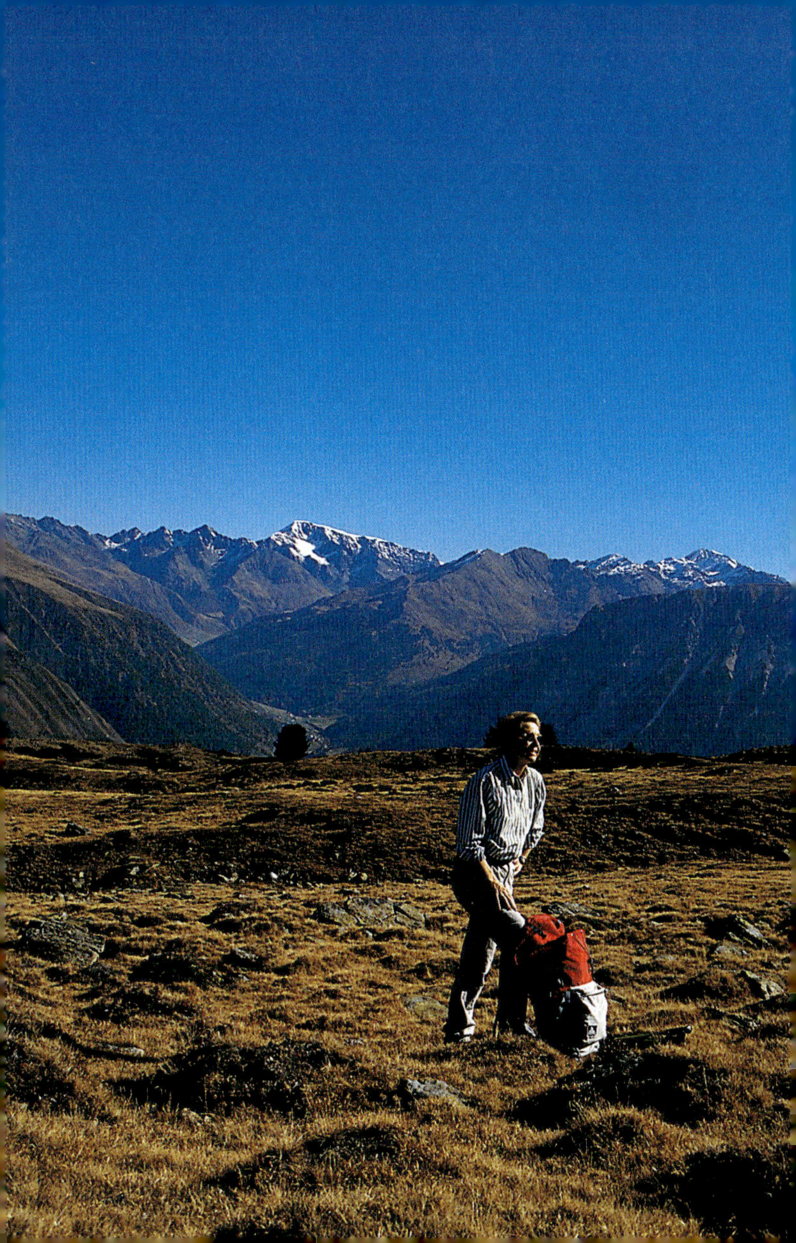

↗ 800 m | ↘ 800 m | 8.0 km

4 Haideralm, 2120 m – Seebödenspitze, 2859 m

4.45 h

Hoher Aussichtsgipfel über weiten Almböden

Als Fast-Dreitausender bietet die Seebödenspitze mit ihrem gut zu erreichenden Blockgipfel ein lohnendes Ziel, schon wegen des Ausblicks bis zu den Ortlerbergen im Süden. Als Zielpunkt und Rastplatz ist die Haideralm mit ihren Almwiesen und Zirbenwäldern, ihrer friedvollen Almstimmung, dem kleinen See in der Nähe im Sommer gern besucht. Von hier lohnt es sich, auch die Höhenwanderungen in das Zerzer Tal, Brugger Alm, Oberdörfer Alm, den Höhenweg nach Schöneben und Rojen, den Elferspitz, 2926 m, anzugehen.

Ausgangspunkt: St. Valentin, 1464 m, Haltestelle der Buslinie 273, Gondelbahn Haideralm (www.schoeneben.it, Tel. +39 0473 633 333), Talstation mit beschilderter Zufahrt und Parkplatz am Ortsrand. Bergstation auf 2120 m.

Anforderungen: Markierter Steig, Platten und grobe Felsblöcke am Gipfelgrat erfordern etwas Trittsicherheit.

Einkehr: Haideralm mit Bergrestaurant, Gästezimmer (50 Betten), große Sonnenterrasse, Spielmöglichkeit für Kinder, Tel. +39 0473 634 628.

Variante: Auf-/Abstieg von/nach St. Valentin: Zum westlichen Ortsrand kurz hinab und nordwärts zu den Häusern von Falatsch; hier auf die Forststraße, die in Kehren den Hang emporführt, dann auf Fußsteig (Nr. 9) zur Haideralm, 2.00 Std.; Abstieg umgekehrt 1.30 Std.

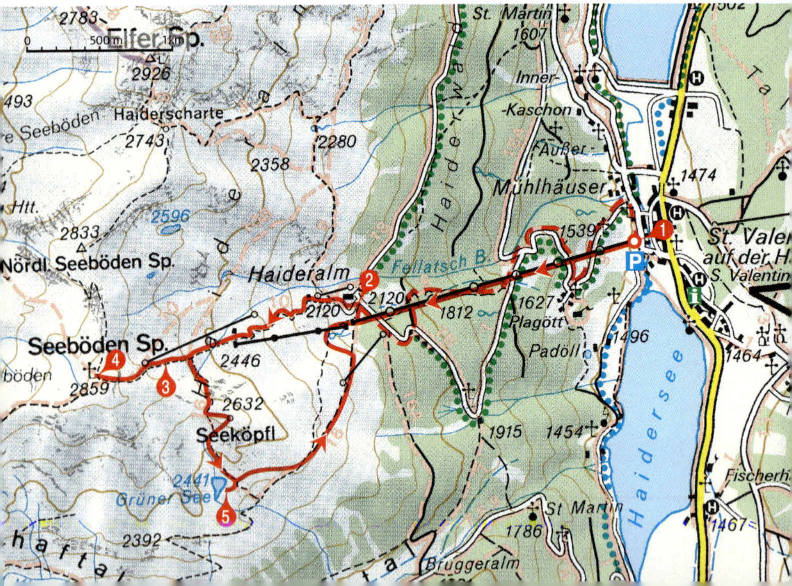

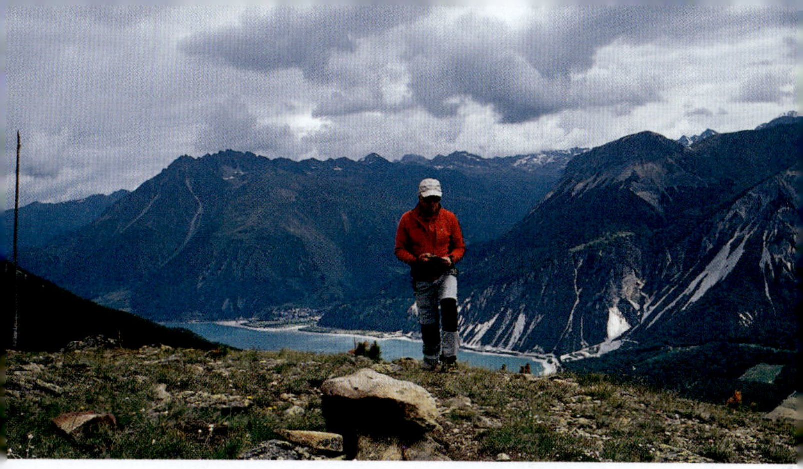

Im Anstieg zur Seebödenspitze, über dem Reschensee rechts der Endkopf.

Von der **Talstation** ❶ fährt man mit der Gondelbahn hinauf zur **Bergstation Haideralm** ❷. Hier führt ein guter Weg (Nr. 10) über die Wiesen zunächst gemütlich, dann steiler in der Nähe der Lifttrasse aufwärts. Der Weg steigt nun stets steil bergan, nach einiger Zeit jedoch als besserer gut markierter Steig über die steilen Hänge aufwärts. Man quert eine Mulde und erreicht auf ca. 2500 m den »**Schwarzer Kofel**« ❸ genannten Bergrücken. Kurz danach hat man endgültig das Liftgelände unter sich gelassen, erklimmt über große Blöcke den Grat und erreicht über den breiten Kamm den Gipfel der **Seebödenspitze** ❹.

Der Abstieg führt zunächst auf gleicher Strecke zurück zum Rücken **»Schwarzer Kofel«** ❸. Dort quert man nach rechts südwärts an den breiten Südostrücken der Seebödenspitze (Nr. 16). Hier geht es sehr steil gerade talab über die Hänge und zum **Grünen See** ❺. Nun wandert man auf gutem Weg etwas gemütlicher über die Hänge hinab zur **Haideralm** ❷. Kurz bevor man die Alm erreicht, sieht man den kleinen Almsee unterhalb der Liftanlagen in einer Mulde liegen. Hier befinden sich schöne Rastplätze. Zur Gondelbahn steigt man in 5 Minuten wieder empor und fährt wieder nach **St. Valentin** ❶ ab (oder man steigt auf Weg 9 in den Ort ab).

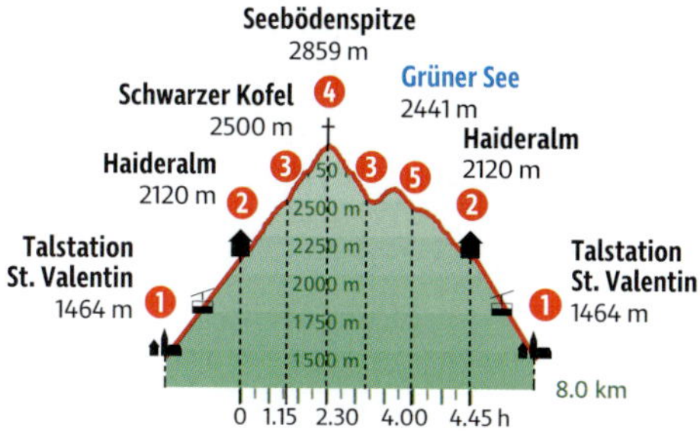

TOP

5 Pfaffensee, 2222 m – Watles, 2555 m

↗ 420 m | ↘ 420 m | 7.0 km

3.00 h

Aussichtsreich zu den Seen und auf die Grate des Watles

Das weitläufige Gebiet rund um den Watles-Gipfel ist eines der beliebtesten Wanderziele im Obervinschgau. Durch die Bergbahn sind der aussichtsreiche mächtige Gipfel und die Almen ringsum ohne große Anstrengung erreichbar. Zur Einkehr gibt es eine Gaststätte an der Bergstation und eine bewirtschaftete Alm gleich darunter auf dem Wiesenhang. Übergänge in die benachbarten Täler und Hüttenziele bieten sich ebenso an wie schöne Rundwanderungen.

Ausgangspunkt: Watles-Seilbahn (Tel. +39 345 767 0255), Talstation, 1750 m, bei Prämajur, großer Parkplatz, Bus 277 vom Bhf. Mals über Burgeis. Bergstation bei der Plantapatsch-Hütte, 2150 m.
Anforderungen: Höhenwanderung auf gut ausgebauten Wegen.
Einkehr: Plantapatsch-Hütte, bew. im Sommer, Sonnenterrasse, Kinderspielplatz; Höfer Alm, bew. im Sommer, unterhalb der Bergstation an der Skiabfahrt-Trasse.
Varianten: 1) Aufstieg von Burgeis, 1216 m, zur Plantapatsch-Hütte: Auf dem Forstweg (Nr. 3, 4) durch Wald hinauf zur Höfer Alm und über den Hang zur Bergstation Plantapatsch. 2.15 Std. Ein bezeichneter Weg führt auch westlich der Bahntrasse steil durch Wald hinauf.
2) Abstieg über Zerzertal: Vom breiten Kopf des Schafbergs kann man über die Hänge steil zur Oberdörfer Alm und ins Zerzertal absteigen. Von dort hinab zur Brugger Alm und talauswärts nach Burgeis. 3.00 Std.

Mit dem Sessellift fährt man von der **Talstation Watles** ❶ zur Bergstation. Dort führt von der **Plantapatsch-Hütte** ❷ der bequeme Weg (Nr. 4) nach Nordosten aufwärts. Bei der Wegteilung zweigt man rechts ab. Man erreicht die Senke mit dem großen **Pfaffensee** ❸ und weiteren kleineren Seen in der Umgebung. Von hier hat man einen schönen Blick auf die Ötztaler Gletscherberge.

Auf dem Watles, dahinter die Ortlerberge.

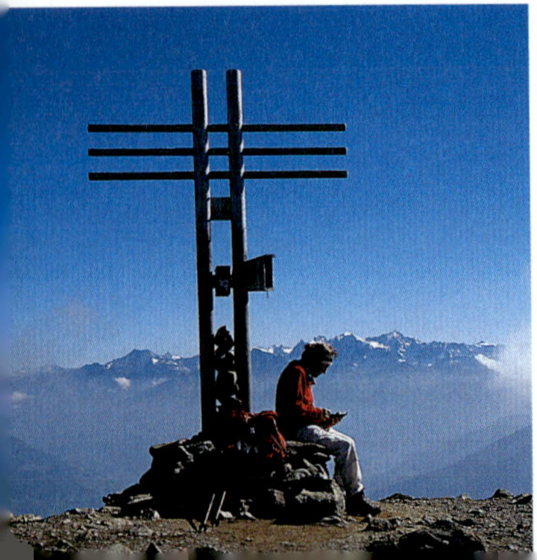

Unser Weg führt am Südufer des Pfaffensees entlang, der sehr idyllisch in einer Senke liegt. Gleich unterhalb liegt ein zweiter kleiner See. Man wandert vom Ufer des großen Sees über weite Hänge (Nr. 4a) aufwärts zum Rücken des **Schafbergs** ❹, 2411 m. Dieser bildet eine sanfte Kuppe im langen Nordostrücken des Watles. Nun folgt man in schöner aussichtsreicher Wande-

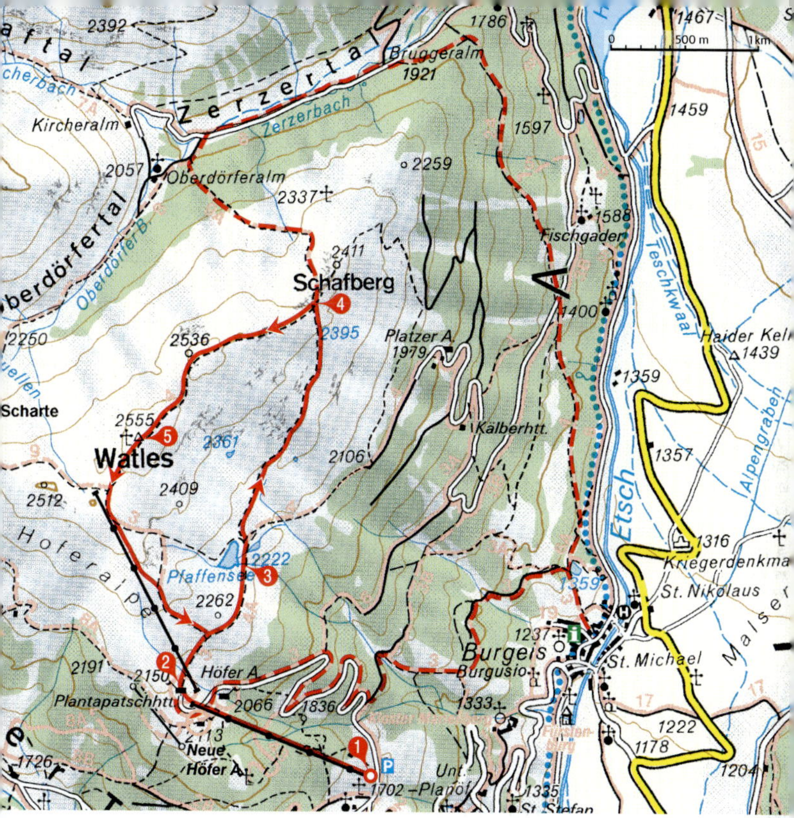

rung mit mäßiger Steigung dem breiten Rücken (Nr. 9) und erreicht den **Watles** 5, mit Gipfelkreuz und wunderbarer Aussicht.

Der Abstieg führt zuerst wenig geneigt über flache Böden nach Südwesten in eine Senke, dann steiler, stets links der Liftanlagen haltend, auf schmalem Steig (Nr. 9) hinab. Man hat von hier nochmal einen schönen Blick auf die Seen und die Malser Haide. Schließlich erreicht man den Anstiegsweg und die **Plantapatsch-Hütte** 2, von der man wieder zur **Talstation** 1 hinabschwebt.

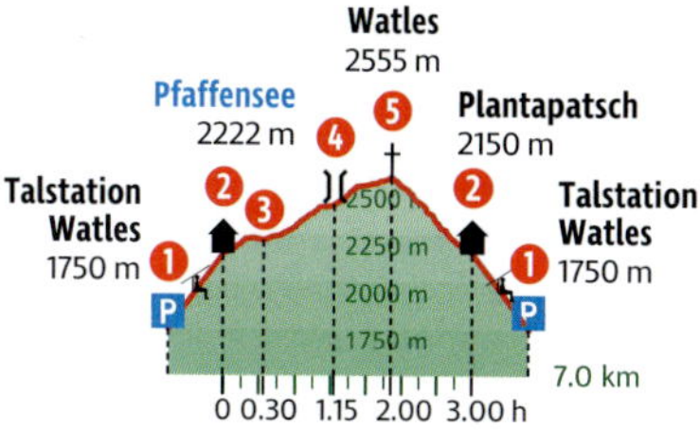

↗ 950 m | ↘ 1045 m | 15.4 km

6 Langtauferer Höhenweg – östlicher Teil

6.00 h

Große Wanderrunde im inneren Langtauferer Tal

Diese östliche Runde des Langtauferer Höhenweges beginnt in Melag im inneren Langtaufers und führt über den Weißseejochweg, den Äußeren Schafberg und den Pratzner Schwemmsee zum Abstieg nach Gschwell. Unterwegs hat man besonders schöne Blicke in die Hochgebirgswelt der Ötztaler Berge. Man begeht eine karge, einsame, jedoch großartige Landschaft in einer Höhe von 2400 bis 2660 m. Beinahe durchgängig folgt der Höhenweg Mussolinis alten Militärwegen, die zur Verteidigung und zur Sicherung der Grenze angelegt worden waren.

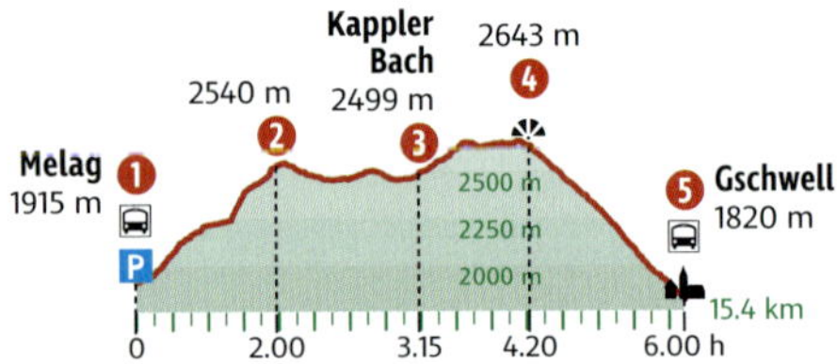

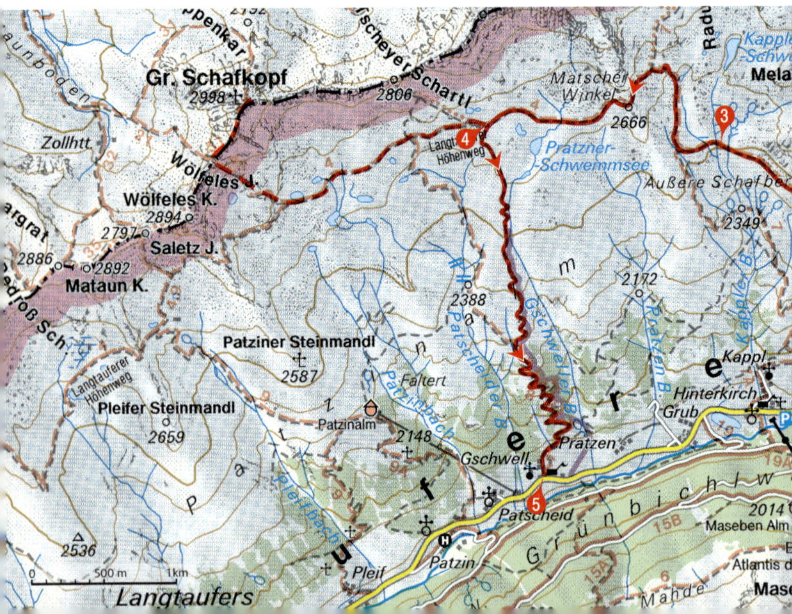

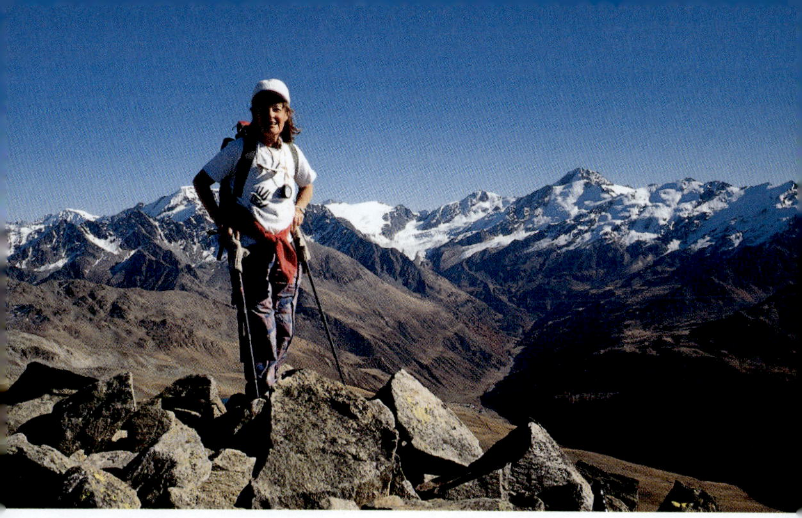

Auf dem Gipfel des Großen Schafkopfs (Variante).

Ausgangspunkt: Melag, 1915 m, im Langtauferer Tal. Parkplatz und Endstation der Buslinie 276 von Graun. Pkw-Anfahrt von Graun, 1520 m, auf gut ausgebauter Straße.

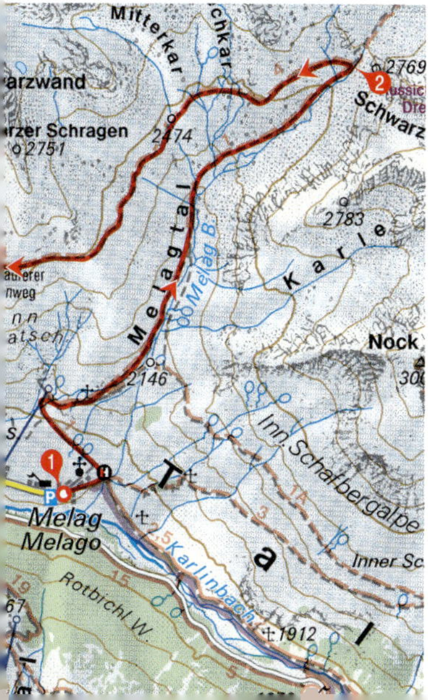

Endpunkt: Gschwell, 1820 m, Hst. der Buslinie 276.

Anforderungen: Bezeichnete, meist gute Steige, die in größere Höhen führen. Gute Kondition erforderlich. Im Spätherbst Wegverhältnisse oft schwieriger, Abstieg nach Gschwell auf gut ausgebautem, bezeichnetem Weg. Der Höhenweg ist im ganzen Verlauf markiert (Nr. 4).

Einkehr: Gasthof Alpenfriede in Gschwell.

Variante: Großer Schafkopf, 2998 m: Von der Kasernen-Ruine wandert man auf dem Langtauferer Höhenweg westwärts, auf weiter Hochfläche der große Gschweller See, 2643 m, und weitere kleinere Seen. Nach 30 Min. am großen Felsblock mit Hinweis »Großer Schafkopf« nordwärts vom Höhenweg ab, über steiles Gelände mit Markierung, dann auf Steig zur Grathöhe zwischen Wölfeleskopf im Westen und Schafkopf im Osten. Über den steilen Steig zum Gipfel mit Gipfelkreuz. Auf demselben Weg geht es zurück zur Ruine der Kaserne. Aufstieg 1.45 Std., Abstieg 1.30 Std.

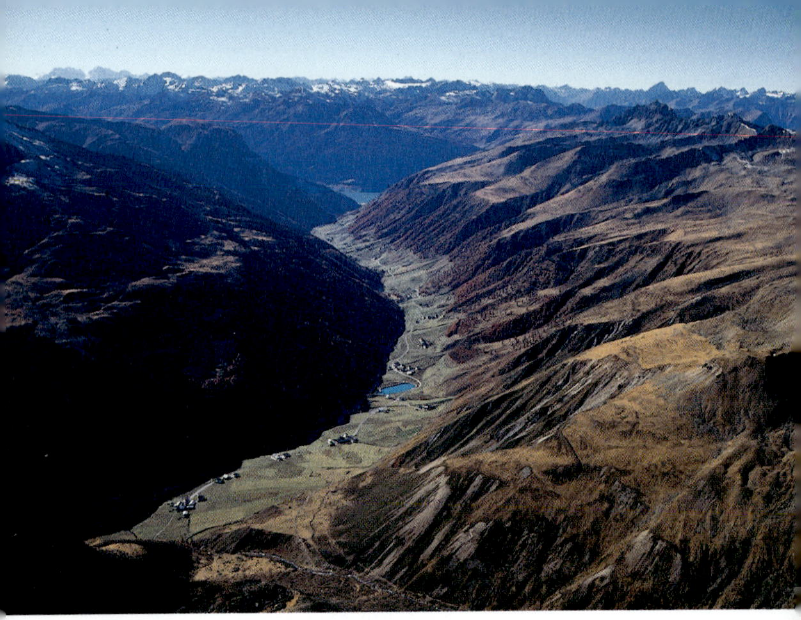

Das Langtauferer Tal, vom Flugzeug aus gesehen.

Von **Melag** ❶ steigen wir auf dem Weg 1 nach Norden hinauf. Bald wendet sich der Weg nach Osten (rechts) und verzweigt sich kurz darauf. Wir ignorieren den rechts abzweigenden Weg 1 und ziehen ins Melag-Hochtal hinein – nun wieder in Nordrichtung. Wir gehen den gut bezeichneten, Richtung Weißseejoch führenden Weg aufwärts, bis wir im innersten Tal zu einer deutlich gekennzeichneten **Wegabzweigung** ❷, 2540 m, gelangen. Hier links ab, wandern wir in stets gleichbleibender Höhe auf gutem Pfad dahin und begehen dabei den Hang des Höhenrückens des Äußeren Schafberges, 2499 m. Von hier aus bietet sich bereits ein sehr schöner Blick auf die Gletscherberge der Weißkugelgruppe. Wir überqueren den Oberlauf des **Kappler Bachs** ❸ und lassen bald darauf den abzweigenden Weg 7 links liegen.

Der Weiterweg führt nach Norden und aufwärts, dann weiter nach Westen als schöner Höhenweg dahin. Unter dem höchsten Abschnitt des Weges (2675 m) liegt der große Pratzner Schwemmsee, 2614 m, eine Seenplatte mit zwei kleinen und einem großen See inmitten weiter Mulden und Hänge. Nördlich darüber ragt die Nauderer Hennesieglspitze (3030 m) auf. Über flache Böden gelangen wir dann zur Ruine der **Kaserne** ❹, 2643 m. Hier setzt unser Abstieg ins Tal an, weiter nach Westen verläuft der Anstieg zum Großen Schafkopf (siehe Variante).

Wir halten uns aber links auf dem gut ausgebauten alten Militärweg hinunter. Abwechslungsreich geht es zuerst über die freien Hänge und längs des Pratzner Tälchens hinab, zuletzt in vielen gut ausgebauten Kehren durch den schönen Lärchenwald steil talab zu den Häusern nach **Gschwell** 5. Dort finden wir am unteren Rand des Weilers die Bushaltestelle, am oberen das Gasthaus.

Unterwegs am Langtauferer Höhenweg, mit Blick nach Osten.

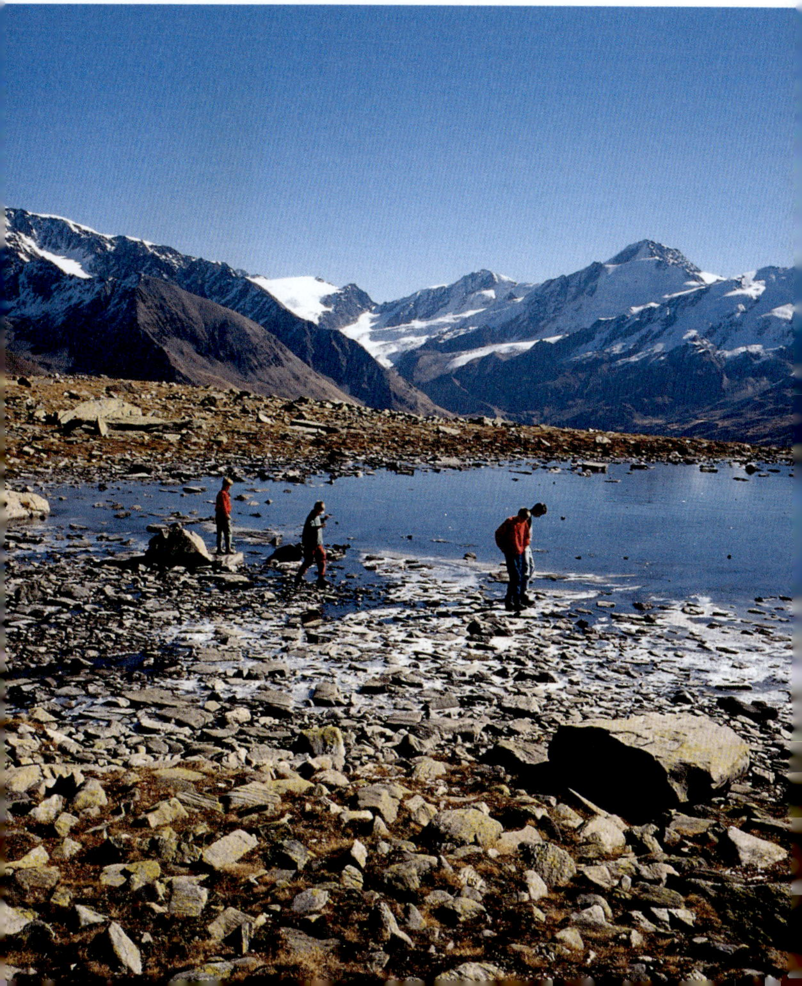

↗ 620 m | ↘ 620 m | 10.9 km

7 Höhenweg Maseben – Melager Alm

4.30 h

Aussichtsreiche Wanderung im inneren Langtauferer Tal

Der Masebner Höhenweg führt an der südlichen Talseite in einigem Auf und Ab, aber durchaus gemütlich auf einer Höhe von 2200 m in unschwierigem Gelände von der Berghütte Maseben hinüber zur Höhe Roteben und zur steilen Bachrunse, die von der Langgrube unter dem Planailschartl herabzieht bis zur Melager Alm. Von der Höhe bieten sich schöne Blicke in die Moränenlandschaft des Gletscherbaches des Langtauferer Ferners, auch die Ferner und die Gipfel der Bärenbartkögel kommen ins Blickfeld. Gegenüber liegt die ganze Kette der Nauderer Berge mit dem darunter verlaufenden Langtauferer Höhenweg.

Ausgangspunkt: Langtaufers-Kappl, 1870 m, 8 km von Graun, Haltestelle der Buslinie 276, Parkplatz bei der Abzweigung zur tiefer liegenden Talstation der ehemaligen Maseben-Sesselbahn.
Anforderungen: Gute Wanderwege, abschnittsweise auch schmale Pfade, im Langgrubtal steiler Abstieg mit Bachüberquerungen.
Einkehr: Berghütte Maseben bei der Bergstation des stillgelegten Lifts, bew. Juli–Sept., Gästezimmer, www.maseben.it, Tel. +39 0473 633106; Melager Alm, bew. in der Saison, Tel. +39 328 538 32 09.

Von **Kappl** ❶ geht man an der ehemaligen Liftstation vorbei zum Bach hinab, über die Brücke und auf dem Weg 19A bergan. Dieser hält sich weit-

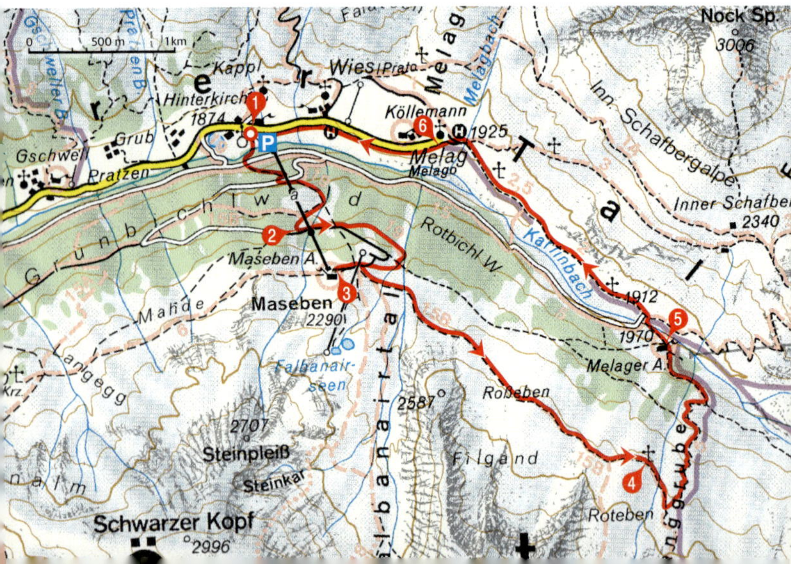

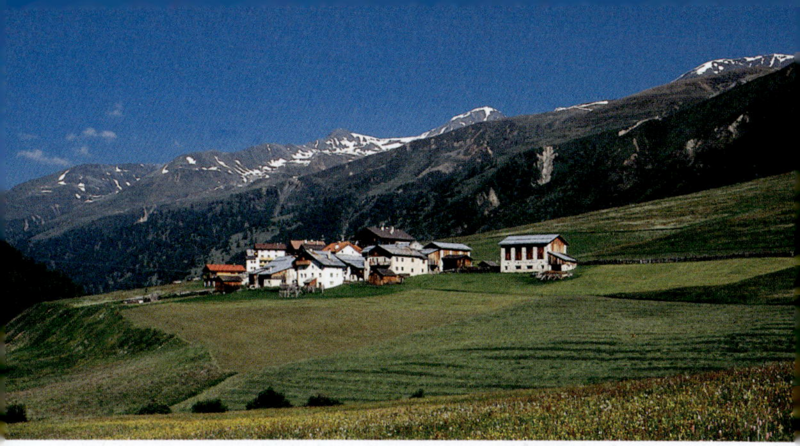

Auf dem Rückweg von der Melager Alm, mit Blick auf den Ort Melag.

gehend an die Trasse der früheren Skipiste. Nach Überquerung einer Forststraße wandern wir auf dem Weg 19 hinauf zur **Maseben-Alm** ❷, 2140 m. Oberhalb folgt man einem weiter aufwärtsführenden Fahrweg zur **Berghütte Maseben** ❸, 2290 m, der Bergstation des ehemaligen Sessellifts.
Von hier geht es auf einem Pfad (Nr. 17), der über die freien, aussichtsreichen Böden und Hänge führt, bergan, dann fast eben hinüber zum kreuzgeschmückten Aussichtspunkt **Roteben** ❹. Hier zweigt der steile Steig nach Süden hinauf ab, der direkt emporführt auf den Valbenairspitz.
Wir gehen ostwärts weiter, überqueren die zwei Bäche, wo der Pfad Richtung Planailscharte rechts steil empor abzweigt (er führt zum Übergang ins Planeiltal). Wir folgen aber dem Weg (Nr. 5) von hier talwärts, über Almhänge und Wald hinab zur **Melager Alm** ❺, 1970 m.
Der direkte Rückweg führt von der Alm auf der Forststraße am linken Ufer des Karlinbaches talaus und zurück nach Hinterkirch. Schöner ist aber der Weg über Melag: Von der Melager Alm geht man nur kurz auf der Forststraße talab, quert dann auf einer Brücke auf die andere Bachseite und wandert über Wiesen auf dem Fußweg talaus zu den Häusern von **Melag** ❻. Von hier sind es 1,5 km entlang der Straße nach Kappl ❶ – gegebenenfalls per Bus oder Anhalter.

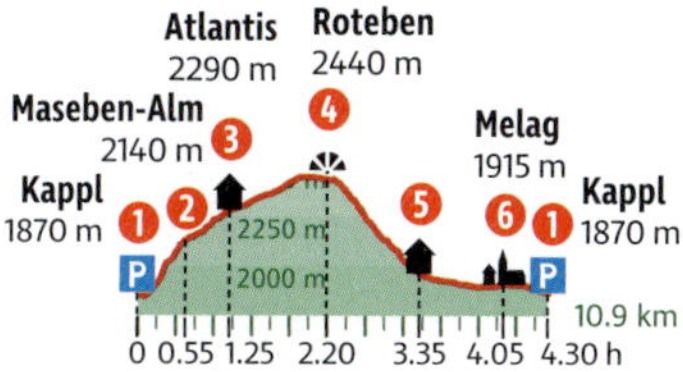

↗ 680 m | ↘ 680 m | 9.8 km

8 Melag – Weißkugelhütte, 2542 m

4.30 h

Schöner Aufstieg mit Blick auf die Langtauferer Gletscherberge

Die Wanderung zur Weißkugelhütte ist ein guter Weg, die Schönheit der Langtauferer Berge kennenzulernen. Der hier beschriebene Anstieg über den nördlichen Talhang und die Innere Schafberghütte gilt als der abwechslungsreichste Zugang zur Hütte. Man wandert hoch über dem Talboden entlang des Berghanges talein, bis man den Normalweg und die letzten Höhenmeter zur Hütte begeht. Die Hütte selbst liegt inmitten einer Runde von besonders schönen Gletscherbergen: Weißseespitze, Langtauferer Spitze, die Bärenbartkögel und dahinter der Gipfel der Weißkugel mit stolzen 3738 m.

Ausgangspunkt: Melag, 1915 m, im Langtauferer Tal. Parkplatz und Endstation der Buslinie 276 von Graun; von dort auch Pkw-Anfahrt.
Anforderungen: Gut bezeichnete und vielbegangene Hüttenwege.
Einkehr: Weißkugelhütte (CAI), bew. Mitte Juni–Okt. je nach Witterungsverhältnissen, Übernachtungsmöglichkeit, Tel. +39 346 147 2278, www.weisskugelhuette.com; Melager Alm, bew. in der Saison, Tel. +39 338 9129288.
Hinweis: Bei der Weißkugelhütte können die Touren 10 und 11 angeschlossen werden, dann evtl. in der Weißkugelhütte übernachten.

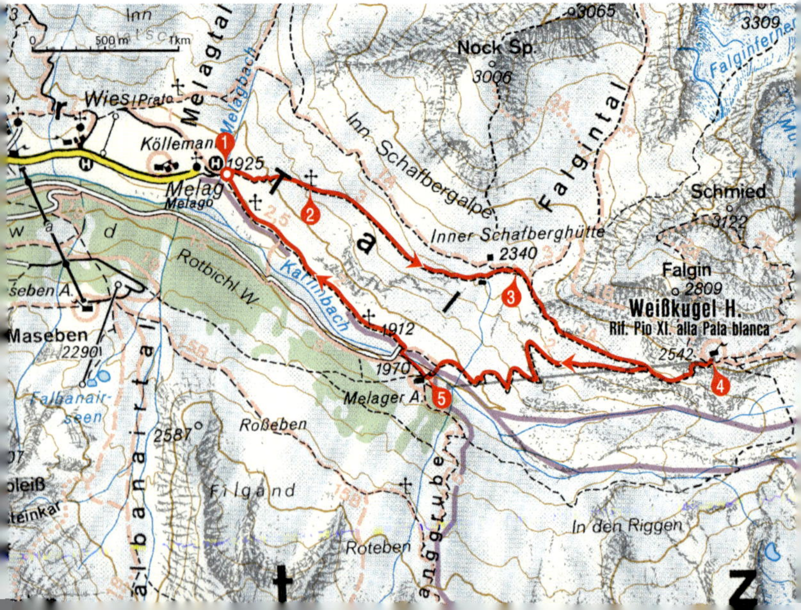

Nach kurzem Abstieg vom Weiler **Melag** ① hinab zum Bach zweigt man jenseits der Brücke gleich auf Weg 3 links ab und steigt den steilen Hang in Kehren empor. So erreicht man einen **Aussichtsplatz mit Kreuz** ②, 2094 m. Von hier geht es auf diesem Höhenwanderweg in rund 2100 m Höhe talein, man genießt schöne Ausblicke auf die weit herabreichenden Ferner von Freibrunner Spitze, Bärenbartkogel und Langtauferer Spitze.

An einer terrassenartigen Hangmulde kommt man zu einem schönen Rastplatz mit einer Quelle, weiter taleinwärts gehend erreicht man die **Innere Schafberghütte** ③. Von dieser geht es wenig ansteigend weiter (Weg 1a), man erreicht den Hüttenweg, der direkt von der Melager Alm heraufkommt. Auf dem Weg passiert man einen kleinen See, an ihm vorbei legen wir die letzten Höhenmeter zurück und halten auf die nun bereits sichtbare **Weißkugelhütte** ④ zu.

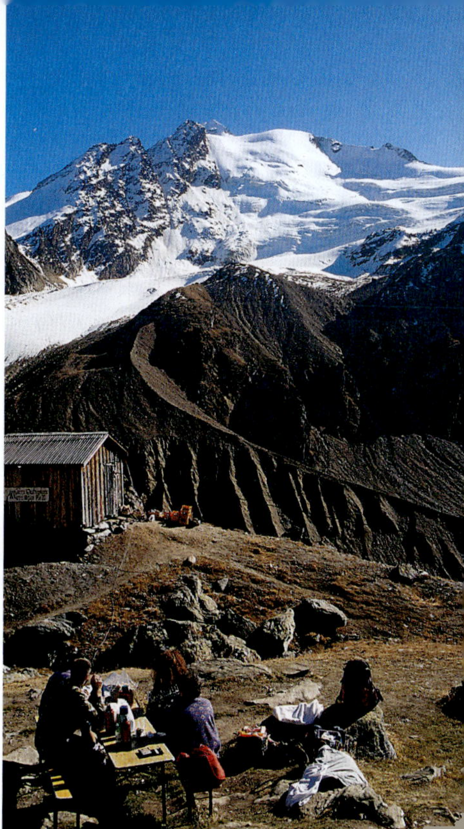

Rast bei der Weißkugelhütte mit Aussicht auf den Inneren Bärenbartkogel.

Für den Rückweg nehmen wir den etwas kürzeren Hüttenweg (Nr. 2), der gut ausgebaut westwärts hinab, an einer Lacke vorbei, dann über die Hänge hinunter und zuletzt steiler in Kehren zur **Melager Alm** ⑤ hinabführt. Von hier geht es kurz talab auf dem Forstweg, anschließend kann man über die Brücke auf die andere Talseite wechseln und über die Wiesen wieder zurück nach **Melag** ① gelangen.

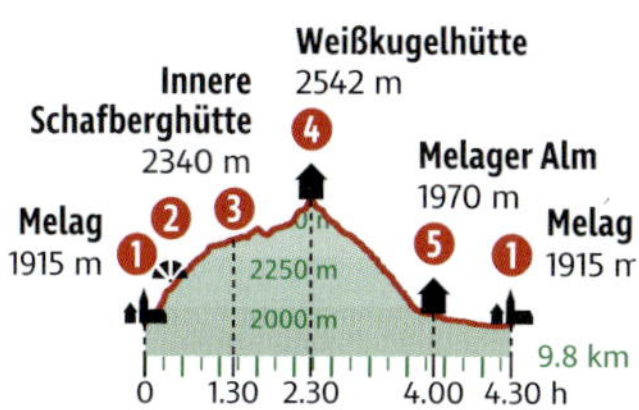

TOP

9

↗ 660 m | ↘ 660 m | 11.9 km

Gletscherlehrpfad Melager Alm – Weißkugelhütte, 2542 m

4.40 h

Wanderung ins Gletschervorfeld des Langtauferer Ferners

Dieser Gletscherlehrpfad führt von der Melager Alm in das Gebiet, welches von dem ehemals mächtigen Langtauferer Ferner durchflossen war. Wir erfahren, wie weit die Gletscherzunge um die Mitte des 19. Jahrhunderts nach einer Vorstoßperiode herabreichte und wie sie seither zurückschmolz. Zurückgeblieben ist ein schuttbedecktes Gletscherende. Bei dieser Begehung wird einem das Schmelzen der Gletscher eindrucksvoll nahegebracht. Während der übliche Anstieg zur Weißkugelhütte über den nördlich des Baches gelegenen Hangrücken führt, folgt dieser Weg nach der Melager Alm dem südlichen Hang über dem tiefen Einschnitt des Gletscherbaches.

Ausgangspunkt: Melag, 1915 m (siehe Tour 8).

Anforderungen: Markierter Steig, im oberen Teil durch Steinmänner gekennzeichnet.

Einkehr: Weißkugelhütte und Melager Alm (siehe Tour 8).

Variante: Höhenweg nach Melag: Aussichtsreicher ist der Rückweg, der kurz auf dem beschriebenen Hauptweg talab verläuft, dann jedoch rechts abzweigt und als Höhenweg (1A, 3) an der nordöstlichen Talseite hinausführt, bis man oberhalb von Melag bei dem großen Kreuz steil zum Bach absteigt und über die Wiese in wenigen Minuten den Ort erreicht. 2.15 Std.

Hinweis: Mit den Touren 10 und 11 kombinierbar. Evtl. Übernachtung in der Weißkugelhütte.

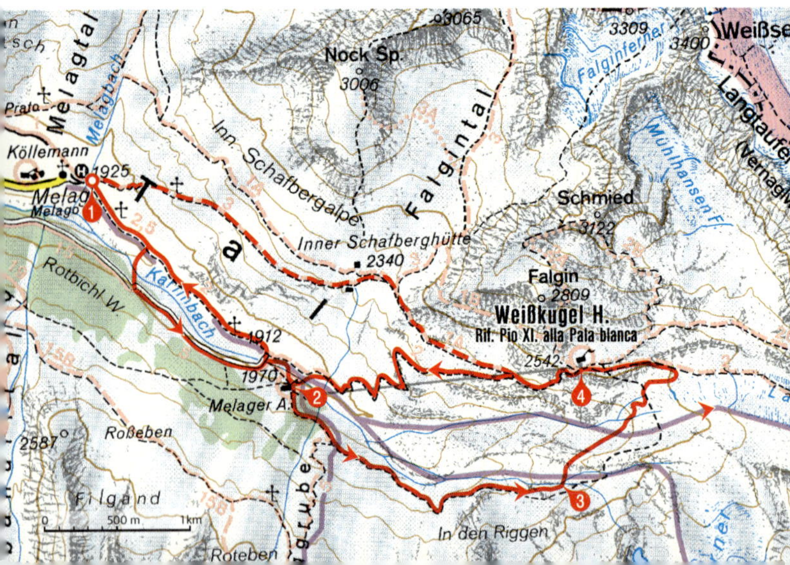

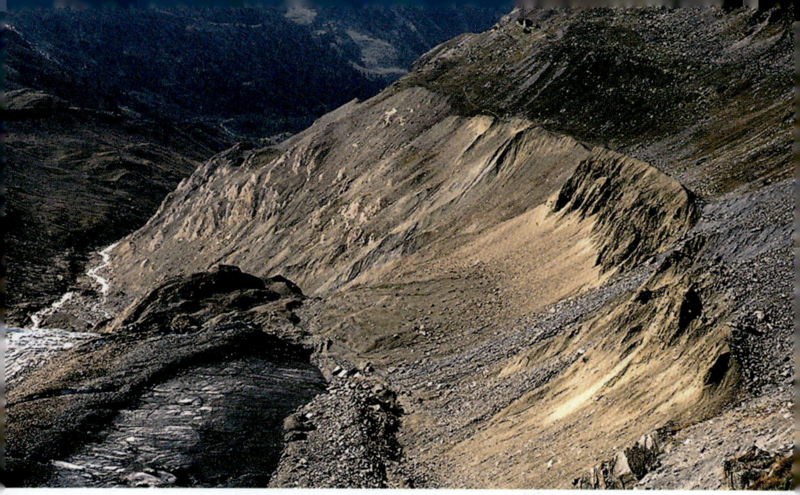

Die Zunge des Langtauferer Ferners (links unten) und das helle Gelände, das der Gletscher noch im 19. Jahrhundert bedeckt hat. Rechts darüber die Weißkugelhütte.

Von **Melag** ❶ wandert man über Fußweg und Wiesen talein, quert auf einer Brücke den Bach und steigt auf der Forststraße (Nr. 5) an zur **Melager Alm** ❷. Von der Alm ostwärts, stets den weißen Markierungszeichen folgend, erreicht man nach 10 Min. die erste Schautafel. Der Weg führt an weiteren Info-Tafeln vorbei durch lichten Lärchenwald aufwärts. Den Hang entlang immer weiter bergwärts, bis man der Markierung folgend zum Karlinbach absteigen kann. Eine **Brücke** ❸, 2302 m, führt auf die jenseitige Talseite.
Man orientiert sich stets an den deutlichen Steinmännern, welche bis zum Ende des Gletscherpfades leiten. Von hier hat man einen großartigen Blick auf die Eisbrüche des Gepatschferners, zur Langtauferer Spitze und zum Bärenbartkogel. Hier stehen auch die letzten drei Info-Tafeln. Die eigentliche heutige Gletscherzunge, die mit Schutt und Steinen bedeckt ist, liegt ein gutes Stück in östlicher Richtung. Von den letzten Info-Tafeln zieht der Steig nun in westlicher Richtung zur **Weißkugelhütte** ❹ hinauf. Der Rückweg führt wie bei Tour 8 auf dem Hüttenweg (Nr. 2) zur **Melager Alm** ❷. Von der Alm geht man nur kurz auf der Forststraße talab, quert dann auf einer Brücke auf die andere Bachseite und wandert über die Wiesen auf dem Fußweg talaus zu den Häusern von **Melag** ❶.

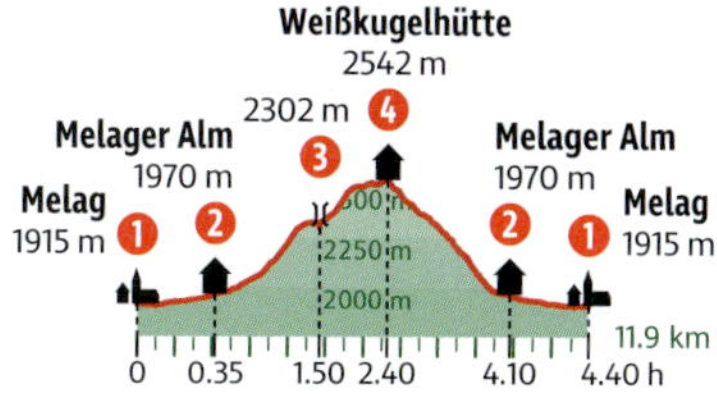

↗ 1260 m | ↘ 1260 m | 17.4 km

10 Richterweg – Vernaglwände, 3150 m

8.00 h

Kühner Pfad auf den Aussichtspunkt über dem Gepatschferner

Dieser aussichtsreiche und eisfreie Weg, der an der Südflanke der Weißseespitze bergauf führt, wurde als Anstieg zur Weißseespitze und als Zugang zur Traverse zum Brandenburger Haus angelegt. Lange Zeit verfallen, ist er wiederhergestellt worden. Er führt unter der steilen Südflanke der Weißseespitze mäßig ansteigend talein, über einen felsigen Hang mit Seilversicherungen hinauf und endet auf einer Felskuppe oberhalb des Gletschers. Östlich des Anstiegs gibt es noch Reste des immer weiter abschmelzenden Gletscherbruchs des Gepatschferners, die sogenannten Vernaglwände. Der Endpunkt des eisfreien Anstieges liegt auf ca. 3150 m. Von hier genießt man einen beeindruckenden Blick auf die Weißkugel im Süden, der Blick nach Osten geht über die weite Gletscherhochfläche des Gepatschferners, des größten Ferners der Ötztaler Alpen mit den ringsum aufragenden Dreitausendern.

Ausgangspunkt: Melag, 1915 m (siehe Tour 8).
Anforderungen: Gut bez. Hüttenwege zur Weißkugelhütte. Der Richterweg durch die Flanke ist gut ausgebaut, kann aber nach starkem Regen beschädigt sein; die Felsstellen im Schlussteil sind versichert, verlangen aber sicheres Steigen in ausgesetztem Gelände.
Einkehr: Weißkugelhütte und Melager Alm (siehe Tour 8).
Hinweis: Mit den Touren 8, 9 und 11 kombinierbar. Evtl. Übernachtung in der Weißkugelhütte.

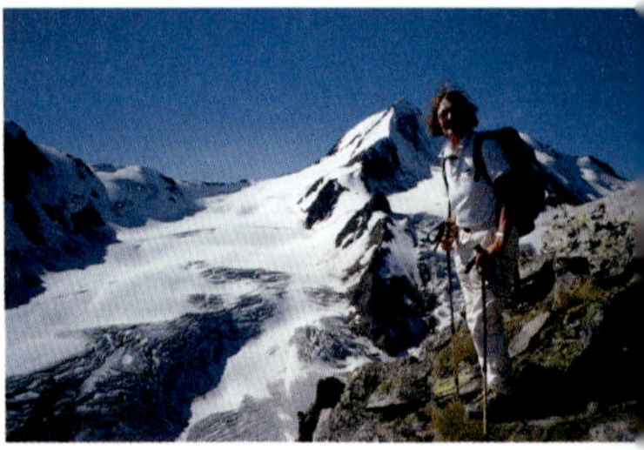

Blick auf das Nährgebiet des Langtauferer Ferners.

Von **Melag** ❶ wandert man über Fußweg und Wiesen entlang des Karlinbachs talein und wechselt über eine Brücke auf die andere Talseite zur **Me-**

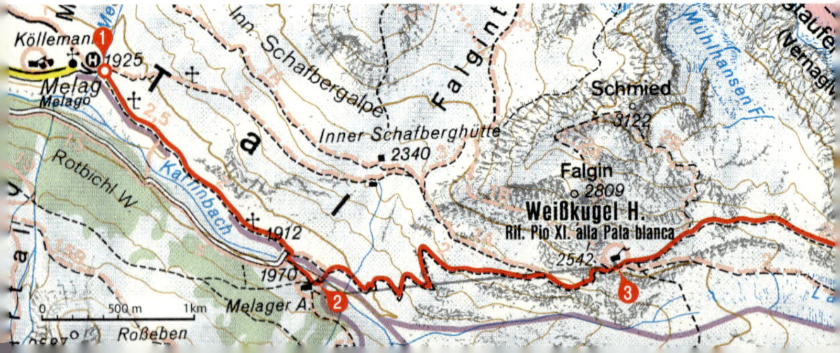

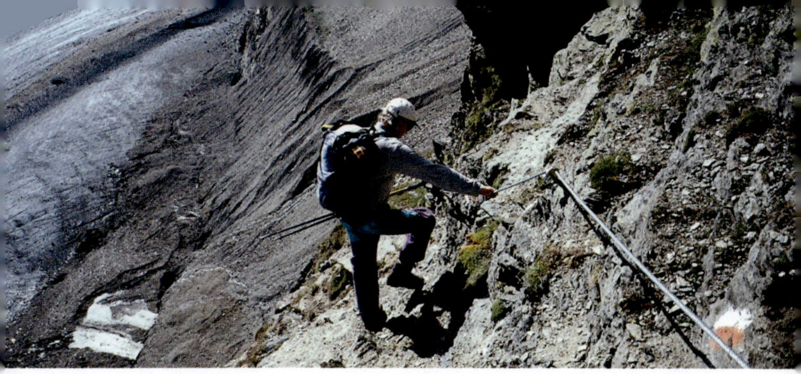

Anstiegspassage mit Seilversicherungen am Richterweg.

lager Alm 2. Auf dem Hüttenweg (Nr. 2) geht es in steilen Kehren hinauf zur **Weißkugelhütte** 3. Dort beginnt der Richterweg (Nr. 20), der die ausgedehnte Südflanke der Weißseespitze quert. Zuerst führt er wenig ansteigend talein, dann steiler aufwärts, unter einem Wasserfall durch, der nach Regen ziemlich heftig über den Weg schießen kann, und jenseits weiter den Hang hinauf, zuletzt etwas steiler aufwärts, stets auf dem Steig mit schönem Panoramablick auf die Weißkugel. Vor den Resten des Eisbruchs der Vernaglwände erreicht man eine Steilzone. Über die Felsbarriere muss man mithilfe der Sicherungsseile emporsteigen. Am **Ende des Klettersteigs** 4, 2995 m, erreicht man den Schutt- und Blockrücken, der sich nordwestwärts in Gletschernähe Richtung Weißseespitze hinaufzieht. Man kann ihn verfolgen, bis man den **Aussichtspunkt Vernaglwände** 5 auf etwa 3150 m erreicht. Am Grat findet man Reste der alten Materialseilbahn, die zum Bau des Brandenburger Hauses errichtet wurde. Hier beginnt der Anstieg auf die Weißseespitze, den man jedoch nur mit Eisausrüstung angehen kann – der vergletscherte Ostrücken ist zwar relativ flach, aber mit gefährlichen Spalten garniert.
Der Rückweg zur **Weißkugelhütte** 3 – Übernachtungsmöglichkeit – und weiter nach **Melag** 1 verläuft auf demselben Weg.

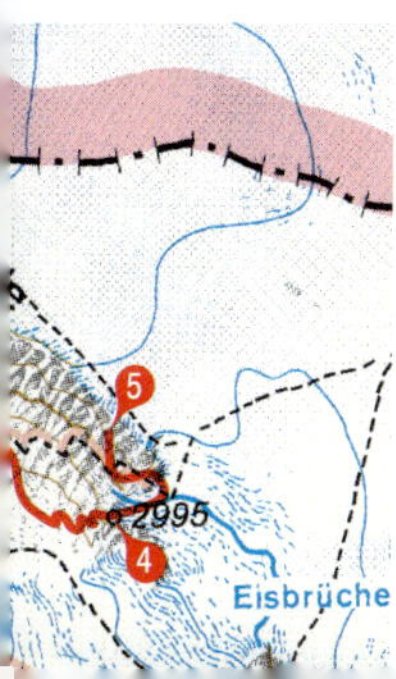

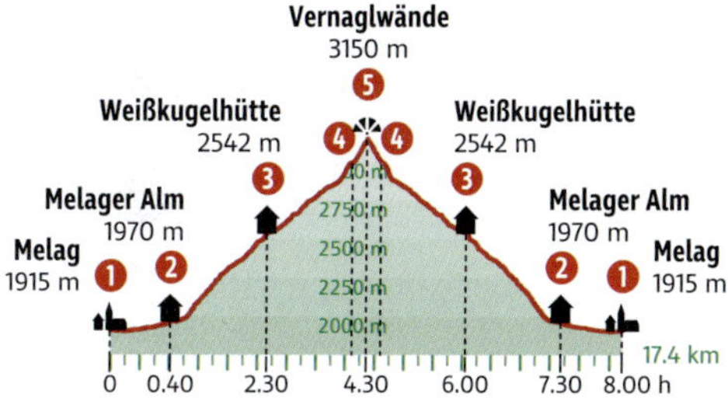

↗ 1200 m | ↘ 1200 m | 14.4 km

11 Adlerkopf, 3000 m

7.15 h

Felsiger Aussichtsgipfel über der Weißkugelhütte

Der Adlerkopf mit 3000 m Höhe ragt direkt nördlich über der Weißkugelhütte auf und bietet für erfahrene Bergsteiger ein lohnendes Ziel. Der Anstieg, den Seilversicherungen erleichtern, verläuft abwechslungsreich, die Aussicht ist grandios.

Ausgangspunkt: Melag, 1915 m (siehe Tour 8).
Anforderungen: Gut bezeichnete Hüttenwege zur Weißkugelhütte. Ab dort steiler Anstieg, zum Teil Versicherungen über Felspassagen, Blockgrat mit steilem Abstieg. Nur für geübte Bergsteiger geeignet.

Einkehr: Weißkugelhütte und Melager Alm (siehe Tour 8).
Variante: Den Gipfel über dem Adlerkopf (Schmied, 3170 m) kann man über einen Blockgrat ersteigen (30 Min.).
Hinweis: Mit den Touren 8, 9 und 10 kombinierbar. Evtl. Übernachtung in der Weißkugelhütte.

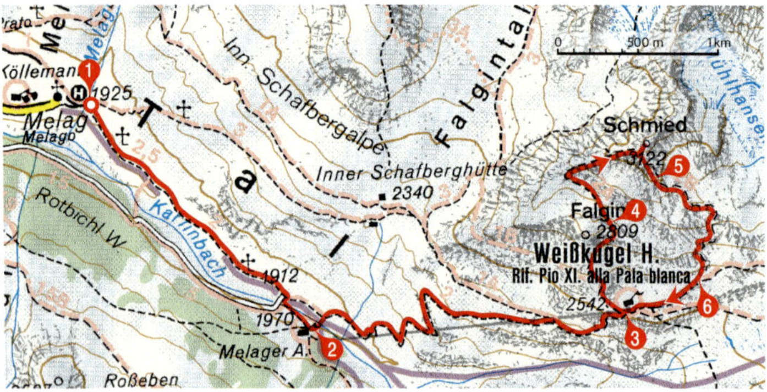

Von **Melag** ❶ wandert man über Fußweg und Wiesen entlang des Karlinbachs talein und wechselt über eine Brücke auf die andere Talseite zur **Melager Alm** ❷. Auf dem Hüttenweg (Nr. 2) geht es in steilen Kehren hinauf zur **Weißkugelhütte** ❸. Dort beginnt nördlich der Hütte der Weg (Nr. 2b), dieser führt (markiert) zuerst über grasiges Gelände mit großen Blöcken, dann über Schutt- und Schrofenhänge. Man erreicht einen felsigen Gratrücken, den **Falgingrat** ❹, 2800 m; hier sieht man die zwei Gipfelerhebungen: den höheren Schmied, der etwas nördlich aufragt, und südlich darunter den Adlerkopf. Wir steigen weiter und kommen zu einer Verzweigung. Links zweigt die Variante ab. Rechts haltend, zuletzt kurz abwärts, gelangen wir zum niedrigeren Gipfel, dem **Adlerkopf** ❺, 3000 m, mit Aus-

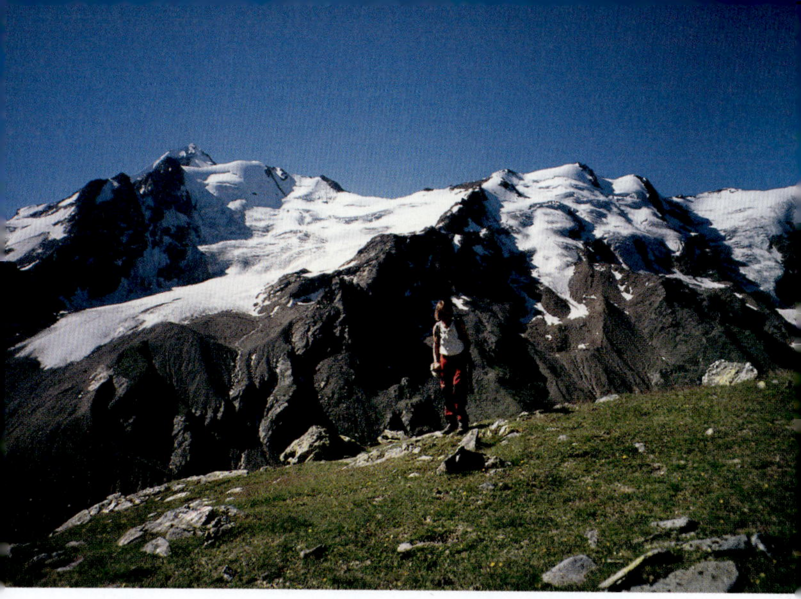

Prächtiges Panorama am Anstieg zum Adlerkopf. Links die Weißkugel (3738 m).

sichtsbank und Gipfelkreuz. Von diesem Rastplatz aus hat man einen großartigen Blick auf die südlich aufragenden Gipfel: die Bärenbartkögel, die Weißkugel, die Langtauferer Spitze. Der Schmied, 3170 m, der Gipfel über dem Adlerkopf, ist über den Blockgrat zu ersteigen (30 Min.).
Der markierte Abstieg vom Adlerkopf führt ostwärts steil hinunter. Man gelangt in einen großen Felskessel; nach Übersteigen der Felsblöcke beginnt der schwache Steig, der über den steilen Geröll- und Rasenhang hinab zum **Richterweg** 6 leitet. Auf diesem in wenigen Minuten zurück zur **Weißkugelhütte** 3 – Übernachtungsmöglichkeit –, dann auf dem Anstiegsweg weiter nach **Melag** 1.

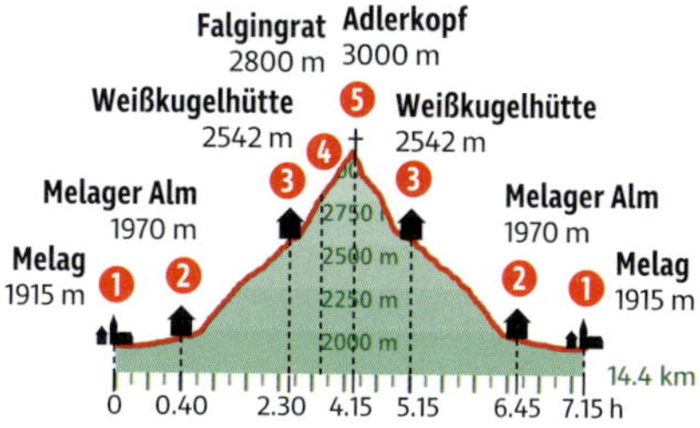

↗ 910 m | ↘ 910 m | 14.0 km

12 Sesvennahütte, 2256 m – Sesvennasee, 2634 m

6.00 h

Zum Unterkunftshaus in den Sesvennabergen

Die Sesvennahütte erschließt ein wildromantisches Berggebiet, das es vom Vinschgau aus zu erkunden gilt. Der Zugang zur Schutzhütte bietet keinerlei Schwierigkeiten und verläuft fast überall in mäßiger Steigung. Von der Hütte bieten sich der Übergang vom Vinschgau über den Schlinigpass ins Engadin und der Weg durch die spektakuläre Uinaschlucht an – heute eine sehr beliebte Wanderung, sogar Mountainbiker wählen diese Route, um von der Schweiz nach Südtirol und umgekehrt zu gelangen.

Ausgangspunkt: Schlinig, 1726 m. Auf der Straße von Burgeis her erreichbar; vor dem Ort großer Parkplatz; Bus 277 vom Bhf. Mals über Burgeis. Oder Anstieg zum Ausgangspunkt: Auf Fußweg von Burgeis, 1237 m, zuerst auf der Straße, dann durch Wald unterhalb der Straße im Schlinigtal aufwärts und nach Schlinig. Ein weiterer Fußweg führt von Schleis über das Sträßchen zum Polsterhof und ins Schlinigtal, wo er auf den Weg von Burgeis trifft. Jeweils 1.30 Std. vom Tal aus.

Anforderungen: Gute Wanderwege, markiert, zum See teils steiler Steig.

Einkehr: Hotel-Gasthof Edelweiß in

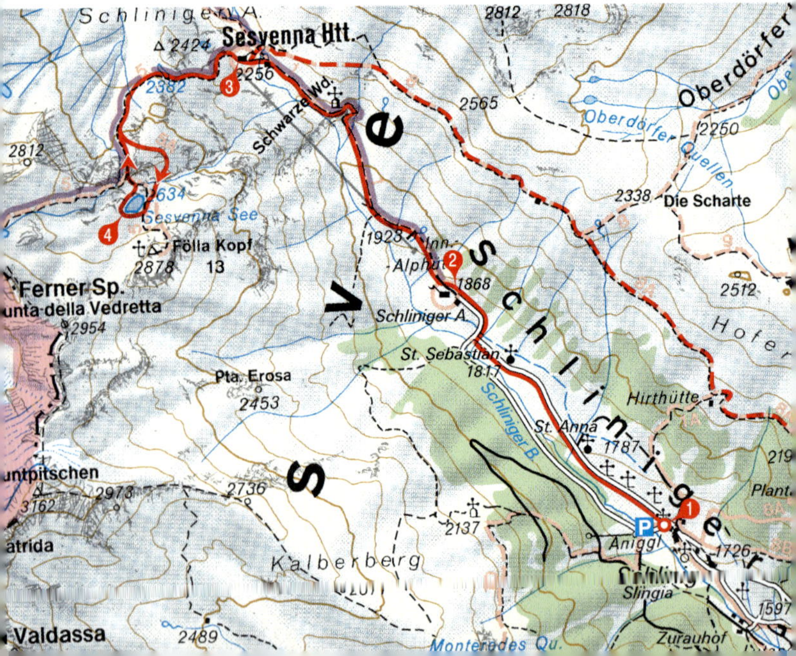

Schlinig; Jausenstation Alp Planbell auf der Schliniger Alm, 1868 m, bew. während der Sommersaison; Sesvennahütte (AVS Sektion Mals), bew. Juni–Okt., 90 Schlafplätze, die Hütte kann witterungsbedingt früher im Herbst geschlossen sein, Tel. +39 389 094 8748 (bei Öffnungszeiten nur über WhatsApp), +39 0473830234 (nur während der Öffnungszeiten), www.sesvenna.net.
Variante: Vom »Erlebnisberg-Watles«-Parkplatz per Sessellift zur Plantapatsch-Hütte, dann zu Fuß auf aussichtsreichem Höhenweg (8a, 8) an der Nordflanke des Schlinigtales, auf etwa 2350 m, an der Waldgrenze mit wenig Anstieg in das innerste Schlinigtal; hier geht es talab, man erreicht grüne Hänge, die Ruine der ehemaligen »Pforzheimer Hütte«, 2250 m, sowie den kleinen See und steigt zur bereits sichtbaren Sesvennahütte auf (2.00 Std.); Abstieg auf der Hauptroute nach Schlinig, von

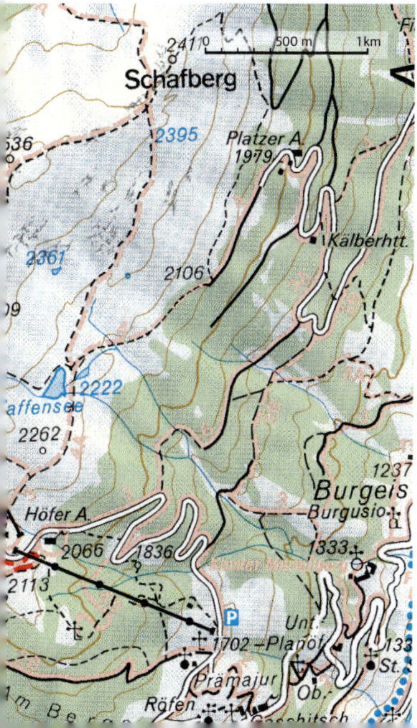

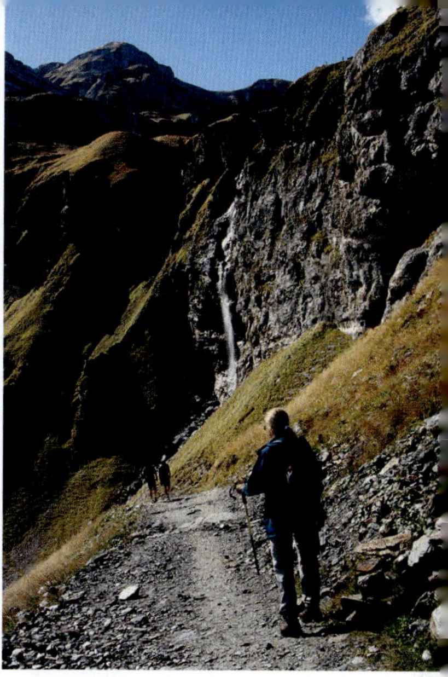
Im Abstieg von der Sesvennahütte.

dort per Shuttle-Bus zurück zur Talstation Watles (16–18 Uhr, im 10-Minuten-Takt).
Hinweis: Unweit der Sesvennahütte erstreckt sich auf Schweizer Seite die spektakuläre Uinaschlucht, erreichbar über den Schlinigpass, 2311 m (Schweizer Grenze, Personalausweis nicht vergessen), dann abwärts zum Läger, 2150 m, und weiter hinab durch das enger werdende Tal in die Schlucht. Der Weg ist in eine 800 m hohe Felswand gesprengt, gut gesichert und relativ breit. Er führt talab in das Uinatal (Einkehr Dadaint Hof) und von dort talaus nach Sur En im Engadin. Im Sommer jeden Freitag geführte Tageswanderung: Treffpunkt Sennerei Burgeis (9 Uhr) – Shuttle zur Talstation Watles – Sessellift zur Bergstation – Sesvennahütte – Uinaschlucht – Sur En, per Kleinbus zurück. Voranmeldung bis 17 Uhr des Vortages im Informationsbüro Mals, Tel. +39 0473 831 190.

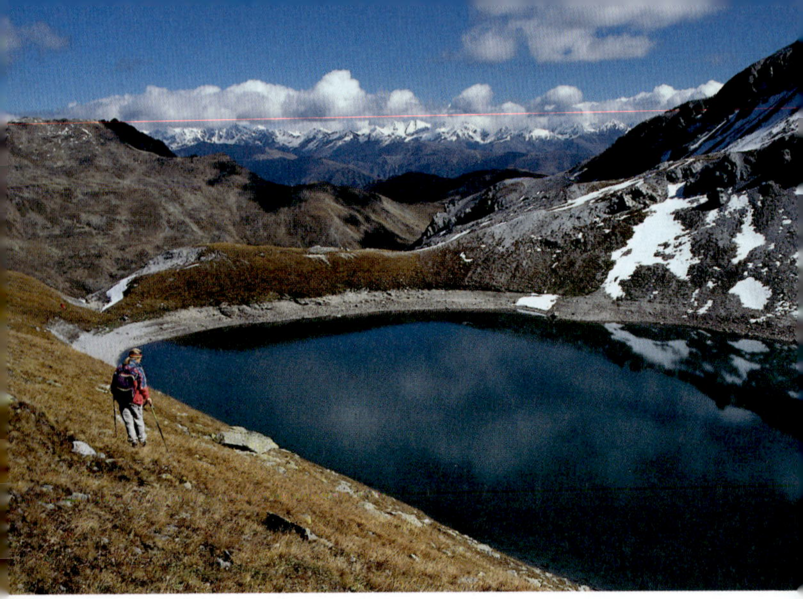

Der Sesvennasee, umgangssprachlich auch »Kloanberglsee« genannt.

Vom Parkplatz wandern wir durch **Schlinig** ❶ und anschließend geradewegs mit wenig Steigung im schönen Wiesental einwärts und bergan zur Alpe **Planbell** ❷ auf den Wiesen der Schliniger Alm. Nun geht es auf dem breiten Hüttenweg talein und rechts des imposanten Wasserfalls auf die nächsthöhere Talstufe. An der Ruine der ehemaligen Pforzheimer Hütte und einem kleinen See vorbei gelangen wir links haltend hinauf zur **Sesvennahütte** ❸.
Weiter zum Sesvennasee steigt man von der Hütte auf Weg 5 über die grasigen Hänge aufwärts, an einer kleinen Lacke vorbei über die steileren Grashänge hinauf. Dann folgen wir dem links abzweigenden Steig und er-

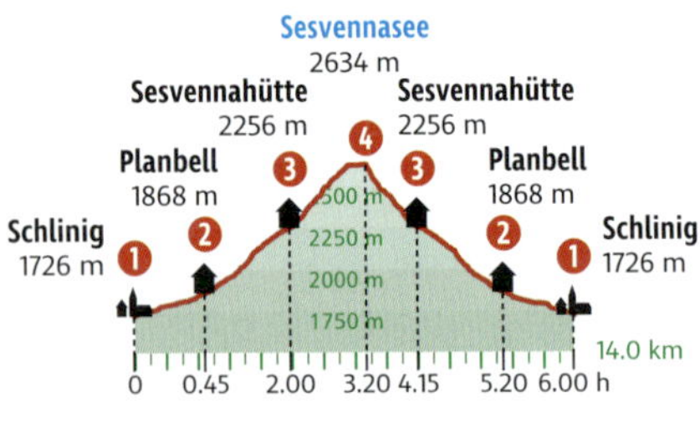

reichen 20 Minuten später den **Sesvennasee** ❹, 2634 m (auch »Föllasee« oder »Kloanberglsee«), der in einer tiefen Mulde liegt.
Man kann ihn umrunden und auf Steigspuren wieder zu Weg 5 gelangen, der zur **Sesvennahütte** ❸ zurückführt. Der Abstieg von der Hütte nach **Schlinig** ❶ erfolgt auf dem Anstiegsweg.

Die Sesvennahütte, dahinter der Fallaschkamm.

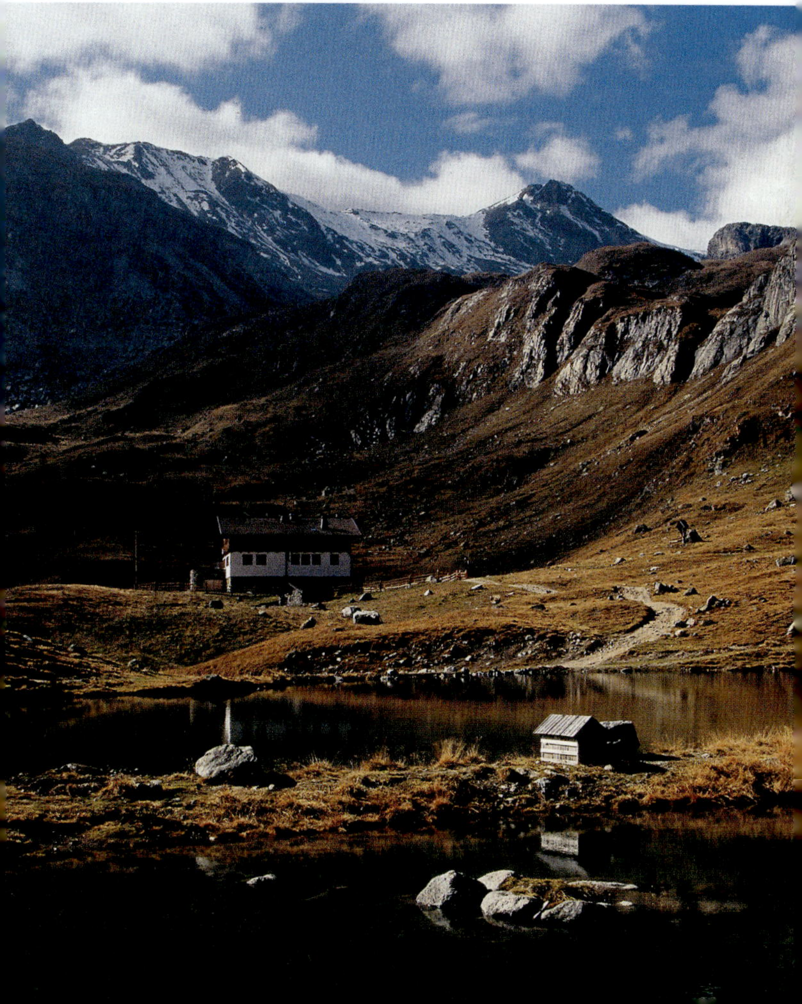

↗ 55 m | ↘ 275 m | 8.8 km

13 Burgeis – Tartscher Bichl

2.30 h

Auf Waalwegen über die Malser Haide und zur St.-Veit-Kirche

Der Wanderweg führt von Burgeis über den südlichen Teil der Malser Haide und eine alte Steinbrücke auf den Wandersteig am Malser Oberwaal. Man blickt auf das Städtchen mit den Kirchen und den fünf Türmen und erreicht zuletzt die St.-Veit-Kirche auf dem Tartscher Bichl (auch »Bühel«). Diese Wanderung kann man auch gut mit dem Besuch der berühmten Kirchen von Mals – besonders der romanischen Gotteshäuser St. Benedikt und St. Johann – verbinden.

Ausgangspunkt: Burgeis, Hst. Sennerei, 1220 m, der Buslinie 277 vom Bahnhof Mals (Endstation der Vinschgerbahn, stündliche Verbindung mit Meran). Parkplatz beim Punibach, Zufahrt von Mals über den Spinaidweg.

Endpunkt: Bahnhof Mals, 1000 m.
Anforderungen: Etwas Aufmerksamkeit an den Wegverzweigungen; problemlose Wege und kaum Anstiege.
Einkehr: Pflonzgortn Solis; Michlwirt in Tartsch, Mo-Fr 9–14 Uhr.

Von der Sennerei in **Burgeis** ❶ gehen wir entlang der Straße zunächst ein Stück zurück Richtung Mals. Am südlichen Ortsende kommt man zur Pestkapelle zum hl. Michael. (Grundsteinlegung 1651, geweiht 1663); besonders sehenswert: eine Stufe; die aus einem prähistorischen Schalenstein gefertigt wurde. Hinter der Kapelle steht vor dem Haus Sonnenhof der Wegweiser zum Sonnensteig. Diesem folgen wir auf den Weg Nr. 17, der eine Höfegruppe geradewegs passiert und den riesigen Murkegel der Malser Haide quert. Die vielbefahrene Fernpassstraße

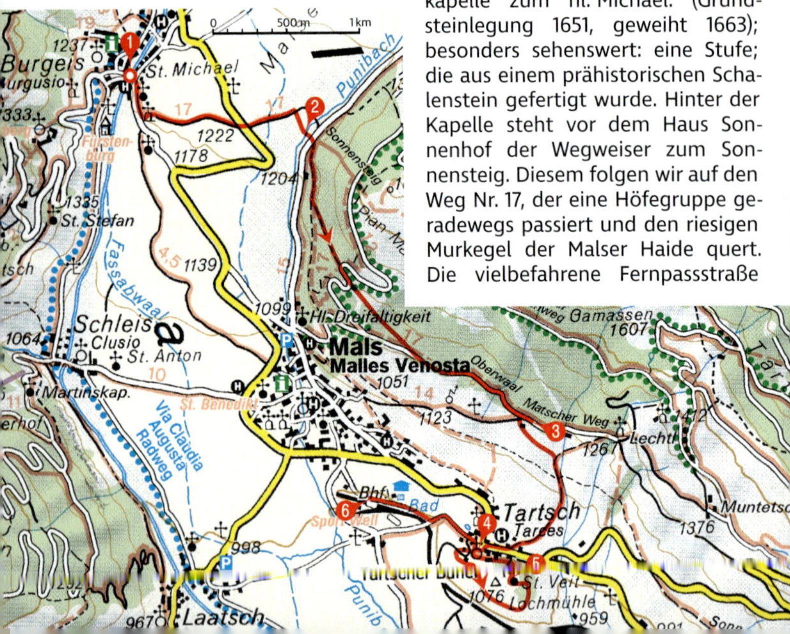

gilt es vorsichtig zu überqueren. Nach einer weiteren Querung des flachen Hanges kommt man zu einem Parkplatz. Dort geht es auf einer kleinen Steinbrücke über den **Punibach** ②, der aus dem Planeiltal herabkommt. Über eine Asphaltstraße hinweg gelangt man auf den Wanderweg, der der Trasse des Malser Oberwaals folgt und recht romantisch zum ehemaligen Forstgarten führt. Dort erwartet uns eine in jeder Hinsicht attraktive Einkehrmöglichkeit mit grandioser Aussicht: der **Pflonzgortn** ③, 1175 m.

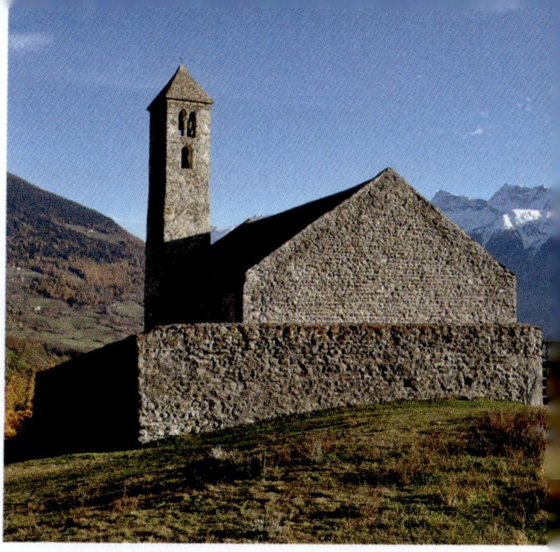

Das romanische Kirchlein St. Veit am Tartscher Bichl – erbaut im 11. Jahrhundert.

Für den Weiterweg folgen wir wieder dem Sonnensteig (Weg Nr. 17), der unterhalb des Pflonzgortns weiter Richtung Osten führt. Zunächst quert er den Hang, vor dem Tartscher Bach wendet er sich dann nach rechts. Wir folgen nun dem bergabführenden Weg, lösen uns schon nach 30 Metern vom Sonnensteig und gelangen auf dem Weg Nr. 18 in direkter Linie hinab nach Tartsch. Im Ortsgebiet geht es mit einer leichten Rechtskurve und einem anschließenden Linksbogen zur Vinschgauer Straße, der wir nach rechts ein kurzes Stück folgen. An der **Tartscher Pfarrkirche** ④ gehen wir links vorbei und beim Dorfbrunnen nach links hinauf. Wenige Meter weiter zweigen wir rechts ab. Beim Ende der Teerdecke nehmen wir den linken der geradeausführenden Wege. Nun leitet der Bichlsteig in einem großzügigen Linksbogen über wunderbare Heidelandschaft des Tartscher Bichl. Die Grundmauern eines ausgegrabenen eisenzeitlichen Hauses sind rund 2400 Jahre alt. Wo sich der Weg dem hier dominierenden romanischen Gotteshaus stark angenähert hat, steigen wir auf Wegspuren nach links hinauf und bewundern die Kirche **St. Veith am Tartscher Bichl** ⑤, 1063 m, aus der Nähe.

Der Rückweg Richtung Norden führt hinab zu einem Sträßchen, das den Tartscher Natureislaufplatz erschließt. Auf der Straße spazieren wir hinab ins Ortszentrum, gehen an der **Tartscher Pfarrkirche** ④ links vorbei und biegen nach dem Michlwirt links ab auf ein schmales Sträßchen. Dabei folgen wir der Wegweisung Richtung Glurns – aber nur bis zur Bahnunterführung: Unmittelbar vor dieser zweigen wir nach rechts ab und gelangen so direkt zum Bahnhof **Mals** ⑥.

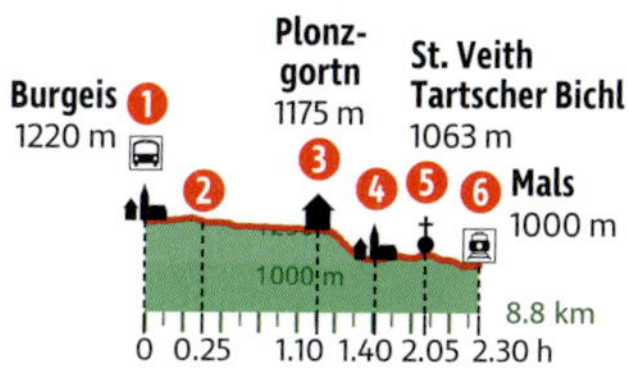

TOP

↗ 1230 m | ↘ 1230 m | 17.3 km

14 Spitzige Lun, 2324 m

7.30 h

Aussichtsreicher Bergkamm über der Malser Haide

Das mächtige Bergmassiv mit den Gipfeln von Niederjoch und Spitziger Lun beherrscht das Bild über Mals. Der Name von Letzerem ist eine Verfälschung des ehemaligen rätoromanischen Namens Pitz Lun (»Mondberg«). Die Abhänge des Malser Hausbergs sind mit dichtem Wald bedeckt, aus dem sich das Gipfelduo mit seinen Gras- und Schutthängen noch 200 Höhenmeter erhebt. Das Gipfelpanorama ist gewaltig: die Ötztaler Berge im Nordosten, die nahe Sesvennagruppe, die Ortlerberge im Süden.

Ausgangspunkt: Mals, 1099 m, Dr.-Heinrich-Flora-Straße 31, Hst. Mals-Oberdorf der Buslinien 274 und 280 vom Bahnhof Mals. Gut erreichbar vom Parkplatz Forststation (Marktgasse 6).
Anforderungen: Bezeichnete Wege und Steige.
Einkehr: Unterwegs keine.
Varianten: 1) Empfehlenswerter Ausgangs- bzw. Endpunkt ist der Parkplatz vor Planeil, 1559 m; von dort durch den Ort und an der Nordseite durch Wald empor, bis man auf den von Mals heraufkommenden Weg 12 trifft; von hier kurzer Anstieg zum Gipfel der Spitzigen Lun. 2.30 Std. rauf, 1.45 Std. runter. 2) Ausgangspunkt Rainalterhof in Muntatschinig, erreichbar von der Straße ins Matschertal abzweigend über ein schmales Sträßchen (Parkmöglichkeiten sehr begrenzt); der Beschilderung folgend auf dem Weg 18 Richtung Gipfel; im oberen Teil trifft er auf Weg 12 von Mals. Vom Gipfel Überschreitung des Kammes zum Niederjoch, auf Weg 13 nach Süden und Abstieg in Richtung Matsch; bei Plantavillas, 2057 m; rechts auf Weg durch den Tartscher Wald zurück über Gamassen. 2.20 Std. rauf, 1.40 Std. runter.

Von der Bus-Hst. Mals-Oberdorf in **Mals** ❶ gehen wir durch den Torbogen neben der Vierzehn-Nothelfer-Kirche nach rechts in den Spinaidweg und folgen unmittelbar darauf gleich hinter der Kirche dem Weg Nr. 12 nach rechts. Dieser leitet als Fahrweg bergan und ist für Kfz.-Verkehr gesperrt. Wir queren die Forststraße und steigen hinauf zu den Wiesen von **Malettes** ❷, 1600 m. Am Oberrand der Wiesen, 1606 m, hält man sich nach

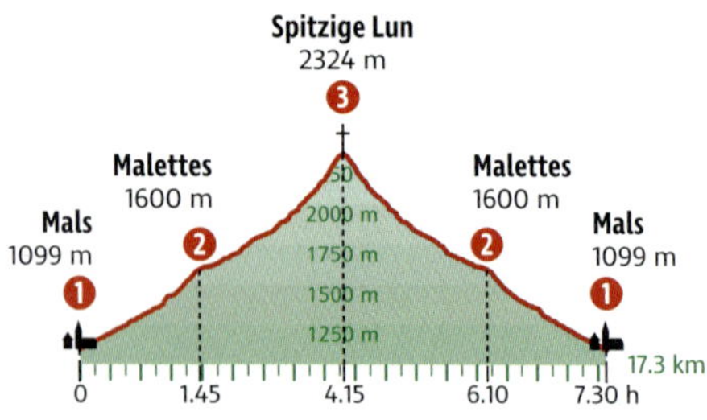

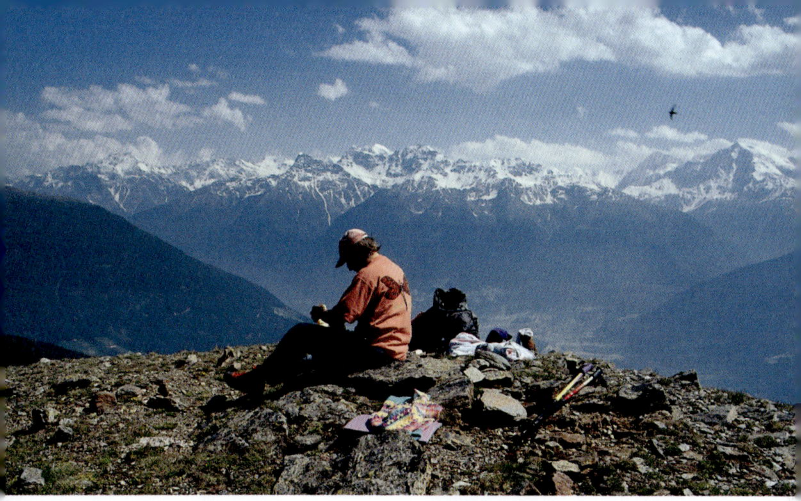

Auf dem Gipfel der Spitzigen Lun, mit Blick auf die Ortlerberge.

rechts und wandert in Kehren durch Wald den steilen Hang empor. Man gelangt zu einer kleinen eingezäunten Wiese mit Almhütte. An dieser vorbei wandert man bergan auf den breiten Rücken und über ihn zum Gipfelkreuz der **Spitzigen Lun** ❸. Der Weg zurück nach **Mals** ❶ folgt dem Anstiegsweg.

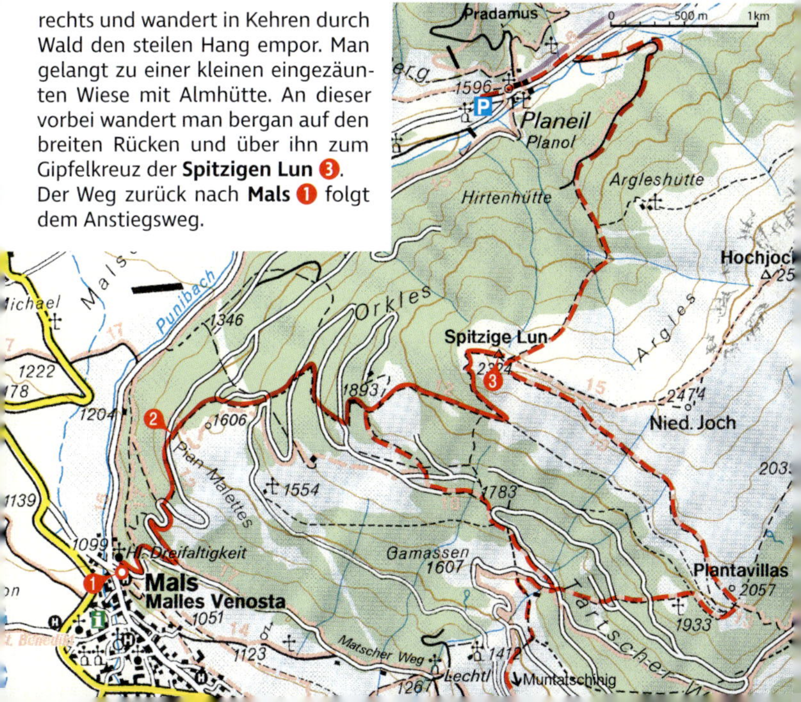

↗ 750 m | ↘ 750 m | 9.0 km

15 Upi-Alm, 2225 m, und Upi-See, 2552 m

4.00 h

Wanderung im einsamen Upital

Die Wanderung zur Upi-Alm und zum gleichnamigen See im innersten Upital führt in ein Seitental des Matscher Tales. Der Ausgangspunkt Glieshof ist heute wegen seiner schönen Lage eine beliebte Einkehr, die sich vom Gasthof zum Hotel entwickelt hat. Von hier aus führt uns die Wanderung – wie alle Wandertouren im Matscher Tal – in eine abgelegene, ursprüngliche Hochgebirgslandschaft. Besonders im Sommer zeigen sich die Almwiesen mit einer besonders eindrucksvollen Blumenvielfalt von ihrer schönsten Seite.

Ausgangpunkt: Glieshof, 1824 m. Parkplatz unterhalb des Hotels. Erreichbar per Pkw von Tartsch oder per Citybus 278 vom Bahnhof Mals (ab 7.14 Uhr stündlich) zum Parkplatz Golgabichl weiter mit dem direkt anschließenden Bus 281.

Anforderungen: Leichte Bergwanderung, einige wenige Stellen am Weg zum See Tenddenz zu »rot«.

Einkehr: Glieshof, ganzjährig bew. Hotel, Tel. +39 0473 842 622, www.glieshof.it; Upi-Alm sporadisch bew.

Hinweis: Der Steig, der einst von der Upi-Alm über den Bach und südwestwärts über die Hänge schräg hinauf zur Erhebung des Mittagskopfes führte, wird nicht mehr unterhalten und ist daher weitgehend verfallen.

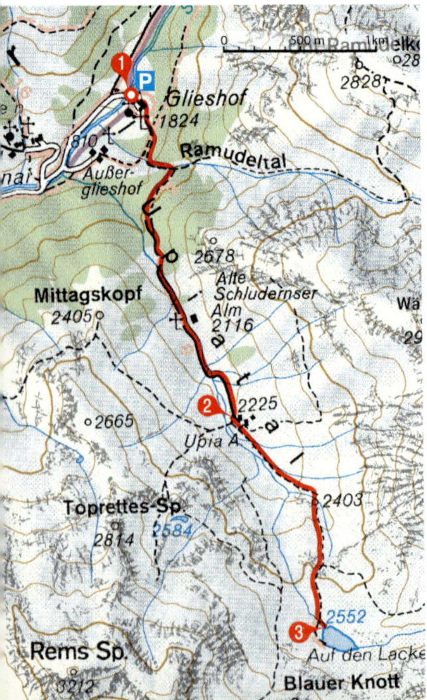

Vom Wanderparkplatz am Saldurbach gehen wir leicht bergan zum **Glieshof ❶**. Unmittelbar vor dem Hotel wenden wir uns nach links. Über einen Parkplatz (für Übernachtungsgäste) hinweg kommt man zu einem gekiesten Almweg (Nr. 9). Diesem folgen wir nach rechts und gewinnen zügig an Höhe. Nach

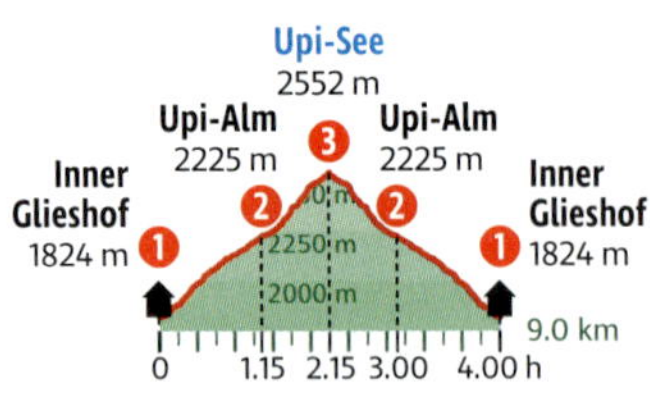

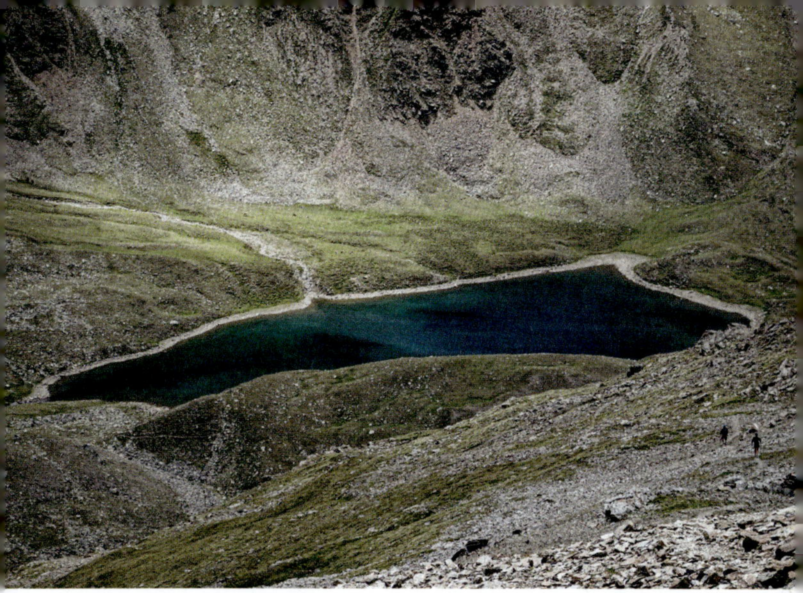

Der Upi-See im Kar »Auf den Lacken« in der Saldurgruppe.

Überwindung einer Talstufe erreicht man den nun flacher werdenden Talboden, kommt am Andreaskreuz vorbei und erreicht weiter taleinwärts gehend die **Upi-Alm** ❷, 2225 m.

Von der Alm folgt man dem Weg, der erst wenig ansteigend entlang des Baches verläuft und dann um ein Eck herumführt. Nachdem eine steile Talstufe mit teils losen Steinen neben dem Bach überwunden ist, geht es in südlicher Richtung rechts des Baches direkt hinauf zum **Upi-See** ❸, 2552 m. Dieser liegt in einer Mulde in großartiger Bergumrahmung. Am Ufer gibt es hübsche Rastplätze.

Der Abstieg führt auf demselben Weg zurück zur **Upi-Alm** ❷ und zum **Glieshof** ❶.

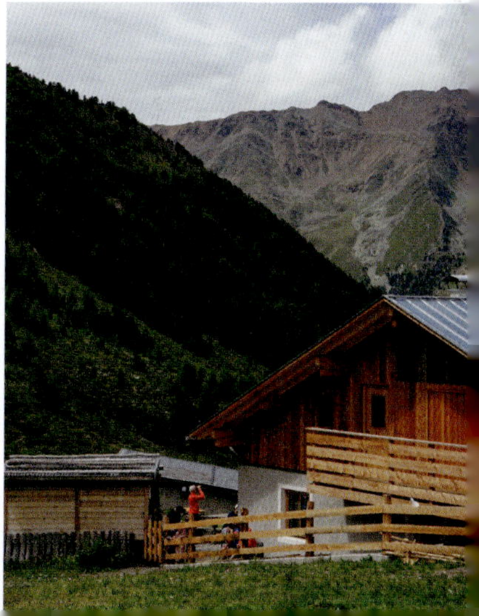

Bei der Upi-Alm kann man Getränke und evtl. eine einfach Brotzeit bekommen, wenn gerade Personal auf der Alm ist.

TOP

16

↗ 1280 m | ↘ 1280 m | 16.4 km

Oberetteshütte, 2677 m – Saldurseen, 2751 m

7.20 h

In einer großen Bergrunde von der Hütte zu den sieben Saldurseen

Die beliebte Wanderung zur Oberetteshütte kann mit der anspruchsvolleren Runde über die Saldurseen verbunden werden. Von der gastlichen Unterkunft geht es auf 3000 Meter empor, dann in einsamer Wanderung hinab in die wilde Block- und Felslandschaft mit der Seenplatte. Auf ein weiteres Naturschaustück trifft man kurz unterhalb der Seen: Auf das Quellgebiet, »Fluss Jordan« genannt, da hier zahlreiche Bäche zugleich dem moosigen Boden entspringen. Für Einheimische ist dies ein magischer Ort.

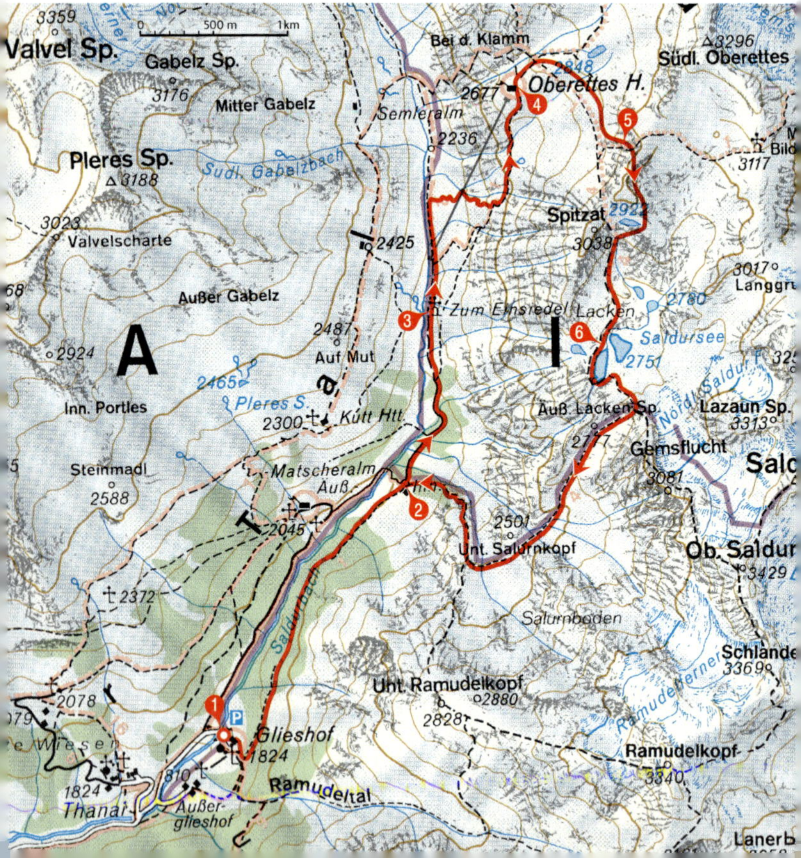

Ausgangspunkt: Glieshof, 1824 m. Parkplatz unterhalb. Erreichbar mit Pkw von Tartsch oder per Citybus 278 vom Bahnhof Mals (ab 7.14 Uhr stündlich) zum Parkplatz Golgabichl weiter mit dem Bus 281.
Anforderungen: Zur Oberetteshütte gut markierter Hüttenweg; für die Route über die Saldurseen sind Kondition, Trittsicherheit, Felsgewandtheit und stellenweise auch etwas Schwindelfreiheit erforderlich.
Einkehr: Glieshof am Ausgangspunkt (s. Tour 15); Oberetteshütte (AVS Sektion Mals), bew. Mitte Juni – Ende Sept./Anfang Okt., 70 Lager und Betten, Tel. +39 340 611 9441 oder +39 0473 830280 (nur im Sommer), www.oberettes.it.

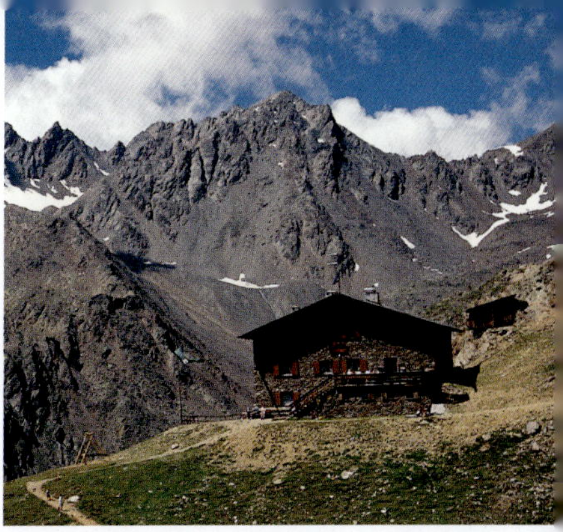

Die über dem Matscher Talschluss gelegene Oberetteshütte.

Vom Wanderparkplatz am Saldurbach gehen wir leicht bergan zum **Glieshof** ❶. Unmittelbar vor dem Hotel wenden wir uns nach links. Über einen Parkplatz (für Übernachtungsgäste) hinweg kommt man zu einem gekiesten Almweg – dort kurz rechts. Wenige Meter weiter zweigen wir nach links auf den Weg Nr. 1 ab. Dieser leitet am Hang über dem Saldurbach talein zu den Wiesen der **Inneren Matscheralm** ❷. Dort treffen wir auf einen Fahrweg, auf dem wir die Grundrichtung beibehalten und oberhalb des Saldurbachs weiter talein wandern.
Bei Erreichen der freien Hänge trifft man am Wegesrand auf den Bildstock **»Zum Einsiedel«** ❸. Auf dem breiten Weg weiter, dann an die Talstation der Materialseilbahn. Von dort aus geht es zunächst noch im Talboden weiter zu einem markanten Steingebilde, wo uns eine Wegweisung nach rechts zum östlichen Talhang schickt. Der Weg führt nun in vielen Kehren über schrofige Grashänge aufwärts, zuletzt etwas weniger steil, zu der bereits sichtbaren **Oberetteshütte** ❹.
Oberhalb der Hütte halten wir uns bei einer Verzweigung rechts und queren mäßig ansteigend in einem weiten Rechtsbogen durch einen steinigen Talkessel. Dieser wird im Osten von einer Felsflanke begrenzt, durch die wir auf einem etwas exponierten Felsband zu einer schrofigen Rinne ansteigen. Diese führt steil hinauf zu einem Absatz. Nach kurzer Querung und einigen Serpetinen ist ein flacher **Sattel** ❺, 3010 m, erreicht, der eine großartige Aussicht bietet. Weiter geht es Richtung Osten – aber nur ganz kurz: den Weg zum Bildstöckljoch verlassen wir nämlich gleich nach rechts hinab (Weg Nr. 4). Durch felsiges, von vielen Rippen und Wannen geprägtes Gelände führt unser Steig hinab zum ersten See. Über den Seen erheben sich die steile, vor wenigen Jahrzehnten noch viel stärker vergletscherten Flanken und die Gipfel der Saldurberge. Der Pfad führt nun durch block-

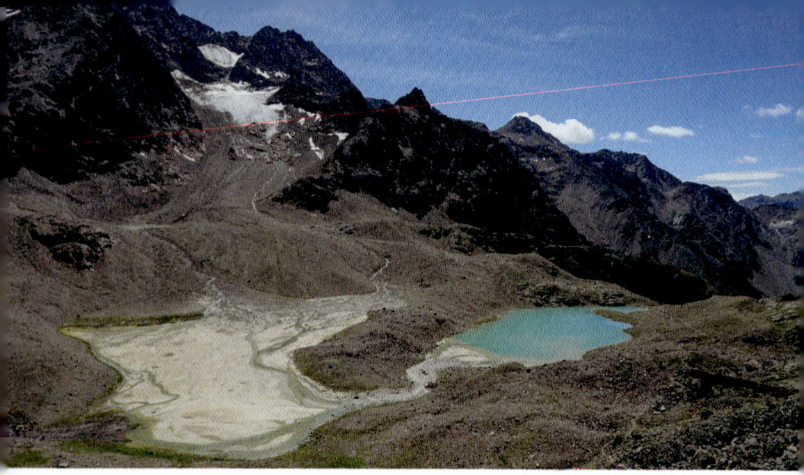

Hochtal der Salduseen, das vor 150 Jahren noch komplett gletscherbedeckt war.

übersätes Gelände hinab, westlich etwas oberhalb der zwei größten **Saldurseen** ❻ vorbei. Nachdem der Abfluss des größten Sees überquert ist, folgt ein Anstieg nach links hinauf zu einer Geländekuppe. Von dort geht es nach rechts und an eine Felsrippe hinab, an der immer wieder die Hände zum Einsatz kommen. Anschließend wandern wir über einen grünen Hang hinab und zu dem eigenartigen moosigen Boden, wo mehrere große Quellen entspringen. Hier, unterhalb der Saldurseen am Beginn des Tales, darf man jedoch nicht geradeaus absteigen (Vorsicht, steiler Wandabbruch!), man muss den schluchtartigen Beginn des Tales im Bogen umgehen, stets dem markierten Weg folgend, bis man dann am jenseitigen Hang absteigen kann. Dort geht der Weg steil hinunter und im Bogen nach Norden unter dem **Unteren Saldurkopf** durch und zuletzt westwärts am linken Hang weiter hinab. Man erreicht wieder die **Innere Matscheralm** ❷. Hier trifft man auf den Hüttenweg (Nr. 1) und kommt auf schon bekannter Strecke zurück zum **Glieshof** ❶.

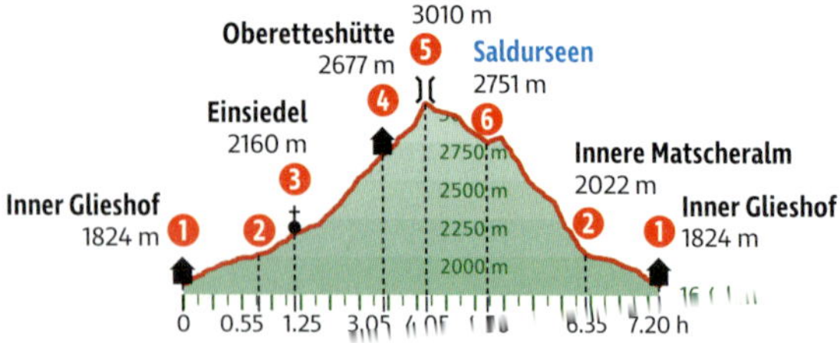

↗ 460 m | ↘ 710 m | 12.6 km

4.30 h

Eisawiesen, 2079 m, und Matscher Höhenweg

17

Über den Höhenweg auf die Sonnenseite des Matscher Tales

Die Wanderung, die nahe der bewirtschafteten Äußeren Matscheralm beginnt, führt am Sonnenhang über die Eisawiesen und die Gondahütte nach Matsch, wobei man den gesamten westlichen Hang des Matscher Tales begeht. Für den Wanderer geschaffen, öffnet dieser Höhenweg ein bis vor Kurzem unberührtes Gebiet. Der Innere Matscher Winkel, besonders die Eisawiesen, ist ein besonderer Anziehungspunkt: Eine gepflegte Mähwiese in rund 2080 m Höhe, während der Blütezeit der Bergblumen im Juni und Juli besonders schön.

Ausgangspunkt: Glieshof, 1824 m. Weil die Tour nicht am Ausgangspunkt endet, Auto am besten hier parken: Parkplatz Golgabichl, 1525 m, kurz vor Matsch – erreichbar mit Pkw von Tartsch oder per Citybus 278 vom Bahnhof Mals. Vom Parkplatz Golgabichl fährt der Bus 281 ab 8.35 Uhr stündlich zum Ausgangspunkt der Wanderung, dem Glieshof.
Endpunkt: Matsch, 1576 m, von dort per Bus (stündlich) oder zu Fuß entlang der Straße zurück zum Parkplatz Golgabichl.
Anforderungen: Bezeichnete Bergwege, auf Markierungen achten!
Einkehr: Glieshof am Ausgangspunkt (s. Tour 15); Äußere Matscheralm, bew. nur während der Almsaison; am Tourende Einkehrmöglichkeiten in Matsch.
Varianten: 1) Portlesspitze, 3074 m: Die markanteste Erhebung im Kamm westl. über dem Matscher Tal ersteigt man von den Eisawiesen, meist weglos, nur spärliche Markierungsflecken (Weg 8): Man strebt von den Wiesen über die hier beginnenden steilen Hänge gerade aufwärts. Aus dem ersten Hochkar gegen rechts steil empor, über Erde und rutschigen Gesteinsschutt von rechts nach links aufwärts, bis man über den Südgrat zum Gipfel aufsteigt (Gipfelzeichen). Beim Abstieg kann man über die Schotterhänge »abfahren«, bis man etwas müheloser als im Anstieg den Rasen erreicht. Aufstieg von den Eisawiesen 3.30 Std., Abstieg 2.30 Std.; nur für bergerfahrene Geher mit guter Orientierungsfähigkeit.
2) Ähnliche Fähigkeiten verlangt auch der südlich im Kamm aufragende Jafant, 2899 m, ein schöner Aussichtspunkt. Aufstieg 3.00 Std., Abstieg 2.00 Std.
3) Ab Neuer Gondaalm auf etwas weiteren Weg (Nr. 15a) an den Wiesen von Plantavillas vorbei und dann in Kehren hinab nach Matsch.

Blumenhang der Eisawiesen, dahinter die Saldurspitze.

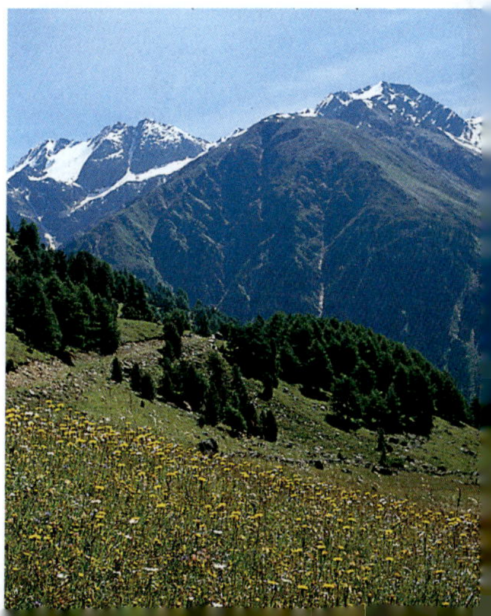

Vom Parkplatz unterhalb des **Glieshofs** ❶ wandert man auf breitem Weg talein zur **Äußeren Matscheralm** ❷. Hier wendet man sich nun südwestwärts. Auf gut bezeichnetem Weg (Nr. 16) geht es in einigem Auf und Ab durch lichten Wald unter einer Jagdhütte vorbei zu den eingezäunten großen **Eisawiesen** ❸ – heute wird dieser einheimische Flurname statt des früher in den Karten gebräuchlichen »Kalte Wiesen« verwendet.
Die Wiesen kann man auch kürzer vom Glieshof aus erreichen: Man geht vom Parkplatz kurz talaus und steigt zu den letzten Höfen (Thanaihöfe, 1824 m) am Sonnenhang im Matscher Tal an und von dort aufwärts zu den Eisawiesen (1.00 Std.).
So oder so muss man sich anschließend stets an die Markierung halten, da der Weg manchmal undeutlich ist. Oberhalb der Eisawiesen geht es kurz aufwärts, dann jedoch stets südwestwärts in schöner Wanderung mit nur wenig Auf und Ab zur kleinen **Gondahütte** ❹, 1997 m.

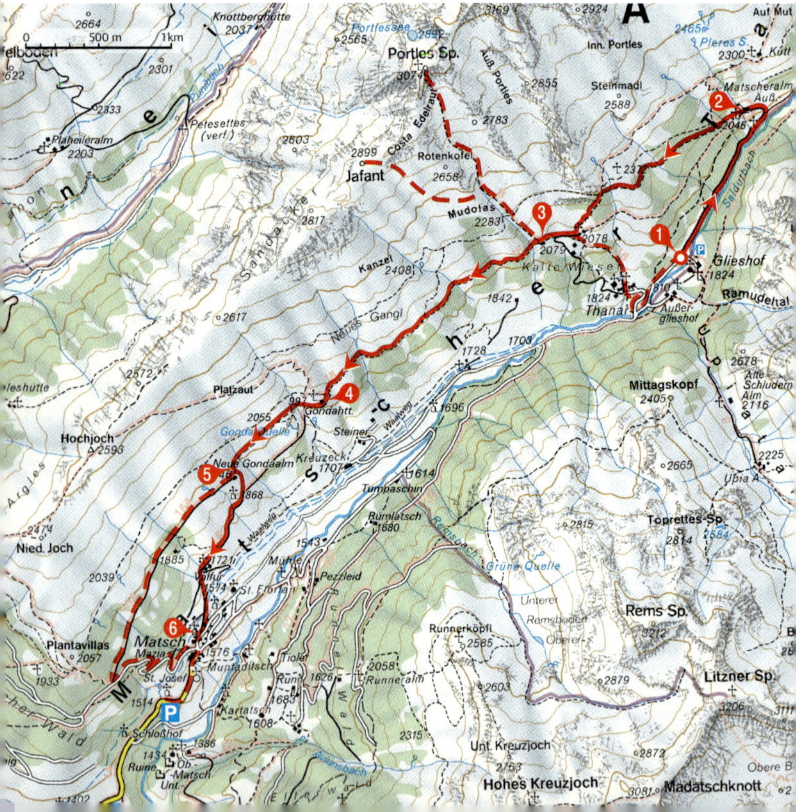

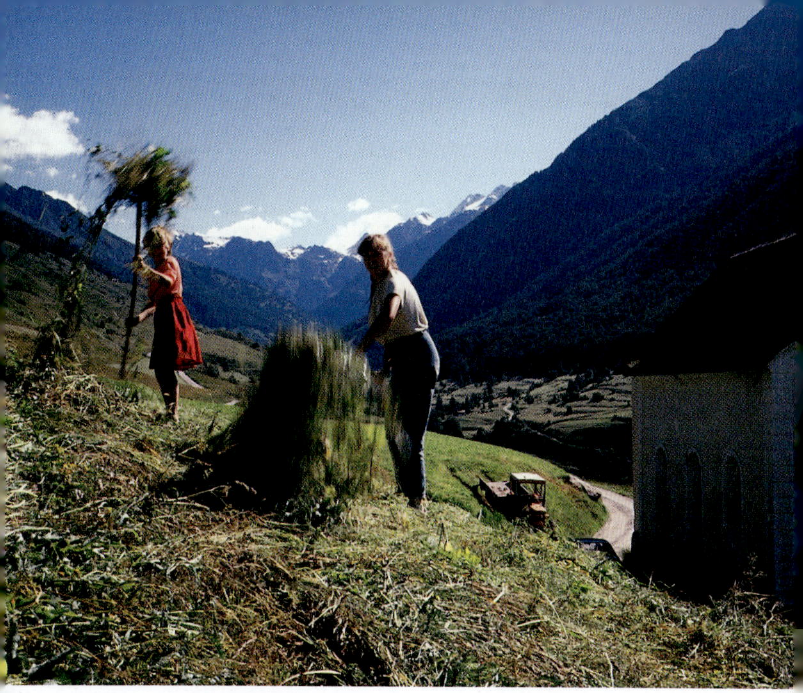

Bei der Heumahd im Matscher Tal.

Von hier sieht man bereits das Dorf Matsch im Tal liegen. Knapp vor der Gondahütte trifft man auf den alten Almweg (Nr. 15), der direkt nach Matsch hinabführt. Man folgt ihm kurz, zweigt dann jedoch von ihm rechts ab und erreicht auf Weg 15a die **Neue Gondaalm** 5, 1946 m, – einen schönen Rastpunkt mit herrlicher Aussicht. Wie schon bisher hat man einen umfassenden Blick auf die im Süden aufragenden Zacken der Ortlergruppe. Von der Neuen Gondaalm wandert man weglos hinab zum Almweg (Nr. 15) und direkt hinunter nach **Matsch** 6.

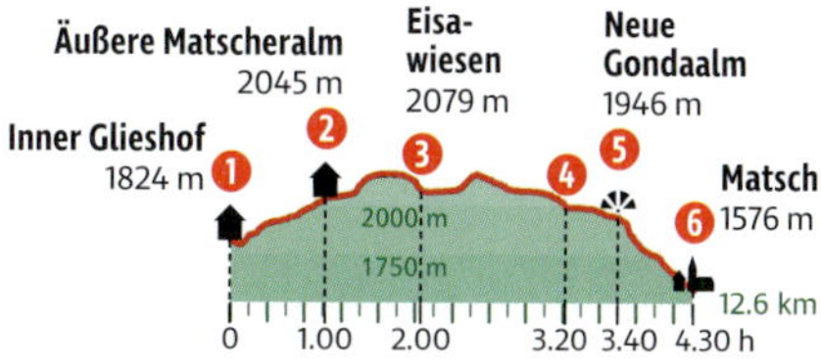

↗ 320 m | ↘ 320 m | 7.6 km

18 Berkwaal – Leitenwaal – Ganglegg

2.30 h

Auf Waalwegen über Schluderns

Die am Hang über den Orten Schluderns, Tartsch und Mals verlaufende Wanderung führt zuerst an der prächtigen Churburg vorbei zum Berghof Fermal. Über Waalwege gelangt man dann zum Ganglegg auf einer Höhe von 1142 m über Schluderns. Diese unscheinbare, lang gezogene Geländekuppe hat es zu Berühmtheit gebracht: Hier befand sich eine von 3000 v. Chr. bis in die Römerzeit bewohnte und befestigte Höhensiedlung.

Ausgangspunkt: Schluderns, 920 m. Im Südosten des Ortes Parkplatz an der Einmündung der Meraner Straße in die Vinschgauer Straße (SS 40), Bushaltestelle. Alternativ Bhf. der Vinschgerbahn, stdl. Verbindung mit Meran.
Anforderungen: Waalwege mit wenig Höhenunterschied, gut bezeichnet.

Einkehr: Erst am Tourende in Schluderns, z. B. beim Weißen Rössl.
Variante: Wir bleiben auf dem Weg (Nr. 18) und wandern westwärts auf dem Sonnensteig am Hang entlang, bis wir nach Tartsch, 1029 m, absteigen. Von dort geht es mit dem Bus oder der Bahn zurück nach Schluderns.

Vom **Parkplatz Schluderns** ❶ spazieren wir durch die Meraner Straße geradewegs Richtung Ortskern von Schluderns. Kurz vor dem Vintschger Museum zweigen wir nach rechts hinauf Richtung Churburg ab. Auf dem schmalen Sträßchen wandern wir unter der Burg vorbei und gelangen auf dem links hinauf abzweigenden Weg 20 zum **Hof Fermal (Vernal,** ❷). Hinter dem Hof geht man noch kurz bergan, dann beginnt der **Waalweg** (Nr. 17), der durch Wald am Auffangbecken unterhalb des Weges vorbei am Berghang talein führt. Man folgt dem rasch fließenden Wasser des **Berkwaals**, der auf etwa 2,5 km noch in seinem ursprünglichen Zustand erhalten ist. Nach etwa 20 Min. mündet der Edelweißsteig ein, der direkt von Schluderns hier heraufführt.
Eindrucksvoll ist die Wasserführung am Steilhang, der Weg windet sich zwischen den mächtigen uralten Lärchen an Felsstellen vorbei, stets in nordwestliche Richtung. Es geht an einigen besonders kunstvollen Bauten für die Wasserführung vorbei, mit denen man das Wasser in einem »Kandl«, einer Holzrinne, über ein Tälchen führte. Auch eine »Schwelle« sieht man, mittels derer der Waaler das Wasser in genauem Rhythmus den einzelnen Grundstücken zuteilte. Es ist ein sehr steiler und schwierig zu begehender sowie felsiger Hang, der hier mit dem Waal erschlossen wurde. Kurz vor der Fassung in der »Klamm« überquert der Weg auf einer Brücke

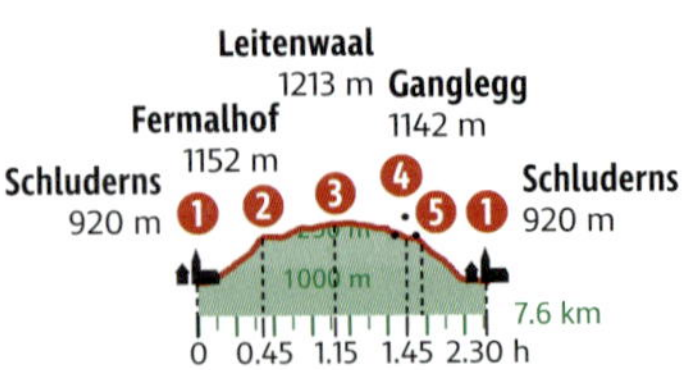

den Saldurbach und führt auf der anderen Seite des Flusses talein und bergan, bis man den Einstieg in den **Leitenwaal** ❸ erreicht. Ein schöner sogenannter »Begleitweg« (Nr. 18) führt hier an dem teils felsigen Hang talaus.

Im Wald hoch über dem Saldurbach kommt man am Weg zu einer Wegverzweigung. Von hier kann man zur nahen Höhenkuppe mit der archäologischen Ausgrabungsstätte **Ganglegg** ❹ gelangen: Am Hang die freigelegten Fundamente verschiedener Baulichkeiten, die ehemaligen Häuser mit eigenartig verwinkeltem Eingang, dazu gibt es Infotafeln und am Südende einen Rastplatz mit schönem Rundblick. Die bedeutenden Funde, vor allem aus der Bronze- und Eisenzeit, sind im Museum in Schluderns zu sehen. Sie bezeugen Beziehungen der Bewohner zu entfernten Gebieten im Norden und im Süden des Vinschgaus. Von hier führt ein Weg steil hinab zu einer Brücke über den Saldurbach und talaus nach Schluderns.

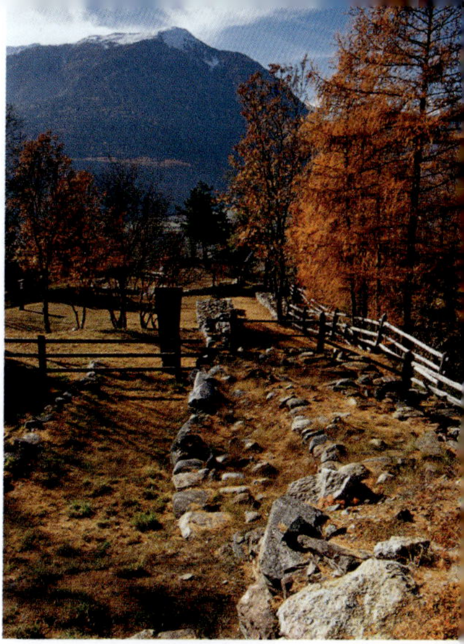

Die archäologische Stätte Ganglegg.

Wir wandern aber vom Ganglegg zurück zum Waalweg. Nach wenigen Minuten kommen wir zu einer **Verzweigung** ❺. Nun entweder auf der Höhe bleiben (Variante) oder nach links hinab und über den Kalvarienberg direkt nach **Schluderns** ❶.

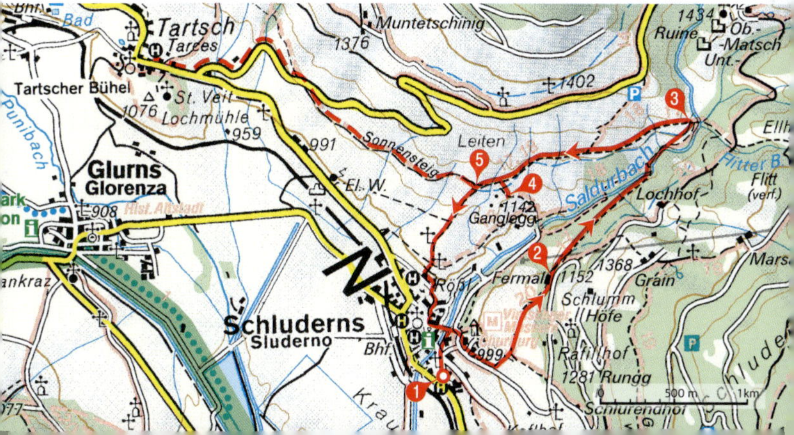

↗ 100 m | ↘ 525 m | 6.9 km

19 Gschneirer Waalweg

2.15 h

Ein alter Waalweg wird zu einem der beliebtesten Sommerwanderwege

Der vier Kilometer lange Waalweg östlich oberhalb von Schluderns war ehemals ein wichtiger Bestandteil der bäuerlichen Bewirtschaftung: Diese wasserführende Lebensader ermöglichte gute Ernten auch an den der Südsonne ausgesetzten trockenen Hängen. Heute führt eine beliebte Wanderroute entlang dieses künstlichen Wasserlaufes, der einmal im offenen Stein- oder Erdbett dahinschießt, dann wieder unterirdisch durch Holzrohre oder überirdisch in staunenswerten Kunstbauten hoch über dem Weg geleitet wird. Meist verläuft der Weg fast eben durch Wald, uralte Lärchen säumen den Waal und spenden den Wanderern in der heißen Jahreszeit angenehmen Schatten.

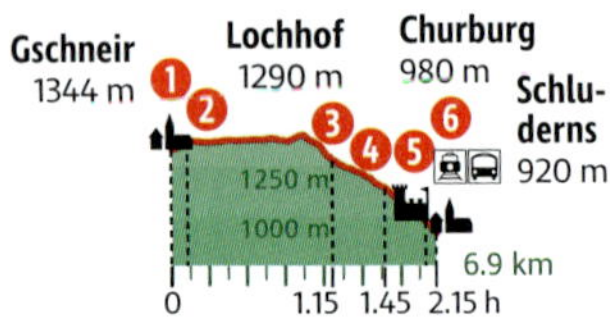

Ausgangspunkt: Gschneir, 1344 m (kleiner Weiler). Erreichbar von Schluderns' östlichem Ortsbereich auf dem Bergsträßchen »Großfeldweg« (zweigt von der Meraner Straße ab). Sehr begrenzte Parkmöglichkeit kurz nach dem Vernatschhof bei der Dreifachverzweigung der Straße; am besten lässt man sich hinauffahren: Taxi Iris, www.taxi-iris.com, Tel. +39 333 565 74 64.
Endpunkt: Schluderns, 920 m. Bushaltestelle, Bhf. der Vinschgerbahn.
Anforderungen: Unschwieriges Auf und Ab auf gut markierten Wegen.
Einkehr: Unterwegs keine, am Ende der Tour in Schluderns.

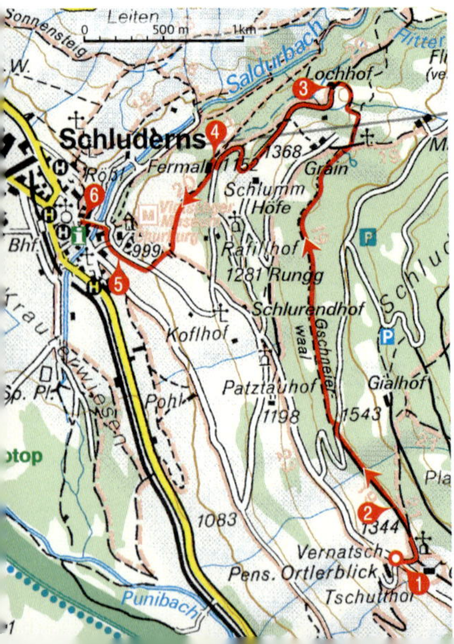

Von der Dreifachverzweigung bei **Gschneir** ❶ geht es zunächst zu den oberen Häusern. Dort nach links hinauf auf einem Traktorweg durch schönes Wiesengelände steil empor zum **Waalweg** ❷, Nr. 19. Diesem folgen wir nach links. Bei Wegweisern auf einer Lichtung oberhalb des Waals zunächst eben geradeaus, dann halblinks an den nun wieder sichtbaren Waal. Einem kreuzenden Asphaltsträßchen folgen wir kurz nach rechts, dann gibt wieder der

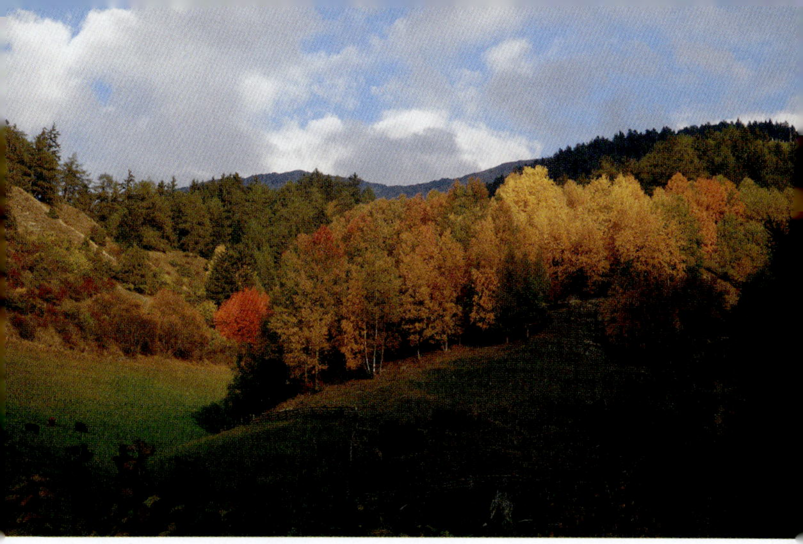

Herbstlicher Wald beim Lochhof.

Waal den Weg vor. In kleinen Auf- und Abstiegen weiter, kommt man zu einem Rastplatz mit Bank, wo man schöne Sicht nach Süden zu den Ortlerbergen hat.

Der Weg führt dann entlang eines sehr steilen Waldhanges, der oftmals schroff und felsdurchsetzt abbricht. Durch Wald geht es weiter. Man passiert die kunstvoll ausgeführten Bauten, wo das Wasser neben oder oberhalb des Weges in Rohren und Rinnen geleitet wird. Zuletzt erreicht man eine Waldlichtung oberhalb des **Greinhofs**. Wer in Gschneir geparkt hat, geht von hier den Waalweg zurück zum Ausgangspunkt. Ansonsten halten wir die Grundrichtung bei. Mit dem Weg 20a wenden wir uns an einer Verzweigung nach links und steigen hinab zum **Lochhof** ❸, 1290 m. Auf dessen Zufahrtssträßchen gelangt man zum Hof **Fermal (Vernal**, ❹), 1152 m. Dort wechseln wir auf den Wanderweg Nr. 20 und gehen schließlich an der **Churburg** ❺ vorbei nach **Schluderns** ❻.

Am Gschneirer Waalweg.

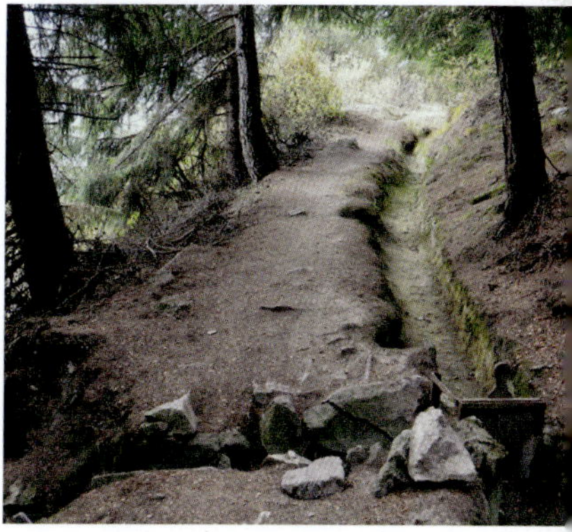

↗ 360 m | ↘ 970 m | 9.2 km

20 Furkelhütte, 2153 m

3.45 h

Aussichtsrunde über Trafoi

Im Sommer kann der Wanderer mit der Bergbahn von Trafoi zur Furkelhütte auffahren und so die ersten 600 Höhenmeter in kurzer Zeit mühelos überwinden. Kein Wunder, dass die Furkelhütte an schönen Sommertagen von Ausflüglern und Wanderern bevölkert wird. Neben der wunderbaren Aussicht auf das Ortlermassiv ist im Frühsommer die Alpenrosenblüte hier heroben eine besondere Attraktion, dazu uralte Zirben und Lärchenbäume auf den blumenreichen Bergwiesen. Unsere Rundwanderung führt mit herrlicher Aussicht über die Obere und Untere Tartscher Alm zurück nach Trafoi.

Ausgangspunkt: Trafoi, 1543 m, Bus 271; Talstation des Kleinboden-Sessellifts am Ortseingang; Bergstation bei der Furkelhütte, 2153 m, Tel. +39 0473 611 577.
Anforderungen: Gut ausgebaute und bezeichnete Wege und Steige.
Einkehr: Furkelhütte, bew. Mitte Juni bis Anfang Okt.
Variante: Aufstieg von Trafoi: Am Hotel Madatsch, 1560 m, am oberen Ortsrand von Trafoi, beginnt der Wanderweg (Nr. 17), der sich, immer wieder die Lifttrasse querend, zur Furkelhütte hochschlängelt (1.45 Std. zusätzlich).

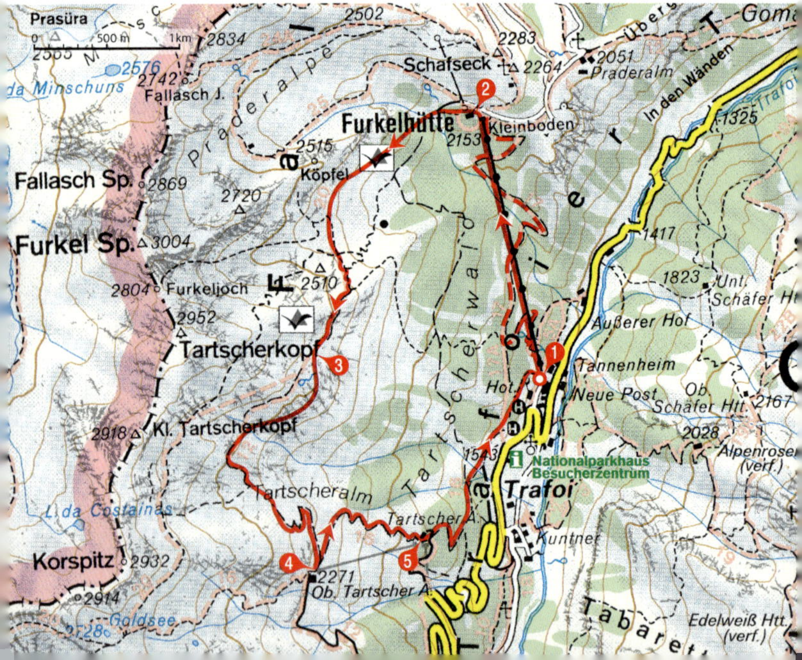

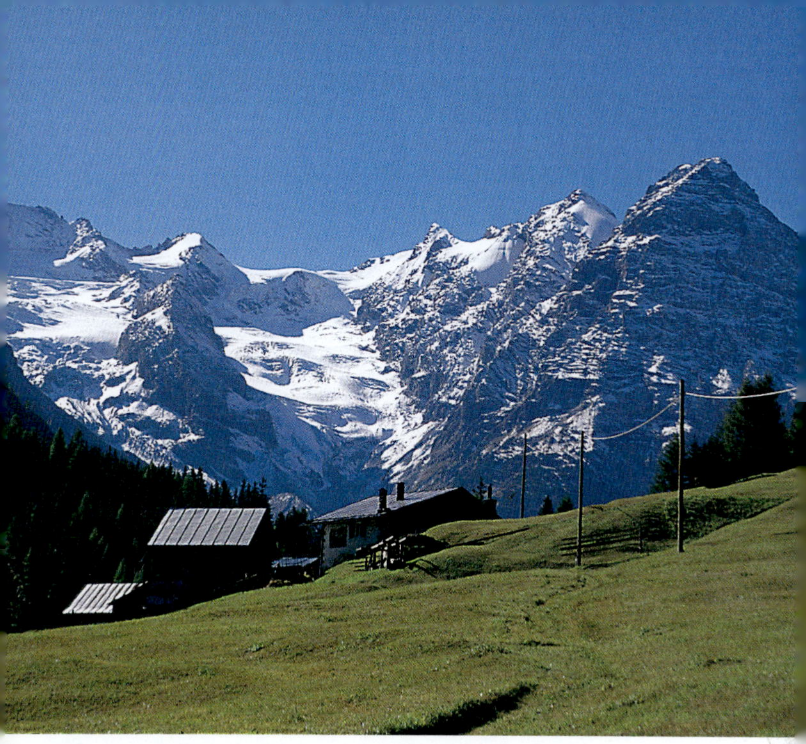

Trafoi vor der Schneeglocke (Bildmitte), links davon die Trafoier Eiswand.

Mit dem Sessellift fährt man von der **Talstation ①** hinauf zur Bergstation bei der **Furkelhütte ②**. Von dort geht es auf dem gut ausgebauten Höhenweg (Nr. 20) den Hang entlang hinein in das Geröllkar unterhalb der Furkelspitze. Auf dem Goldseeweg wandert man unter den Felsen des Trusgrats am steilen Hang empor bis zum höchsten Punkt der Tour ③, 2490 m. Hier verlassen wir den Goldseeweg. Unsere Route führt nun im Bogen am Hang abwärts zur **Oberen Tartscher Alm ④** und auf Weg 16 steiler weiter hinunter zur **Unteren Tartscher Alm ⑤**. Nun geht es auf einem guten Waldweg bald nordwärts (Wege 16, 4a) am Hang oberhalb der Stilfserjoch-Straße zurück nach **Trafoi ①**.

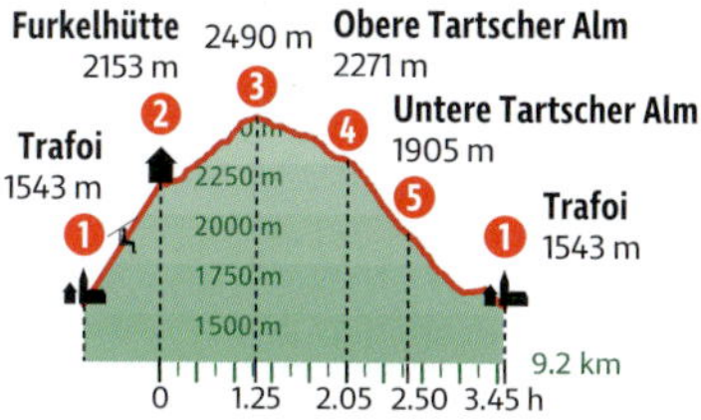

TOP

↗ 120 m | ↘ 725 m | 8.2 km

21 Trafoier Höhenweg (Wormisionssteig)

3.00 h

Auf uralten Wanderwegen hoch über Trafoi

Auf dem beliebten Wanderweg tritt man in die Spuren der Jäger, Kaufleute, Abenteurer, die einst über das Stilfserjoch marschierten. Im Mittelalter war der sogenannte Wormisionssteig eine der wichtigsten Nord-Süd-Verbindungen vom Vinschgau in das lombardische Bormio, das damals »Worms« hieß – daher der Name. Nach dem Bau der Stilfserjoch-Straße im Jahr 1825, als die Lombardei zu Österreich gehörte, verlor der Steig jedoch seine Bedeutung für den Handel und nach dem Ersten Weltkrieg auch seine strategische Funktion. In den 1990er-Jahren wurde er als Höhenweg instand gesetzt und es wurden Markierungen und Schautafeln angebracht. Heute erwartet Wanderer nach der Busauffahrt über die 46 Kehren der Stilfserjoch-Straße und einem kurzen Aufstieg zur Dreisprachenspitze ein Abstieg von einer hochalpin-kargen Dreitausenderlandschaft zu den üppigen Blumenwiesen in Trafoi.

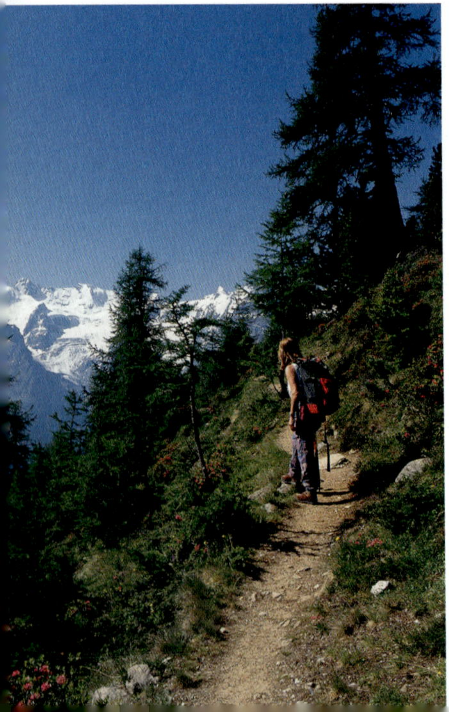

Ausgangspunkt: Die Wanderung beginnt am Stilfserjoch, 2758 m, Passhöhe. Straße ab Anfang Nov. bis Frühsommer gesperrt; Auffahrt zum Joch mit dem Linienbus 270 (startet in Prad und hält in Trafoi) oder nach Voranmeldung mit dem StelvioShuttle (Ortlerbus, Trafoi 2, 39029 Stilfs, www.ortler.bz.it, Tel. +39 335 346877, eigene Parkplätze für Fahrgäste).
Endpunkt: Sessellift Trafoi (bis 17 Uhr, Tel. +39 473 611 577), Bergstation bei der Furkelhütte, 2153 m; Talstation in Trafoi, 1543 m, oberhalb der Straße (Bus 271).
Anforderungen: Bezeichnete Steige, aber gute Kondition und Trittsicherheit erforderlich. Noch im Frühsommer Schneefelder möglich!
Einkehr: Am Joch Restaurants, Bar Genziana; Furkelhütte, bew. Mitte Juni bis Anfang Okt., keine Übernachtung, Tel. +39 0473 611 577.

Unterwegs oberhalb der Furkelhütte auf dem Trafoier Höhenweg, einem Abschnitt des historischen »Wormisionssteigs«.

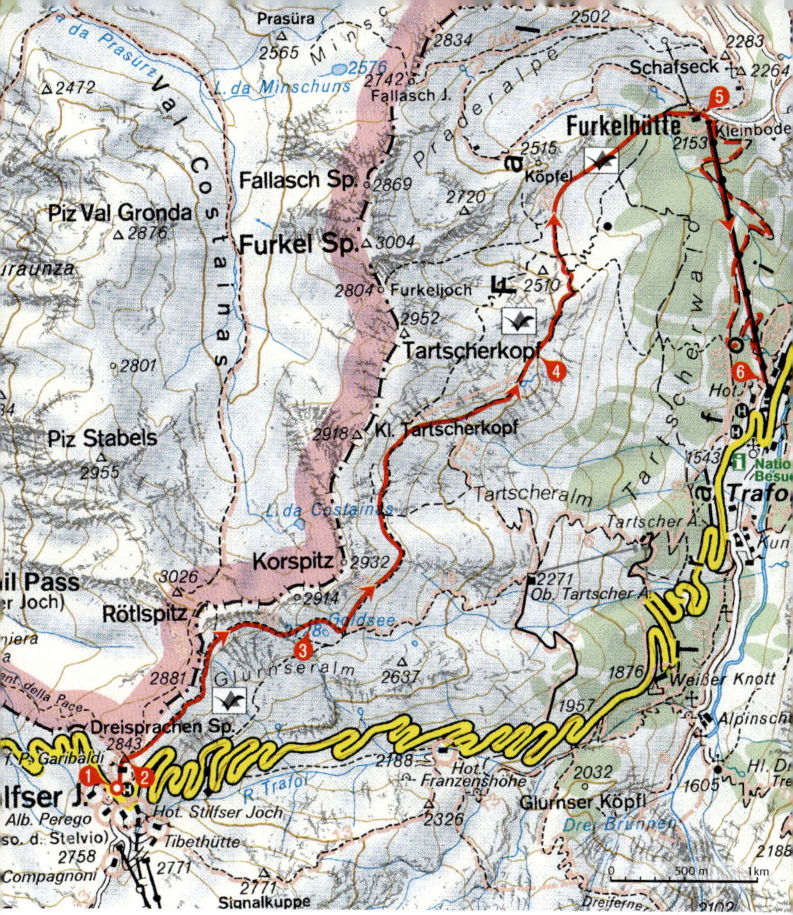

Vom Pass am **Stilfserjoch** ❶ steigt man auf Steig 20 (Hinweisschild, Infotafeln) steil hinauf zur **Dreisprachenspitze** ❷, 2843 m, von wo man einen herrlichen Rundblick genießen kann. Weiter geht es auf dem Richtung Nordosten führenden Steig, der der alten Militärstraße zu den Resten des »Lempruchlagers« aus dem Ersten Weltkrieg folgt.
Über die Hänge wandert man leicht fallend zum **Goldsee** ❸, dessen Mulde man ausgeht (im Sommer oft bis auf einen Rest ausgetrocknet). Man gelangt zur **Goldseestellung**: Von den alten noch erhaltenen österreichischen Unterständen und Schützengräben aus hatten Soldaten die feind-

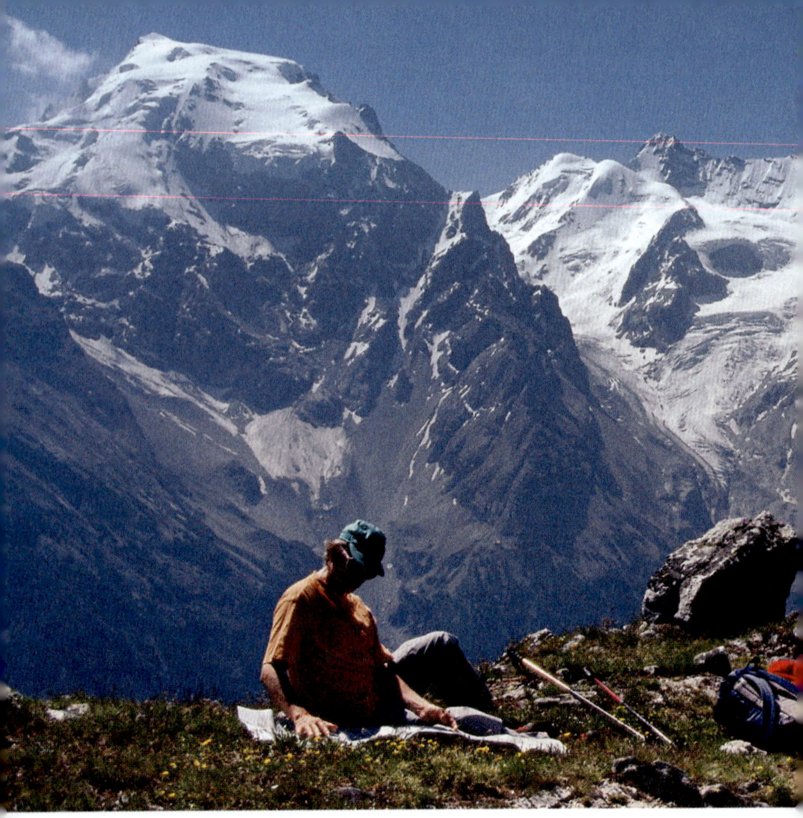

Rast am Trafoier Höhenweg beim Abstieg vom Stilfserjoch, mit herrlichem Panorama –

liche Frontlinie im Visier. Diese Kriegsrelikte befinden sich in ausgesprochen ausgesetzem, steilem Gelände, umgeben von den Schutthalden und Felsabbrüchen des Hochgebirges. Wir genießen hingegen heute einen wunderbar unbeschwerten Blick auf die Gletscher der Ortlerberge mit ihren ausgedehnten Firnfeldern und Gletscherbrüchen und den zackigen Gipfeln.

Der Höhenweg hält sich zuerst wenig fallend unter der Kammhöhe auf 2600 m und zieht an den Tartscherköpfen vorbei. Bald nachdem sich unser Weg mit jenem von der Tartscher Alm vereinigt hat ❹, 2490 m, geht es steiler abwärts. Anschließend queren wir die Hänge des **Furkelkars**. Von hier steigt man in schöner Wanderung, vorbei an der Furkelspitze hinab, zuerst über freies Gelände, dann durch den prächtigen Zirbenwald hin-

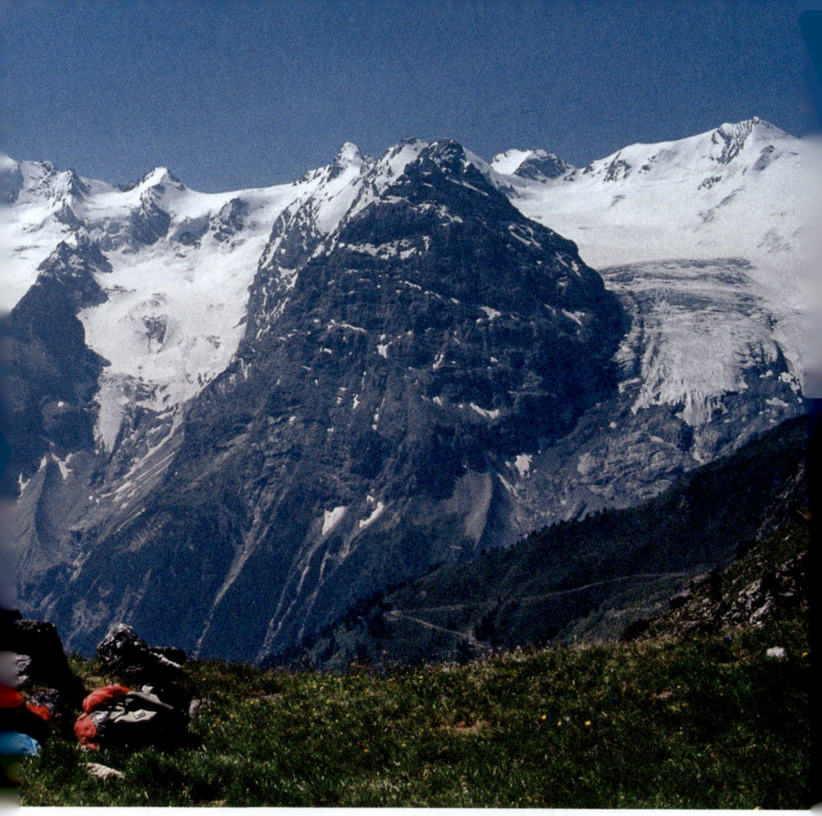

von links nach rechts: Ortler, Trafoier Eiswand und Madatschspitzen.

unter zur **Furkelhütte** 5, 2153 m. Von deren Sonnenterrasse genießt man den Blick zurück auf den weißen Firngipfel des Ortler, 3905 m, und die steilen Stufenfelsen der Madatschspitze, 3313 m.
Von der Furkelhütte kann man im Sommer mit dem Sessellift nach **Trafoi** 6 hinabfahren, oder man steigt auf Weg 17, öfters die Lifttrasse querend, zum Ort ab (Variante, 1.30 Std.).

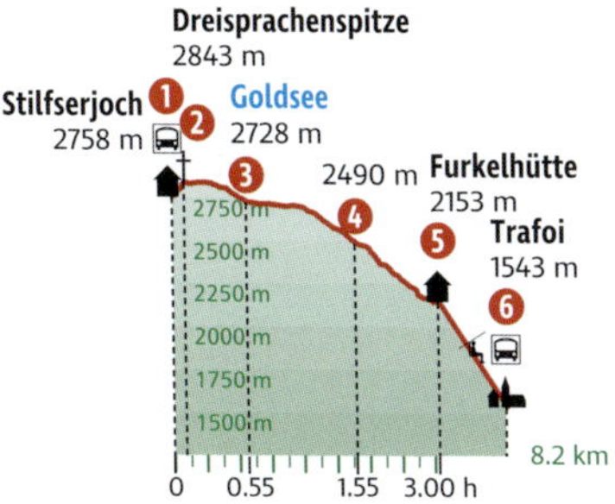

↗ 700 m | ↘ 700 m | 8.9 km

4.15 h

22 Drei Brunnen, 1605 m, Berglhütte, 2188 m

Drei heilige Quellen und eine gemütliche Hütte unter dem Ortler

Eine schöne Wanderung führt von Trafoi zur verwunschenen Waldwiese mit den Heiligen Drei Brunnen, die dort sprudeln, wo die steile Westflanke des Ortlermassivs den Talboden erreicht. An der Stelle eines alten Quellheiligtums befindet sich heute eine christliche Wallfahrtsstätte. Bei den Quellen ist es auch im Hochsommer kühl und schattig. Bis dorthin hat die Wanderung eher den Charakter eines Spaziergangs, der anschließende, knackig steile Anstieg ist dann umso schweißtreibender – gerade recht, um die Vorfreude auf erfrischende Getränke auf der Berglhütte so richtig zu genießen.

Ausgangspunkt: Trafoi, 1543 m. An der Stilfserjoch-Straße, Parkplatz, Haltestelle Bus 270/271. Alternativ kann man auch bis Drei Brunnen fahren und dort parken (Gesamtgehzeit dann nur knapp 3 Std.).

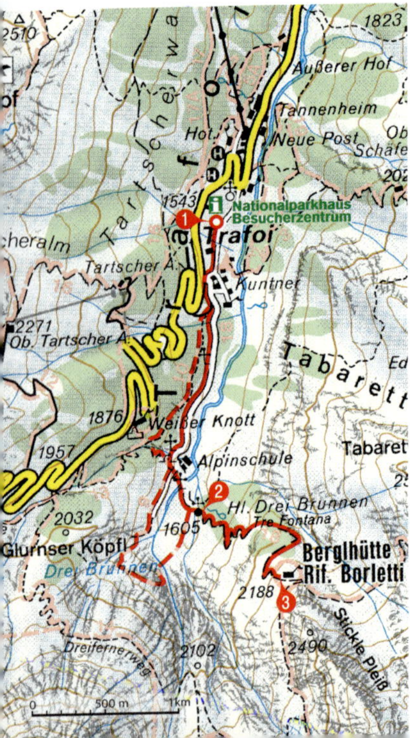

Anforderungen: Zu den Drei Brunnen bequemer Weg, zur Hütte steiler Bergpfad.

Einkehr: Berglhütte (Rifugio Borletti), bew. Juni–Mitte Sept., 25 Schlafplätze, Trafoi 19, Tel. +39 338 387 7344 oder +49 176 628 75536.

Varianten: 1) Rückweg über die Wasserfälle, 1759 m: Im Talhintergrund kann man von der Wiese mit den Quellen aus in einer Runde um den Talkessel die Wasserfälle erreichen: Man geht talein über den Bach, den Hang aufwärts, wo man unter den Bächen hineinqueren kann, jenseits wieder absteigt und zurück zur Ferienkolonie gelangt. 1.30 Std. 2) Rückweg Weißer Knott, 1875 m: Ebenfalls von den Drei Brunnen kann man zum Weißen Knott, 1875 m, einem Aussichts- und Ausflugspunkt an der Stilfserjoch-Straße mit Bar, ansteigen und über Weg 10 zurück nach Trafoi. 2.00 Std.

Hinweis: In Trafoi lohnt das Nationalparkhaus »Naturatrafoi«, am südlichen Ortsausgang an der Stilfserjoch-Straße, einen Besuch: Mit Dauerausstellung »Leben an der Grenze« zu Tieren und Pflanzen im Hochgebirge, Wissenswertes über das Ortlermassiv. Info: Tel. +39 0473 612 031, www.naturatrafoi.com.

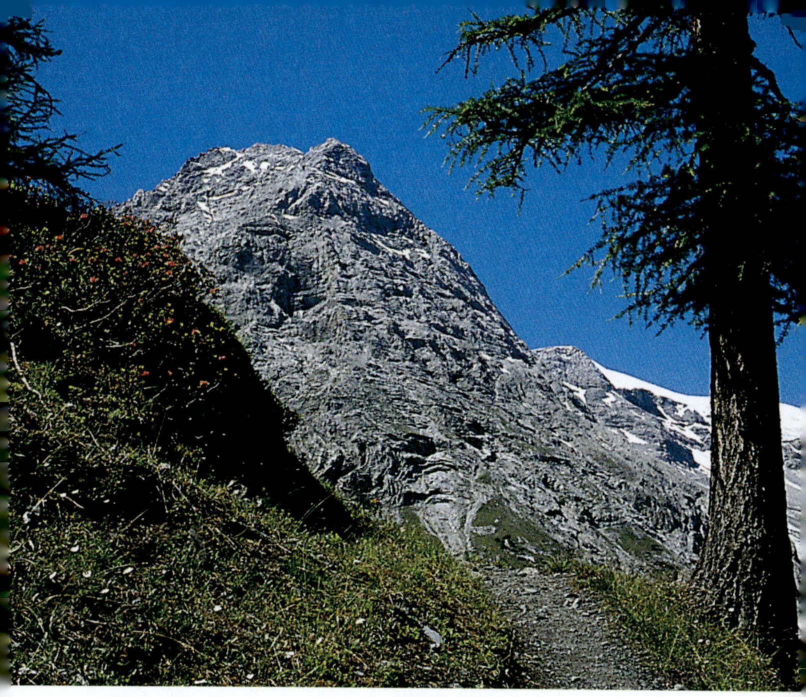

Am Aufstieg zur Berglhütte – dem Rifugio Borletti.

Von **Trafoi ❶** geht es in Richtung Süden über einen Wiesenweg zum Campingplatz. Hier links haltend wandert man parallel der kleinen Teerstraße talein zur Ferienkolonie (Alpinschule) im Wald am Ende der Straße. Eine Tafel informiert über den hier beginnenden Nationalpark Stilfserjoch, seine Grenzen und die Schutzbestimmungen.

Auf dem Weg wandert man weiter zur großen Wiese mit den **Drei Brunnen ❷** – Spiel-, Grill- und Rastplätze. Hier beginnt der Hüttenweg, der den Berghang empor durch Wald in Kehren aufwärtsführt, später durch den lichter werdenden Wald mit schönen Ausblicken aufwärts und zur **Berglhütte ❸**. Das Rifugio Borletti steht schön auf einer aussichtsreichen Anhöhe mit Rastplatz im Freien unter den Steilfluchten des Ortlers.

Der Abstieg nach **Trafoi ❶** erfolgt auf demselben Weg.

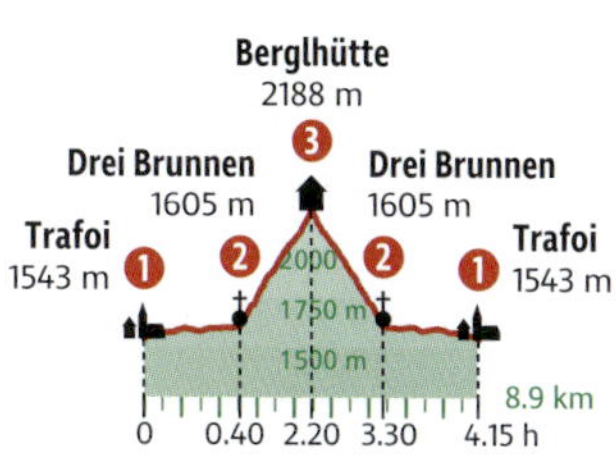

↗ 1450 m | ↘ 1450 m | 16.1 km

7.45 h

23 Piz Chavalatsch, 2764 m

Großartiger Aussichtsgipfel über dem äußeren Suldental

Beim Anstieg auf diesen einsamen Gipfel erreicht man die weiten Böden der Unteren, dann die am Hang gelegene Obere Stilfser Alm. Den breiten Gipfelbau des Chavalatsch (Tschavalatsch) ersteigt man über den gut angelegten Steig in steileren Kehren. Bei der Rast unter dem großen Gipfelkreuz wird man mit einer imposanten Gipfelschau belohnt: von der Berninagruppe über die Ortlerberge bis zu den Sesvennazacken und den Ötztaler Firngipfeln.

Ausgangspunkt: Stilfs, 1310 m. Parkplatz am Ende der Straße am Ortseingang. Erreichbar über Prad und Gomagoi, wo die Straße links nach Stilfs abzweigt; Bus Linie 271.
Anforderungen: Größerer Höhenunterschied, bezeichnete Wege und Steige.
Einkehr: Obere Stilfser Alm, bew. Juni bis Mitte Okt., Übernachtungsmöglichkeit, Tel. +39 0473 421 575.

Variante: Ausgangspunkt Fragges, 1702 m (Zufahrt zweigt vor Stilfs links ab): Auch von der Höfegruppe Fragges (Fraches; Parkplatz bei Kehre oberhalb am Wildgehege) aus erreicht man die Stilfser Alm, zuerst auf schön angelegtem Weg (Nr. 2), dann weiter durch Wald (Platzwald) steiler aufwärts und im Bogen hinein ins Tal, wo man auf die Almstraße trifft, die zur Oberen Stilfser Alm hinaufführt. 1.30 Std.

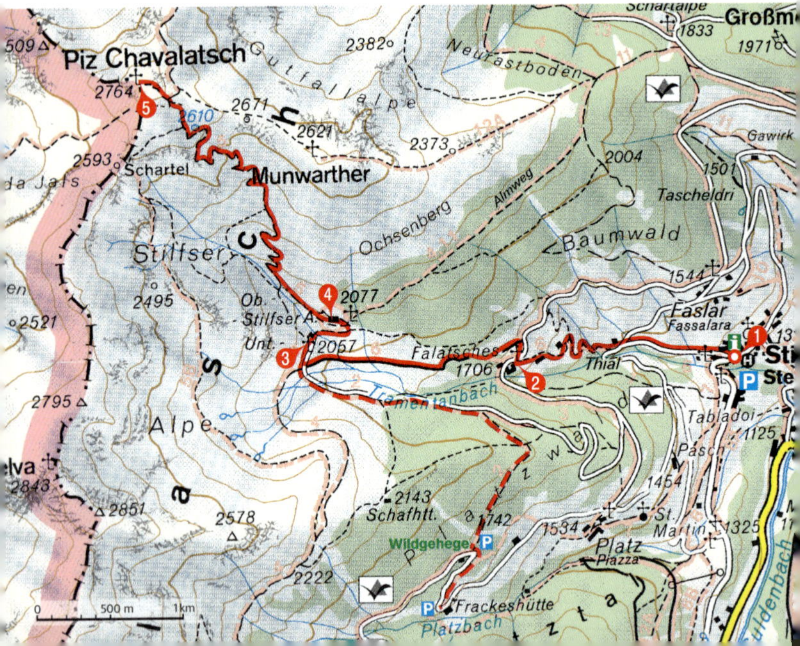

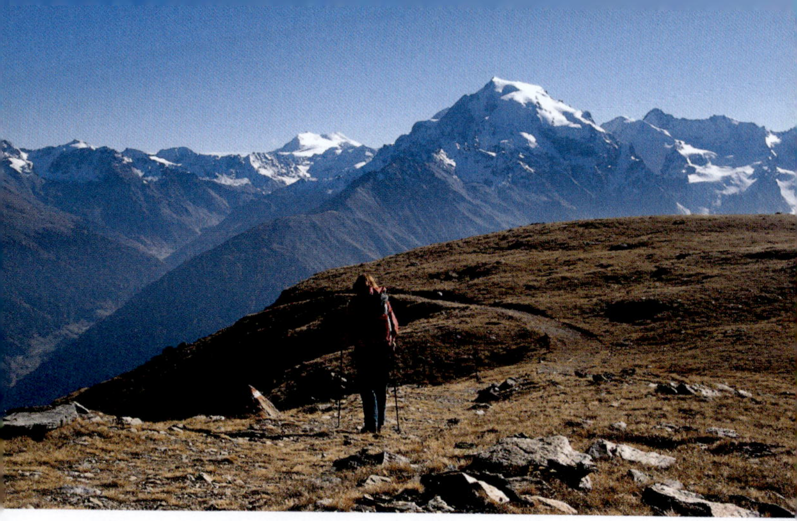

Beim Abstieg vom Piz Chavalatsch, gegen den Ortler.

Von **Stilfs** ❶ geht es auf dem Kirchweg (Nr. 6) zu den Höfen **Falatsches** ❷, 1706 m. Diese sind auch mit dem Auto auf dem schmalen Sträßchen erreichbar, das vor Stilfs links abzweigt, wodurch die Tour verkürzt werden kann (insgesamt ca. 2.15 Std. weniger).
Von den Höfen wandert man auf gutem Weg (Nr. 6) aufwärts und zu den weiten Wiesen der **Unteren Stilfser Alm** ❸. Die während der Almsaison bewirtete **Obere Stilfser Alm** ❹, 2077 m, erreicht man etwas höher am Hang. Von der Alm steigt man auf gutem Weg (Alpinisteig, Nr. 5) in steter, aber nie extremer Steigung die Hänge und Kare empor zum Gipfel des **Piz Chavalatsch** ❺, mit Funkstation und Kreuz, von dem man ein herrliches Panorama genießt.
Der Abstieg nach **Stilfs** ❶ erfolgt auf demselben Weg.

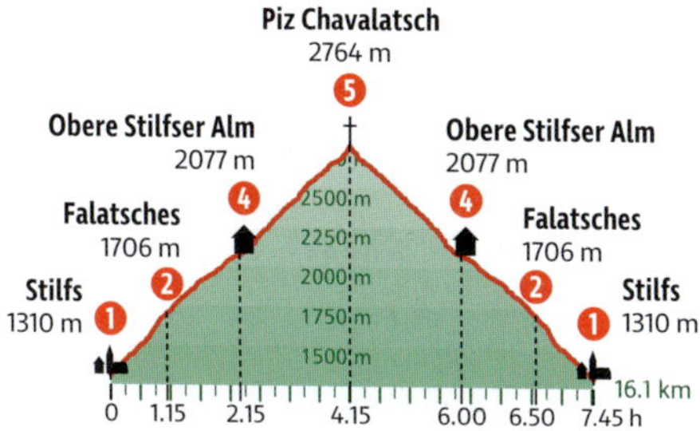

↗ 250 m | ↘ 250 m | 8.1 km

24 Panoramaweg Sulden

2.45 h

Eine Genusswanderung rund um Sulden

Der Kultur-Wanderweg besteht aus einer geschlossenen Runde um das Talbecken von Sulden mit Markierungen, Info-Tafeln und Hinweisen auf Bemerkenswertes. Dazu kann beim südlichsten Teil der Wegrunde das »Bärenbadl« besucht werden. Dort wurde eine großzügige Kneippanlage geschaffen, die Lebensgeister und Seelenkräfte stärken soll, man taucht in das eiskalte Wasser in den Wasserbecken oder stellt sich unter die Wasserfälle. Beim Rasten unter uralten Lärchen und Zirben kann man zudem die Seele baumeln lassen. Seine Marende kann der Wanderer hier auf großen Holztischen ausbreiten. Am Weg an der Ostseite des Tales, direkt über dem Hotel Cristallo, steht ein frei zugängliches Fernrohr, das von einem rostigroten Stahlmantel umgeben ist. Steht man im Inneren des Metallmantels, sieht man die Gipfel im Umkreis mit Höhenangaben und Form. Mit dem Fernrohr kann man u. a. die Bergsteiger am Ortlergipfel sehen – der Ortler ragt direkt gegenüber dem Betrachter auf. Von außen ist es nicht zu erkennen; daher gehen viele Wanderer daran vorbei.

Ausgangspunkt: Sulden, Ortszentrum, 1844 m, Hst. Bus Linie 271. Der Rundweg ist auch von anderen Punkten in Sulden aus in wenigen Minuten erreichbar; besonders empfehlenswert der große Parkplatz beim Langensteinlift (beschilderte Zufahrt).

Anforderungen: Markierte, beinahe ebene Wege.

Einkehr: An allen Zustiegen zum Weg Einkehrmöglichkeiten.

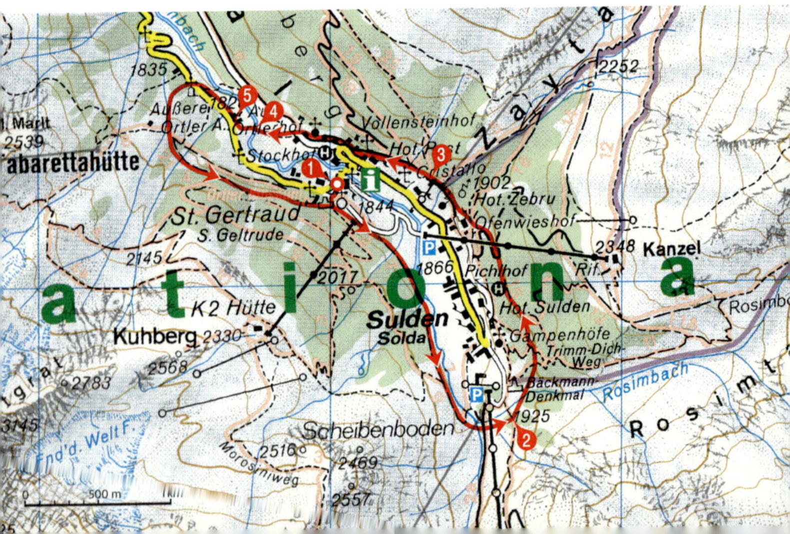

Vom Ortszentrum von **Sulden** ❶ gehen wir empor zur **Alten Kirche**, an dieser vorbei zum Waldrand und zur Wegteilung. Hier beginnt der Panoramaweg mit Markierung »6«. Man wendet sich südwärts und wandert stets etwas oberhalb des Talbodens, meist im Wald, mit schönen Ausblicken ins grüne Suldental nach Süden, bis man die freie Fläche am Talende erreicht – mit Latschen, Geröll, kleinen Wiesenflächen, durchflossen vom wilden Suldenbach. Man überquert diese Fläche und den Bach auf einer Brücke und gelangt zu den Kneipp-Anlagen des **Bärenbadls** ❷. Wenig unterhalb befindet sich die Talstation der Seilbahn Sulden, mit Bushaltestelle und Einkehrmöglichkeit.

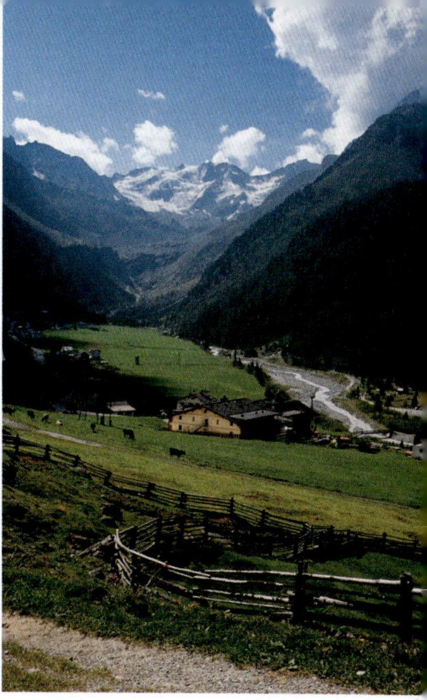

Am Panoramaweg über Sulden, Blick nach Süden.

Am Bärenbadl vorbei und im Bogen nach Norden, durch Wiesen und Waldstücke weiter, kommt man am Hotel Zebru vorbei. Man geht nun auf breitem Weg etwas über dem Tal und gelangt zum **Fernrohr** ❸. Hinter dem Hotel Sulden vorbei, teilweise im Wald, erreicht man das schöne Wegstück oberhalb des Hotels »Post«. Hier befinden sich im Talgrund noch die alten Postgebäude aus der Zeit der österreichischen Monarchie. In einem kleinen Gebäude (»Flohhäusl«) befindet sich Reinhold Messners »Alpine Curiosa Museum«, das dreizehn kuriose Geschichten aus der Alpinistik anhand einzelner Exponate erzählt. Weiterwandernd, vorbei am Haus Schönblick, quert man die Straße und steigt an zwei Gehöften vorbei ab in die Schlucht zum Suldenbach. Über die **Zaytalbrücke** ❹ erreicht man das andere Ufer, eindrucksvoll darunter die wilden Wasser im tief eingegrabenen Flussbett. Jenseits geht es bergan zum Hotel Garni **Ortlerhof** ❺. Man muss nun ein kurzes Stück entlang der Fahrstraße talaus gehen, bis man den Weg wieder trifft, der am Hang zurückführt. Auf ihm gelangt man auf schönem Wiesen- und Waldweg zurück zur **Alten Kirche** und ins Ortszentrum von **Sulden** ❶.

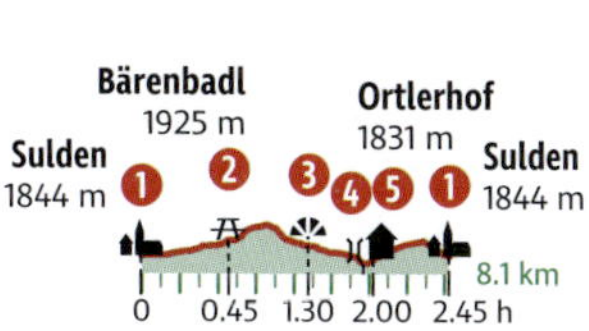

TOP

25

Düsseldorfer Hütte, 2721 m

↗ 900 m | ↘ 900 m | 11.8 km

5.15 h

Gemütliches Berghaus mit Blick auf Ortler, Zebrù und Königspitze

Die Düsseldorfer Hütte, ein Haus mit langer Tradition, ist von Sulden zu Fuß oder mit der Kanzelbahn erreichbar. Von der Hütte aus hat man einen wunderbaren Blick auf das »Dreigestirn« Ortler, Zebrù und Königspitze, beeindruckend sind die steilen Fels- und Eisflanken und der dicke Eispanzer des Ortlergipfels. Beliebt ist die Hütte bei Tourengehern: Großer Angelus, Vertainspitze, Kleiner Angelus, Tschenglser Hochwand lassen Bergsteigerherzen höherschlagen, für Geübte lockt das Hintere Schöneck. Und schließlich gibt es noch die aussichtsreichen Hänge und Höhenrücken östlich über der Hütte, von dort kann man die Gipfel der Hüttentouren besondern schön sehen.

Ausgangspunkt: Sulden, 1866 m, an der Straße beim Hotel Post bzw. Hotel Cristallo (Bus 271); für Übernachtungsgäste Parkplatz beim Haus Alpenfriede (beschilderte Abzweigung neben der Villa Zai). Alternativ: Parkplatz an der Talstation Kanzelbahn.
Anforderungen: Gute markierte Steige.
Einkehr: Bergrestaurant Kanzel, mit schöner Sonnenterrasse; Düsseldorfer Hütte (CAI), geöffnet Mitte Juni bis Anfang Okt., 60 Schlafplätze, Gepäckbeförderung mit Materialseilbahn, Reservierung beim Hüttenwirt Martin Reinstadler, Haus Alpenfriede 28, I-39029 Sulden, www.duesseldorferhuette.com, Tel. +39 333 2859740.

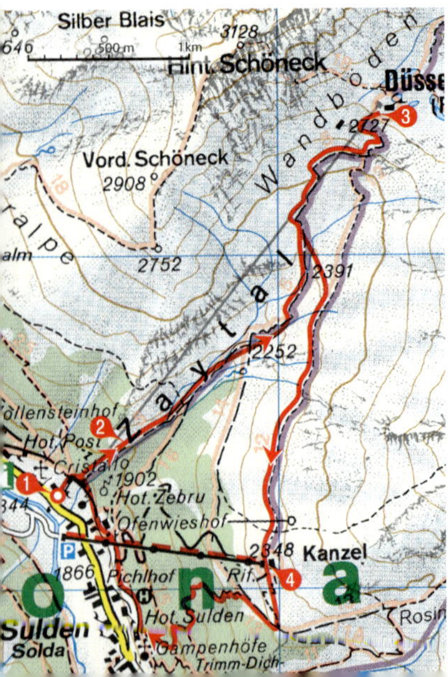

Der Zaybach mit viel Schmelzwasser aus den Hochlagen – Blick zum Ortler.

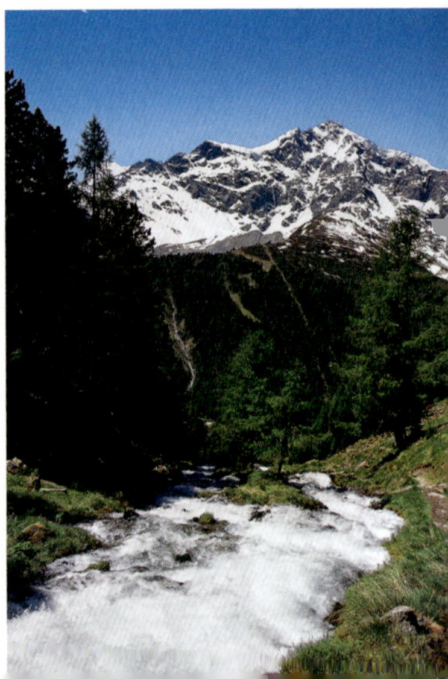

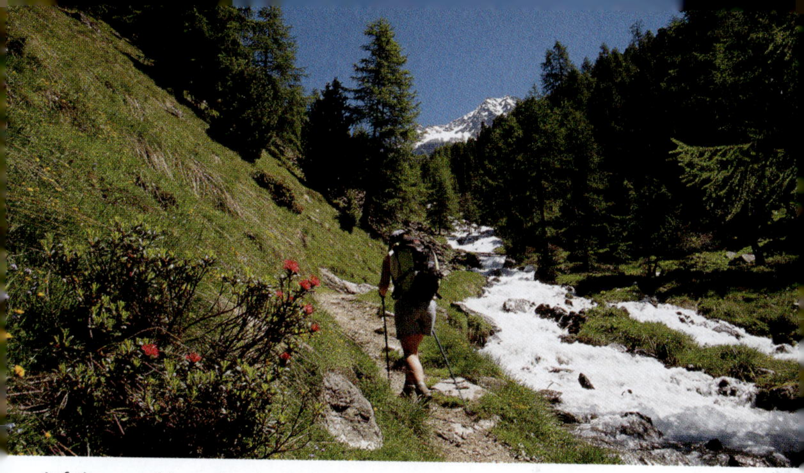

Aufstieg am wild rauschenden Zaybach – Blick hinauf zur Vertainspitze.

Am östlichen Ortsrand von **Sulden** ❶, zwischen den Hotels Post und Cristallo, zweigt der Hüttenweg von der Talstraße ab. Hier geht es aufwärts zum gut markierten Rundwanderweg/Kulturpromenade (Nr. 6), dem man bis zur Brücke über den Zaybach folgt. Kurz vor der Brücke im **Zaytal** ❷, 1987 m, zweigt der Hüttenweg (Nr. 5) links bzw. ostwärts ab und führt stets in der Nähe des Baches aufwärts. Zuerst durchwandert man Wald, dann erreicht man freies Gelände und das von mehreren Bächen durchflossene innere Zaytal. Man überquert auf einer Brücke den wilden Bach und wandert über grüne Hänge und Böden höher. Zuletzt geht es über die weiten Hänge in vielen kleinen Kehren aufwärts zur **Düsseldorfer Hütte** ❸.
Der Abstieg führt über die Station Kanzelbahn: Von der Düsseldorfer Hütte steigt man wieder auf dem Hüttenweg (Nr. 5) über den großen Hang mit den vielen Kehren ab. (Ein ehemals höher und direkter verlaufender Weg wurde wegen Steinschlaggefahr aufgegeben!) Man erreicht die flacheren grünen Böden und quert den Bach. Hier zweigt nun nach links der Steig 12 ab, der kurz ansteigend über Blockwerk den Hang hinaufführt, dann aber als breiter Weg hoch am Hang hinaus zum Restaurant und **Bergstation Kanzel** ❹ führt. Von hier fährt man entweder mit der Seilbahn ab (Talstation, 1861 m, südlich von Sulden im Talgrund), oder man nimmt den beschilderten Fußweg, der von der Kanzel in schöner Wanderung durch Zirbenwald, teils auf Forststraße, nach **Sulden** ❶ führt.

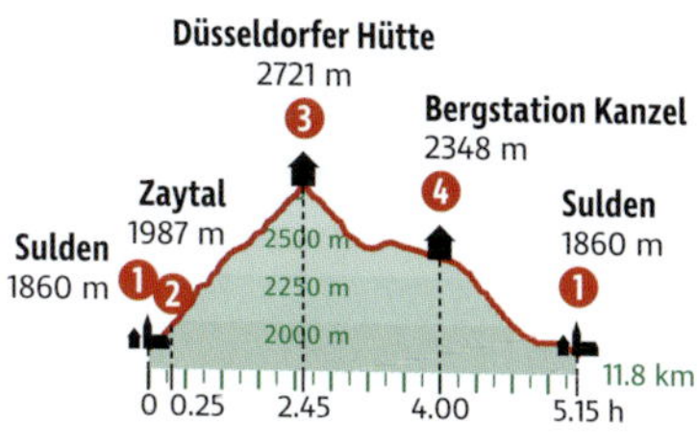

↗ 830 m | ↘ 1320 m | 11.8 km

6.00 h

26 Hinteres Schöneck, 3128 m

Interessanter Felsanstieg auf einen Aussichtsgipfel über Sulden

Das Hintere Schöneck erhebt sich direkt über Sulden, von seinem Gipfel genießt man eine uneingeschränkte wunderbare Sicht auf die Ortlerberge, die direkt vor dem Beschauer aufragen: Ortler, Zebrù, Königspitze, dazu im Süden die niedrigeren Berge des Talschlusses: Suldenspitze und Kreilspitze samt der großen Gletscherfläche, die fast das gesamte Talende ausfüllt. Auch die Berge rund um die Düsseldorfer Hütte sind von hier oben wunderbar zu sehen. Der Abstieg führt dann über den langen Gratrücken nach Westen hinunter zum Vorderen Schöneck und über die Kälberhütte nach Sulden.

Ausgangspunkt: Sulden, Kanzelbahn (www.seilbahnensulden.it), Talstation mit Parkplatz, 1861 m. Zufahrtsstraße zweigt im Ort nach der Brücke rechts ab. Bus 271 Sulden. Bergstation Kanzel, 2348 m.
Anforderungen: Steig durch abschnittsweise abschüssiges Gelände, Trittsicherheit und etwas Schwindelfreiheit erforderlich, einige felsige Stellen müssen überstiegen bzw. traversiert werden. Abstieg nach Sulden über den Gratrücken zum Vorderen Schöneck kaum markiert, Abstieg vom Vorderen Schöneck nach Sulden auf bez. Weg. Für die ganze Runde ist gute Kondition erforderlich. Bei Regen und Nässe Steinschlaggefahr am Anstieg zum Hinteren Schöneck!
Einkehr: Bergrestaurant Kanzel; Düsseldorfer Hütte, geöffnet Mitte Juni–Anfang Okt. (siehe Tour 25); Kälberhütte, einfache Sommerwirtschaft.
Variante: Ein weiterer beliebter Abstieg führt von der Kälberhütte in einer Nordschleife nach Sulden: Man steigt von der Alm auf Weg 24 nordwärts, dann westwärts durch Wald zur Einkehr Waldruhe hinunter und zurück nach Sulden, z. T. auf Straße. 1.30 Std. ab Kälberhütte.

Von der **Talstation** ❶ fährt man mit der Kanzelbahn hinauf zur Bergstation Kanzel ❷. Hier geht es auf breitem Weg (Nr. 12) hangaufwärts bis zu einer Wegsperre ❸ – eine Verbotstafel macht schon am Beginn des Weges auf Steinschlaggefahr und die Sperrung aufmerksam. Hier zweigt man, noch vor dem mit grobem Blockwerk bedeckten Wegabschnitt, links ab (Wegweiser) und ins Zaytal hinab. Dann steigt man auf Weg 5 in Kehren zur **Düsseldorfer Hütte** ❹ auf.

Das Gipfelkreuz auf dem Schöneckgipfel.

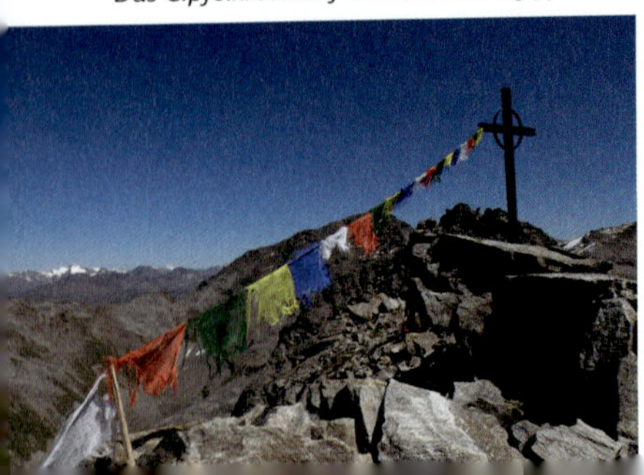

Von der Hütte folgt man dem schon gut sichtbaren Steig, der über den Bach und den gegenüberliegenden Hang schräg hinaufführt gegen die Flanke des Schönecks. Auf dem weiterhin gut erkennbaren Weg erreicht man eine grüne Rampe, die ins steile Gelände hinausragt – ein schöner Rast- und Aussichtsplatz.

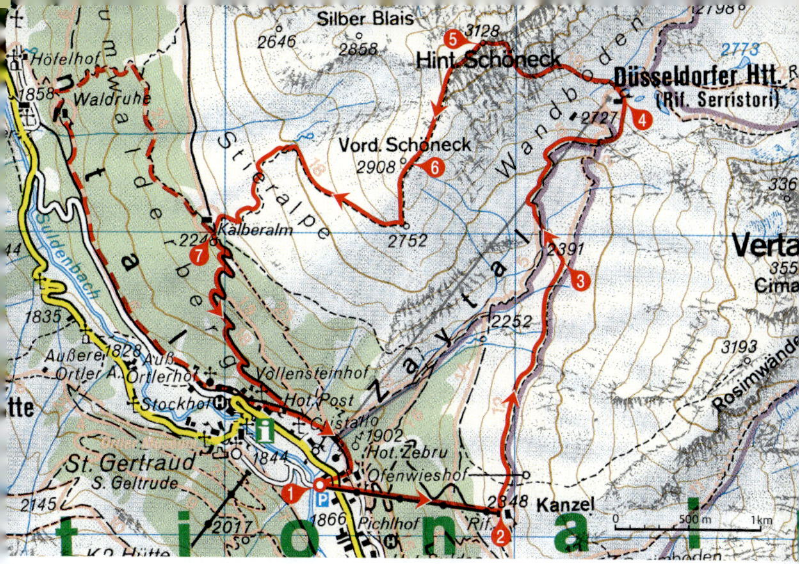

Von hier geht es über Felsstufen und Blockwerk weiter zu jenem Gipfel 3122 m, des **Hinteren Schönecks** ❺, der mit einem Kreuz geschmückt ist. Vom Gipfel steigt man etwas links des Grates hinab, dann über die Hänge hinunter, der Weg bleibt knapp links des Kamms, dann unter der sanften Kuppe des **Vorderen Schönecks** ❻, 2908 m, vorbei. Weiter auf Weg 18, noch 200 Höhenmeter in derselben Richtung hinab, biegt auf 2752 m der jetzt deutliche Steig nach Nordwesten ab und quert die weiten steilen Hänge der **Stieralpe**. Am Rand dieser Fläche wendet er sich scharf nach Südwesten und führt steil hinunter zur **Kälberhütte** ❼, 2248 m. Von dort gelangt man auf breitem Forstweg bequem durch Wald zum Hotel Marlet und nach **Sulden** ❶.

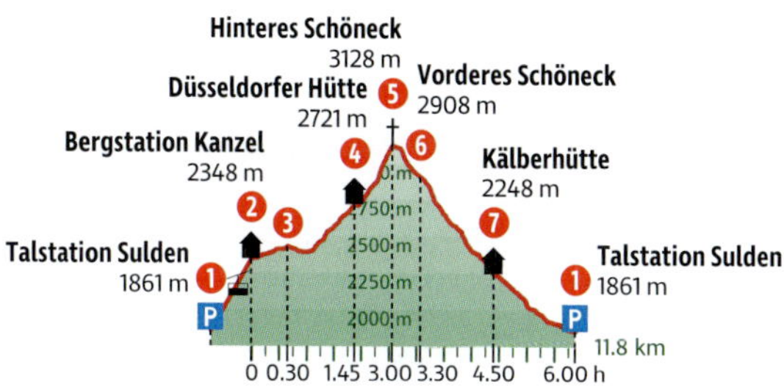

↗ 125 m | ↘ 610 m | 5.4 km

2.15 h

27 Rosimboden, 2439 m

Panoramaweg zur Gletscherschau unter der Vertainspitze

Diese beliebte Höhenwanderung gehört quasi zum Programm eines Suldenaufenthaltes: Mit oder ohne Bergbahnfahrt erreicht man leicht die Höhe, von wo sich ein besonders schöner Blick auf Ortler und Königspitze öffnet. Das von steilen Felsen umgebene Rosimtal mit dem gleißenden Ferner des Rosimgletschers südlich unter der Vertainspitze erreicht man ohne sonderlich anstrengenden Anstieg über saftige Bergwiesen. Hier blühen im Sommer seltene Blumenarten.

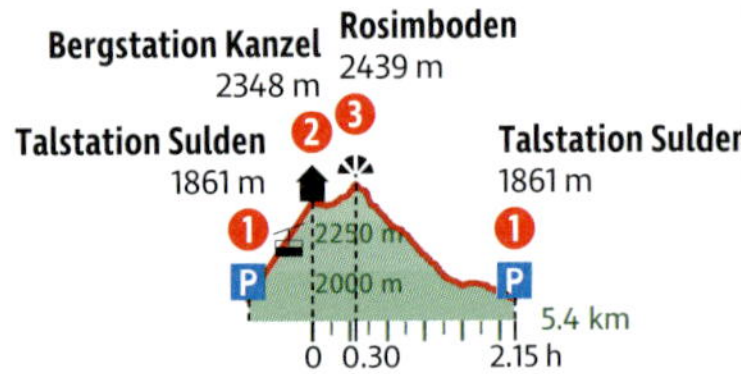

Ausgangspunkt: Sulden, Kanzelbahn (www.seilbahnensulden.it), Talstation mit Parkplatz, 1861 m. Zufahrtsstraße zweigt im Ort nach der Brücke rechts ab. Bus 271 Sulden. Bergstation Kanzel, 2348 m.
Anforderungen: Rundwanderung auf gut bezeichneten Wegen.
Einkehr: Restaurant Bergstation Kanzel.
Varianten: 1) Aufstieg von Sulden: Auf Weg 15, dann links auf Weg 12; hier trifft man auf den Weg von der Bergstation zum Rosimboden. 1.30 Std.
2) Rosimjoch, 3288 m: Vom Wegende am Rosimboden auf dem Steig (11, 13) weiter bergauf, bis man zu den steileren Hängen kommt, wo im großen Gletscherbecken der Rosimferner liegt; nördlich darüber die Felsflanken der Vertainspitze. Der schwach ausgeprägte Steig führt im Bogen weiter durch das Kar im Randbereich des Gletschers aufwärts bis zum Rosimjoch; auf demselben Weg zurück. Erfahrung in der Gletscherzone erforderlich, hin und zurück 3.00 Std.

Mit der Kanzelbahn fährt man von der **Talstation** ❶ hinauf zur **Bergstation Kanzel** ❷. Nun geht es auf gutem Weg (Nr. 13) südwärts über die Hän-

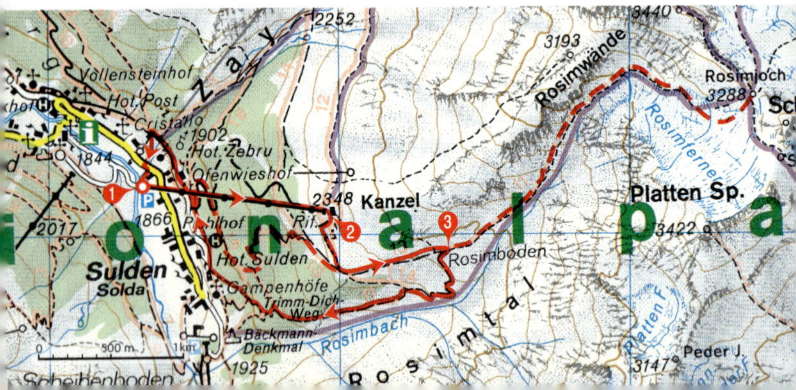

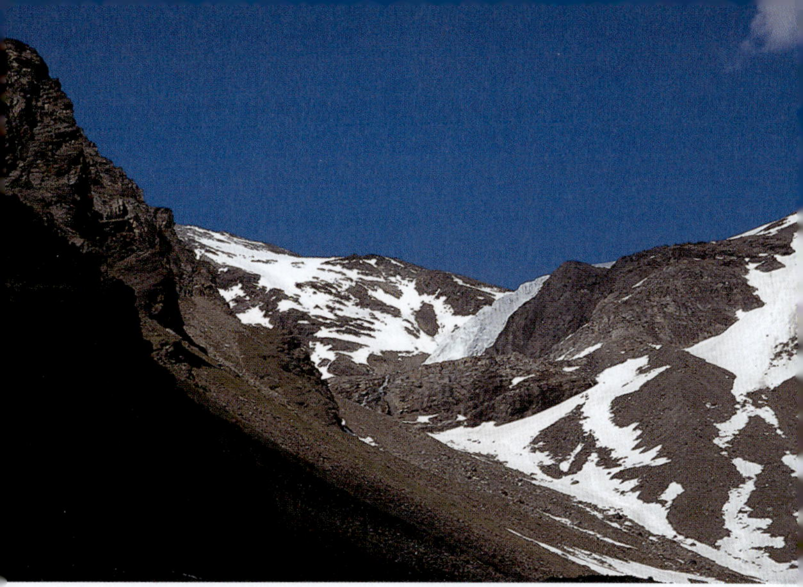

Im oberen Rosimtal (Variante) – Blick zur Zunge des Rosimferners.

ge in müheloser Wanderung mit schönen Ausblicken zu einem Aussichtsplatz. Von hier begeht man den breiten Rücken, der die Nordbegrenzung des Rosimtales bildet. Der Weg führt nun ohne besondere Höhenunterschiede auf die grünen Wiesen des **Rosimbodens** 3.

Der Rückweg führt von den Hängen des Rosimbodens am Punkt 2439 m kurz südwärts (Weg 11), dann am Hang des Rosimtales abwärts zu einer Wegverzweigung. Entweder steigt man hier talab zum Südende von **Sulden** oder rechts hinab und nordwärts zum Rundwanderweg und auf ihm zurück zur **Talstation** 1.

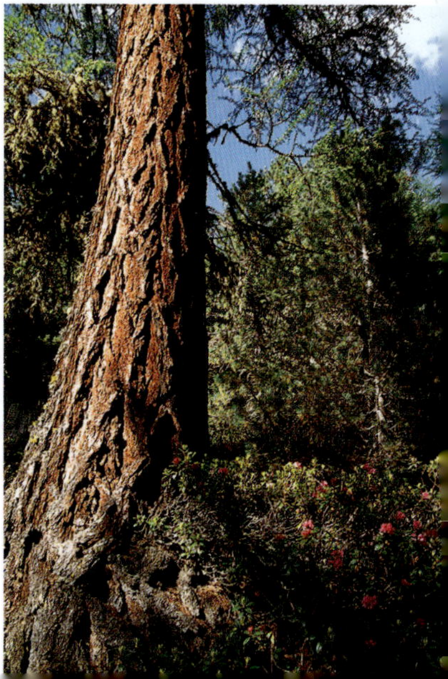

Lärchen und Alpenrosen am Abstiegsweg im Rosimtal.

↗ 720 m | ↘ 720 m | 7.3 km

28 Madritschjoch, 3123 m – Hintere Schöntaufspitze, 3325 m

4.00 h

Zu einem unschwierigen Dreitausender inmitten der Ortlerberge

Durch die Suldner Seilbahn in erreichbare Nähe gerückt ist die Hintere Schöntaufspitze: ein eisfreier Dreitausender, allerdings im Frühsommer oft schneebedeckt, der geübten Bergsteigern ein schönes Gipfelziel bietet. Trotz der leichten Erreichbarkeit sollte man die Hochgebirgsüberraschungen, wie plötzlichen Wetterumschlag, Gewitter, Sturm oder Kälteeinbruch nicht außer Acht lassen und stets höhentaugliche Kleidung und Ausrüstung mit sich führen. Für diesen Gipfel gilt, wie für andere Ziele rund um Sulden: ein wunderbares Panorama – mit Blick auf Ortler und Königspitze, dazu ganz nah die zwei unvergleichlichen Firndome Cevedale und Zufallspitze.

Ausgangspunkt: Innersulden, Seilbahn-Talstation, 1925 m. Ende der Straße am südlichen Ortsende, Parkplatz, Busverbindung. Kabinen-Bergbahn (www.seilbahnensulden.it), zwei Sektionen, Bergstation 2611 m.
Anforderungen: Bis zum Madritschjoch Weg durch Skipistengelände. Vom Joch Blockwerk, Felsschutt, teils ausgesetzt; Trittsicherheit erforderlich.
Einkehr: Restaurant in der Bergstation, 2611 m, bew. während der Betriebszeiten der Bergbahn; Madritschhütte, 2880 m, Mitte Juni–Mitte Okt., Anfang Nov.–Mitte Mai.
Variante: Vom Madritschjoch auf Abschnitt des neuen Ortler-Höhenwegs über das Schöntaufjoch zum Rosimboden, weiter auf Weg 11 durchs Rosimtal zur Talstation (hochalpines Gelände, solide Trittsicherheit erforderlich, 2.45 Std.).
Hinweis: Die Schaubachhütte, 2581 m, nahe der Bergstation, ist bis auf Weiteres geschlossen.

In **Innersulden** ❶ nimmt man die Bergbahn zur **Bergstation** ❷, 2611 m, bei der Schaubachhütte. Von dort steigt man auf markiertem Weg (Nr. 151) in östlicher Richtung über die Hänge aufwärts. Es geht zuerst über ei-

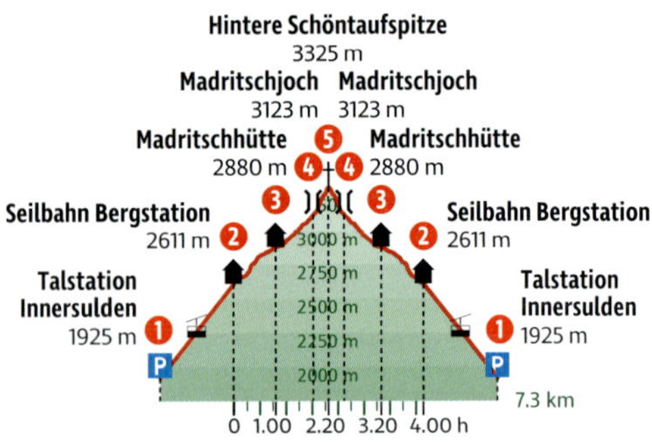

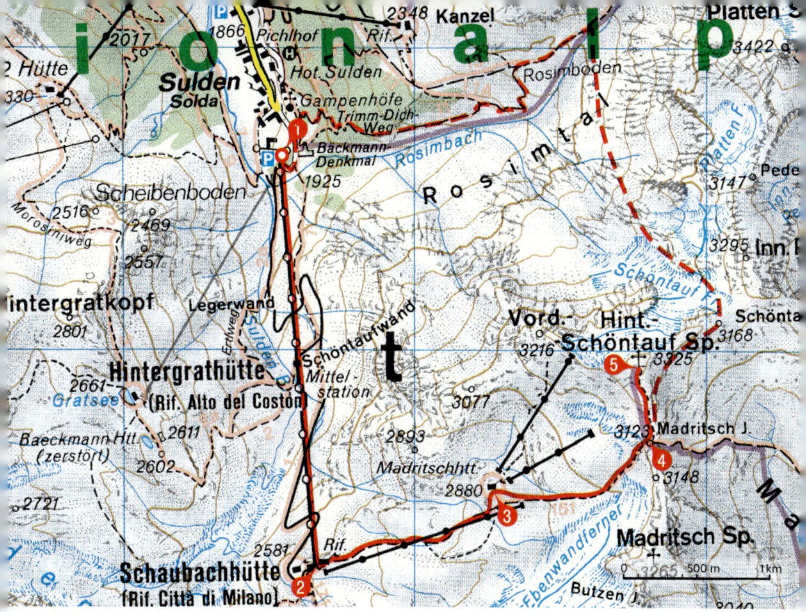

nen Hang auf gutem Steig zu der unterhalb der Steilhänge der Vorderen Schöntaufspitze gelegenen **Madritschhütte** 3 – schöne Rast mit großer Aussichtsterrasse. Nun wandert man über ein Schuttfeld auf gutem Steig in Kehren aufwärts auf das **Madritschjoch** 4 zu. Von hier kann man jenseits hinunter in das Martelltal schauen, von wo über die Zufallhütte ein Weg heraufführt. Hier setzt nun der Gipfelhang mit deutlich steilerem Gelände an. Über einen geröllbedeckten Hang, dann flacher, steigt man zum Gipfel der **Hinteren Schöntaufspitze** 5 an, mit Steinmann und Wetterstation. Der Abstieg führt auf dem Anstiegsweg zur **Seilbahn-Bergstation** 2, von der es mit der Bergbahn zurück nach **Innersulden** 1 geht.

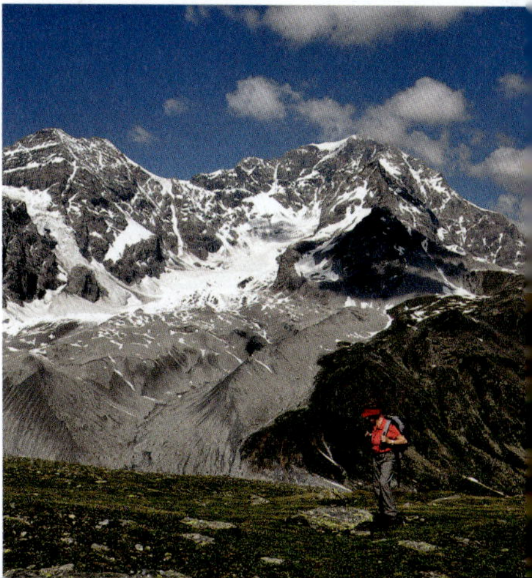

Aufstieg zum Madritschjoch, Blick auf Zebrù und Ortler (rechts).

↗ 350 m | ↘ 820 m | 8.8 km

29 Suldener Höhenweg – Hintergrathütte, 2661 m

4.00 h

Genussvolle Höhenwanderung unter dem Ortler

Der Langenstein-Sessellift bringt den Wanderer auf eine Höhe von 2300 m, wenig darüber steht die bewirtschaftete K2-Hütte. Dieser Weg – auch Morosinisteig genannt – führt an der westlichen Talflanke mit wunderschöner Aussicht abwechslungsreich stetig bergan bis auf ein Eck, von wo aus man zuletzt zur Hintergrathütte absteigt. Die Hütte steht am Hang über der grünen Mulde mit dem Hintergratsee. Von hier sieht man den kühnen Hintergrat, über den einer der Anstiege auf den Ortlergipfel führt.

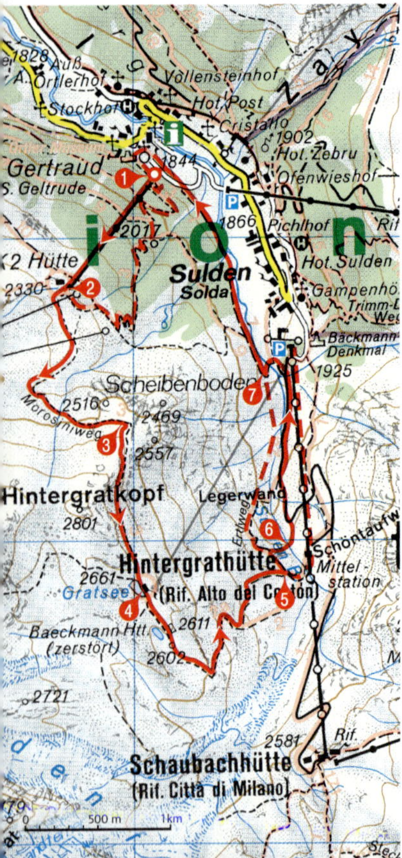

Ausgangspunkt: Sulden, Langensteinlift (www.seilbahnensulden.it), Talstation mit Parkplatz, 1861 m. Zufahrtsstraße zweigt im Ort nach der Brücke rechts ab. Bus 271 nach Sulden. Bergstation auf 2330 m.
Anforderungen: Markierte Steige, die abschnittsweise Trittsicherheit und Schwindelfreiheit erfordern.
Einkehr: K2-Hütte, einige Min. oberhalb der Sesselbahn-Bergstation; Hintergrathütte (privat), bew. Mitte Juni–Ende Sept., 70 Schlafplätze, Tel. +39 0473 613 188 oder +39 388 350 5929, www.hintergrathuette.com.
Variante: Aufstieg von Sulden: Von der Kirche in Sulden an den Berghang und auf Weg 3, dann Weg 10 empor zur Bergstation Langenstein oder zur K2-Hütte. 1.30 Std.

Von der **Talstation** ❶ fährt man mit dem Langensteinlift hinauf zur **Bergstation Langenstein** ❷. Nun steigt man auf dem viel begangenen Steig zuerst über ein etwas raues Wegstück mit Felsbrocken und Geröll, dann jedoch auf gut ausgebautem Weg mit mäßiger Steigung abwechslungsreich die Hänge entlang aufwärts. Über den **Scheibenboden** ❸ wandert man mit ausgesetzten Steigpassagen bis zu einem

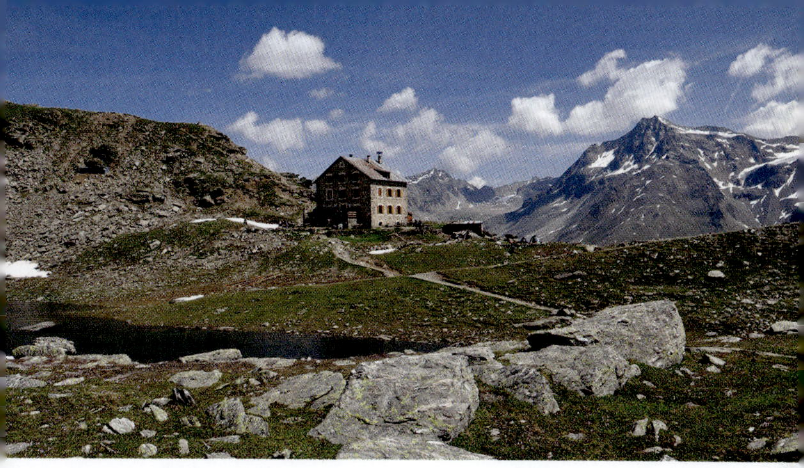

Die Hintergrathütte mit der Vertainspitze.

Felsrücken, von dem aus man bereits die **Hintergrathütte** ❹ sieht. Dorthin steigt man nun kurz ab. Der Gratsee liegt unterhalb der Hütte schön in einer Wiesenmulde. Wer nicht nochmal denselben Weg zurückgehen will, steigt von der Hintergrathütte auf dem Hüttenweg über den grünen Rücken in vielen Kehren hinab in die weite Schuttmulde bei der **Seilbahn-Mittelstation**. Man überquert dieses schotterige Wegstück in Richtung der großen Stütze der **Mittelstation** ❺ – Einstiegsmöglichkeit. Hier kommt man an einem kleinen Unterstand vorbei, unter dem ein Lärchenstamm gezeigt wird, der etwa 400 Jahre alt war, als er vom voranschreitenden Suldengletscher im 1. Jt. v. Chr. »überfahren« wurde. Eine Schautafel informiert über das interessante Fundstück.
Nun fährt man entweder mit der Seilbahn talwärts, oder man wandert auf gut bezeichneten Abstiegswegen – der steilere und alpinere über den Hang und die **Hängebrücke** ❻, der flachere über den breiten Fahrweg (Variante) – nach **Innersulden** ❼ hinab und auf Weg 7 nordwestwärts zur **Langensteinlift-Talstation** ❶ zurück.

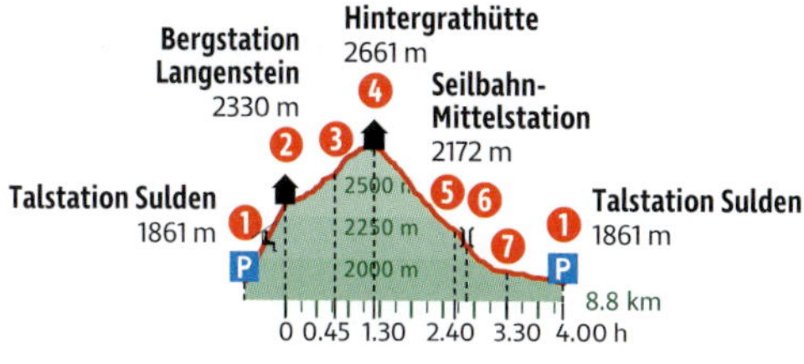

↗ 725 m | ↘ 970 m | 12.0 km

30 Gletscherpfad Hintergrathütte – Schaubachhütte, 2581 m

5.15 h

Ein kühner Gang über die Reste des Suldenferners

Von Hütte zu Hütte, einmal nicht auf bequemem Hüttenweg, sondern über den Suldenferner. Dieser Verbindungsweg führt über die Reste der überwiegend mit Moränenschutt bedeckten Gletscherzunge des Suldenferners, der einst als mächtiger Strom von den Ortlerflanken herabfloss. Als Richtungsweiser der immer wieder neu trassierten Strecke dienen Pflöcke. Der Weg erfordert Trittsicherheit auf losem Schutt. Dafür sind grandiose Ausblicke und seltene Einblicke in die Welt des Eises geboten.

Ausgangspunkt: Innersulden, Seilbahn-Talstation, 1925 m. Ende der Straße am südl. Ortsende, Parkplatz, Bus-Hst. Kabinen-Bergbahn, Mittelstation, 2172 m. Info: Tel. +39 0473 613 047, www.seilbahnensulden.it.

Anforderungen: Trittsicherheit und festes Schuhwerk, Wanderstöcke sind vorteilhaft. Die größtenteils schuttbedeckte Gletscherzunge ist nicht steil, kein deutlicher Steig, bei Nebel oder schlechter Sicht ungünstig. Die Route wird immer wieder neu mit Pflöcken markiert (diese sind maßgeblich, nicht der möglicherweise überholte GPS-Track!) man sieht jedoch nicht immer von einem Pflock zum nächsten.

Einkehr: Hintergrathütte, bew. Mitte Juni–Ende Sept. (siehe auch Tour 29); Bergrestaurant Seilbahn Sulden, bew. während der Betriebszeiten der Seilbahn.

Hinweis: Die Schaubachhütte, 2581 m, nahe der Bergstation, ist bis auf Weiteres geschlossen.

Die derzeit nicht bewirtschaftete Schaubachhütte, mit Blick gegen den Ortler; rechts der Bildmitte der Hintergrat.

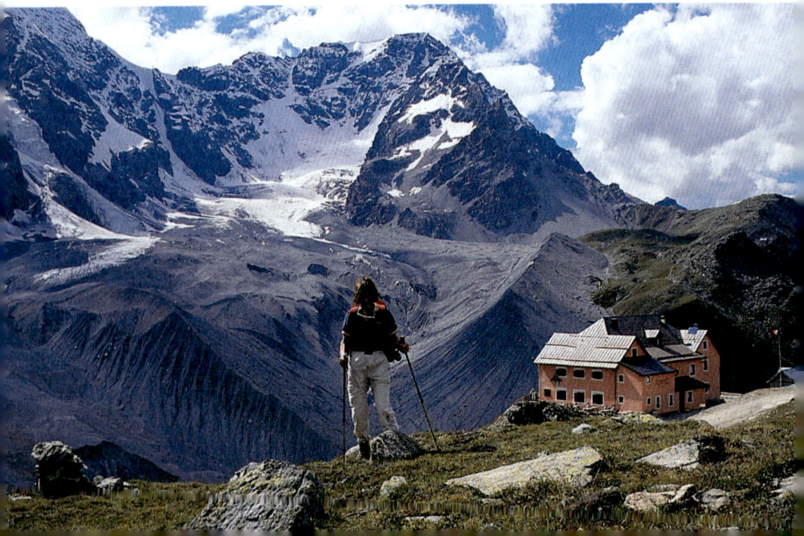

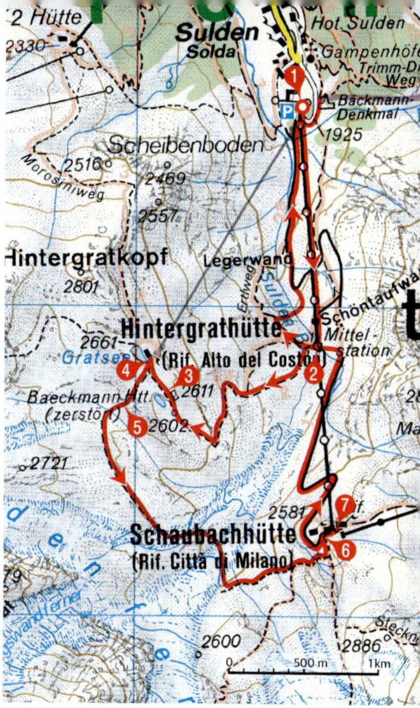

Von **Innersulden** ❶ fährt man mit der Bergbahn bis zur **Mittelstation** ❷. Dann geht es auf Weg 2 leicht ansteigend über die ausgedehnte Schotterfläche zur anderen Talseite. Hier wandert man auf dem gut angelegten Steig in Kehren über die begrünten, mit Almrosen bewachsenen Hänge empor. Nach einer Stunde erreicht man auch den kleinen **Bergsee** ❸, 2602 m, und weiter auf dem Steig über den Rücken die **Hintergrathütte** ❹ mit dem kleinen See. Der »Gletscherpfad« führt von der Schutzhütte in südwestlicher Richtung um den See herum auf den ausgeprägten Rücken der großen Suldenmoräne. Von hier folgt man den deutlich erkennbaren Steigspuren leicht ansteigend bis zum Ende der **Moräne** ❺, 2745 m (Hinweistafel). Hier geht es links ab in das weite, schuttbedeckte Gletscherbecken, das man den Markierungspflöcken folgend ohne große Höhenunterschiede quert. Das Gletschereis ist zumeist mit Felsschutt bedeckt. Im Sommer sind über die manchmal reißenden Bäche Balken und Bretter als Überquerungshilfen gelegt. Zuletzt steigt man kurz empor zur aktuell (Stand 2024) nicht bewirtschafteten **Schaubachhütte** ❻, von hier 10 Minuten bergan zur **Bergstation** ❼ der Suldener Gletscherbahn, von wo man ins Tal abfahren kann. Für den Abstieg nimmt man den breiten, bequemen Weg, der in Kehren hinab zur Talstation führt. Westlich der **Mittelstation** ❷ bietet sich der abwechslungsreiche Abstieg (Nr. 2a) an, der seilversichert über glatte Platten direkt zu einer **Hängebrücke** hinunterleitet. Auf diesem kühnen, 44 m langen Steg geht es über das tosende Wasser der Suldenbachschlucht und weiter auf gutem Weg ins Tal nach **Innersulden** zur **Talstation** ❶ der Seilbahn.

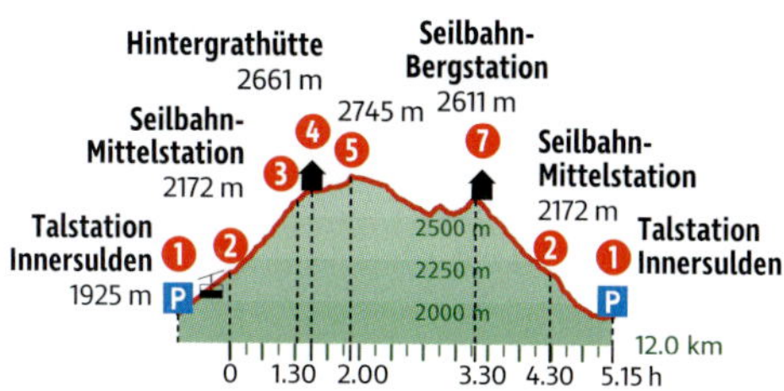

TOP

31

↗ 890 m | ↘ 1360 m | 12.9 km

Tabarettahütte, 2556 m – Payerhütte, 3029 m

6.15 h

Zur hochgelegenen Hütte am Beginn des Anstieges zum Ortler

Für den ausdauernden Wanderer wird der Besuch der Payerhütte zu einem Bergerlebnis besonderer Art. Über der Tabarettahütte kann man die berühmte Ortler-Nordwand bewundern – und erkennen, welch gewaltigen Rückgang des Eises die Gletscherschmelze zur Folge hatte. Vom Bärenkopf hat man einen weiten Rundblick bis zu den Seen im Obervinschgau. Eindrucksvoll ist der luftige Gang von der Bärenkopfscharte entlang des Felsrückens zur Payerhütte. Dort steht man dann nahe der beeindruckenden Nordwest-Eisflanke des Ortlers. Über diese schwierige Passage mussten seine Erstbesteiger am 27.9.1804 den Weg zum Gipfel auf 3905 m von Trafoi aus in einem Stück zurücklegen.

Ausgangspunkt: Sulden, Talstation Langensteinlift, 1861 m. Die Zufahrtsstraße zu den den Talstationen der Bergbahnen Kanzel und Langenstein zweigt nach der Brücke über den Suldenbach nach rechts ab. Busverbindung mit Sulden, Parkplätze. Bergstation Langenstein, 2330 m. Infos unter www.seilbahnensulden.it.

Anforderungen: Zur Tabarettahütte von Sulden gute Bergwege, ebenfalls zur Bärenkopfscharte, von dort Steig mit Seilsicherungen. Die Überwindung des Höhenunterschiedes erfordert entsprechende Kondition.

Einkehr: K2-Hütte, oberhalb der Bergstation Langenstein; Tabarettahütte (privat), bew. Anfang Juni–Mitte Okt. 40 Lager, Klaus Reinstadler, Sulden, Tel. +39 347 261 4872, www.tabaretta.com; Payerhütte (CAI), bew. Anfang Juli–Mitte Sept., 60 Schlafplätze, Reservierungen unter Tel. +39 339 7261097, sobald die Hütte geöffnet ist, unter Tel. +39 0473 613010, www.payerhuette.com.

Variante: Aufstieg von Sulden: Von der Kirche im Ort an den Berghang und auf Weg 3, dann Weg 10 empor zur Bergstation Langenstein bzw. zur K2-Hütte. 1.20 Std.

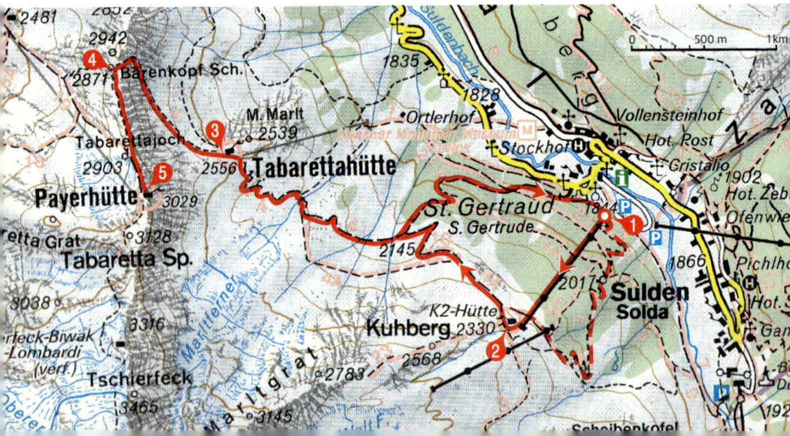

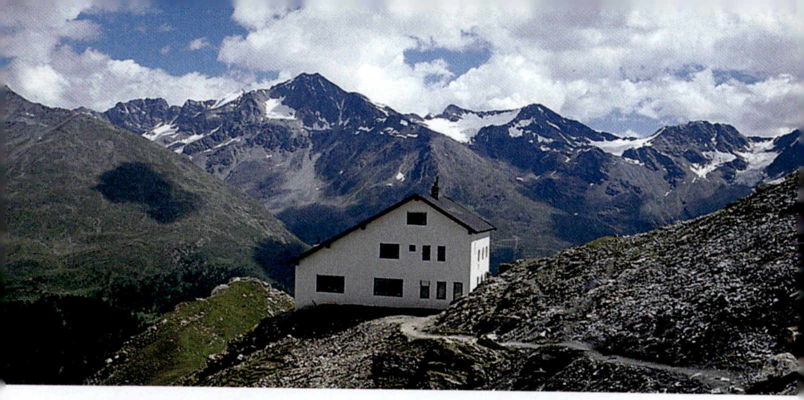

Die Tabarettahütte, im Hintergrund links der Bildmitte die Schöntaufspitzen.

Von der **Talstation** ❶ fährt man mit dem Langensteinlift hinauf zur **Bergstation Langenstein** ❷. Der Anstieg führt nun über einen schönen und aussichtsreichen Höhenweg in angenehmer Wanderung nordwärts zum Rücken des Schönkopfhügels. Hier mündet der von Sulden heraufführende Weg ein. Dann geht es mäßig ansteigend zur großen Marltmoräne, einer wilden Steinewelt. Über das im 19. Jh. noch vergletscherte Moränengelände gelangen wir in den Graben zum Fuß des grünen Rückens, auf dem die schon von Weitem sichtbare weiße **Tabarettahütte** ❸ steht. In Kehren steigt man zu ihr empor. Hinter der Hütte beginnt der Steig, der durch das weite Schuttkar und die Schrofenhänge hinaufführt zur **Bärenkopfscharte** ❹. Man gelangt auf die Westseite des schroffen Grates. Hier führt ein teils versicherter, jedoch guter Steig aufwärts. An einem Felsturm vorbei erreicht man schließlich über die letzten Stufen die kühn auf den Grat gebaute **Payerhütte** ❺.
Der Abstieg verläuft auf demselben Weg zur **Tabarettahütte** ❸ und weiter bis unter die Moränenfelder. Hier zweigt man links talwärts ab auf Weg 4, der steil hinunter in den Wald und hinab zur **Talstation** ❶ und nach **Sulden** führt.

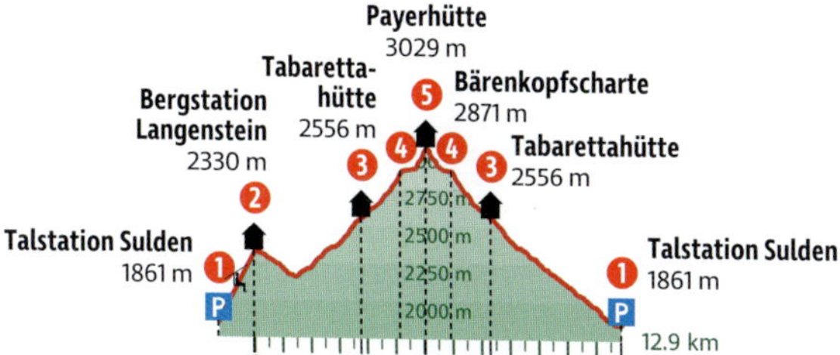

↗ 1000 m | ↘ 1130 m | 16.7 km

32 Göflaner Alm, 1830 m

7.00 h

Zu den Almen am waldreichen Nörderberg

Bei dieser Wanderung zur Göflaner Alm über dem Marmor-Ort Laas begeht man den sogenannten Nörderberg. Im Gegensatz zum Sonnenberg bedeckt hier Wald die Steilhänge; üppige Almen und Seen findet man in den Hängen darüber. Die urige Steinhütte der Göflaner Alm bietet ausgezeichnete Almkost. Darüber befindet sich ein sehenswerter Marmorbruch, den man von der Alm aus erreichen kann.

Ausgangspunkt: Laas, 869 m, Parkplatz Marktgasse nahe der Etschbrücke, 400 m südöstlich des Bahnhofs.
Endpunkt: Schlanders, 738 m, Bahnhof; Rückfahrt mit der Vinschgerbahn.
Anforderungen: Bergwege und -pfade, bezeichnet.
Einkehr: Göflaner Alm, bew. Anf. Juni – Anf. Oktober, Tel. +39 335 7669967, www.goeflaneralm.jimdofree.com; Haslhof, Jausenstation; Gasthöfe in Laas und Göflan.
Varianten: 1) Von der Göflaner Alm kann man weiter bergwärts auf einer Straße über die Werkskantine zu den Marmorbrüchen ansteigen. Bei Umgehen auf der rechten Seite erhält man einen guten Einblick in das Abbaugebiet, die Brüche selbst sind nicht zu besichtigen. Danach kann man steil aufwärts zum Göflaner See (z. T. Seilsicherungen), 2534 m, emporsteigen, inmitten steiler Bergflanken, mit schönem Blick auf die mächtige Laaser Spitze im Südosten, im Westen die helle, felsige Jennwand. Der Abstieg erfolgt auf dem Anstiegsweg. Zum See 2.00 Std., Abstieg 1.15 Std. 2) Start am aussichtsreichen Haslhof; die befahrbare Nördersberger Straße führt von Göflan herauf. 3) In Gölfan vor der Brücke nach links auf dem Wanderweg (Nr. 11, 18) eben entlang der Etsch nach Laas zurückkehren. 1.15 Std.

Marmorskulpturen in Laas.

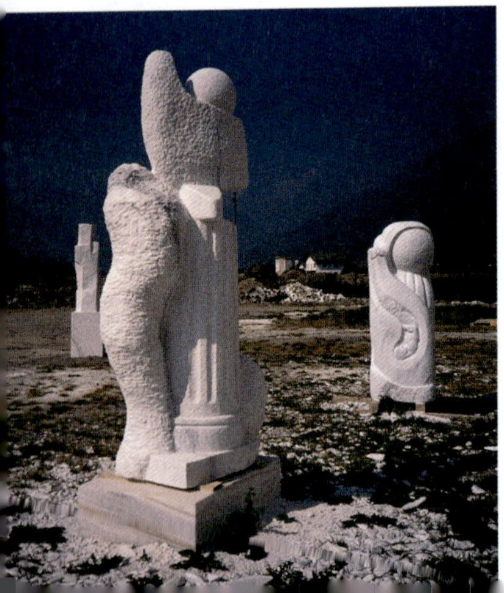

In **Laas** ❶ gehen wir an der Marktgasse kurz nach Westen, auf der Schneidergasse über die Etsch (weiterer Parkplatz) und links weiter auf dem Schießstandweg. Der rechts abzweigenden Schmiedgasse folgen wir bergan. Nach den letzten Häusern halten wir uns bei einer Straßenverzweigung links. Nach einer Brücke wird eine Rechtsabzweigung ignoriert. Kurz darauf zweigt in einer Rechtskurve ein Fußweg nach oben ab, der uns zum Bergweiler **Tarnell** ❷ hinaufführt. Dort folgen wir kurz dem Sträßchen und im weiteren Verlauf dem Weg Nr. 10. Dieser führt durch Wald, an der Kleinalm

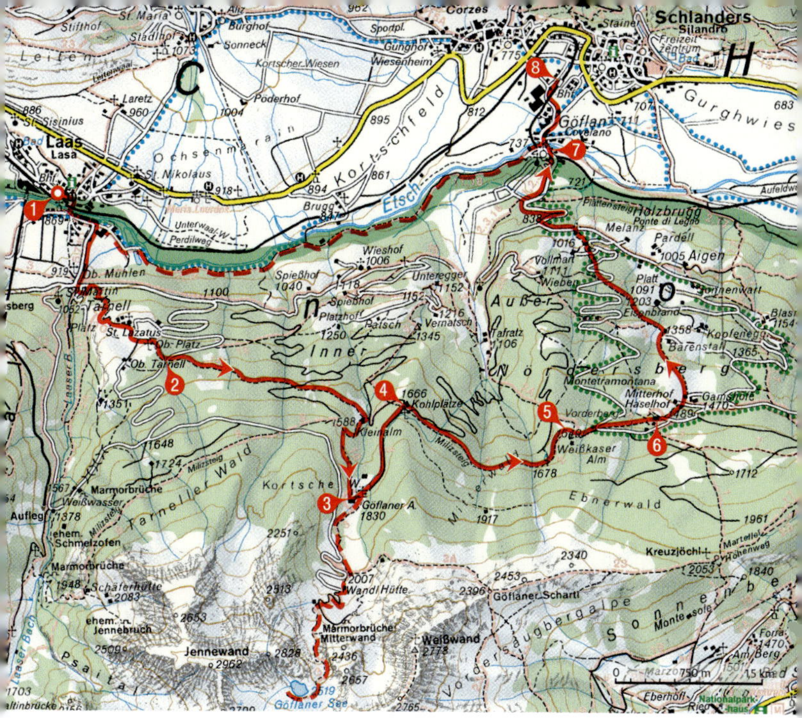

vorbei, zur **Göflaner Alm** ❸. Die Almhütte ist teilweise aus den weißen Marmorsteinen errichtet, mit schönem Rastplatz. Von der Alm wandert man auf Weg 3 nach Norden leicht abwärts zu den **Kohlplätzen** ❹, 1666 m (Gebäude), und dann ein Stück auf der Forststraße. Von ihr biegt man auf Weg 2 ab und erreicht, an den Waldhängen entlang und über zwei Bäche, die kleine **Weißkaser-Alm** ❺, 1649 m. Die Höhe haltend geht es weiter, dann hinab zum **Haslhof** ❻. Der weitere Abstieg erfolgt über den Mairinghof und den Bärenstallhof (Wege 1, 2) nach **Göflan** ❼. Dort überqueren wir die Etsch und folgen der Hans-Dietl-Straße. Nahe dem Ortsrand zweigt links der Protzenweg ab, der uns zum Bahnhof **Schlanders** ❽ führt.

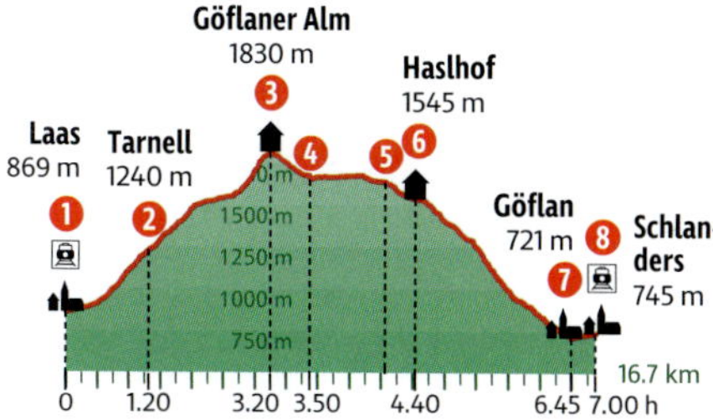

↗ 375 m | ↘ 375 m | 8.5 km

33 Kortsch – Allitz

2.45 h

Spazier- und Waalwege am Sonnenhang

Auf diesen Wegen entlang des Sonnenhanges lernt man die typische Landschaft des unteren Vinschgaus kennen: üppige Obstgärten, sonnige Wege, Kastanienwäldchen, Bauernhöfe weit oben am Sonnenhang, das alte Heiligtum des St.-Ägid-Kirchleins auf schroffem Felsen und den wasserführenden Zaalwaal. Während der Wanderung sieht man auf der gegenüberliegenden Talseite die noch vergletscherten Marteller Berge – ein unvergleichlicher Gegensatz zwischen fruchtbarem Tal und wilder Gebirgswelt.

Ausgangspunkt: Kortsch, 800 m; 1 km westlich von Schlanders. Kleiner Parkplatz und Bushaltestelle an der Alten Landstraße nahe der Kirche; weitere Parkmöglichkeiten an der Allitzer Straße, beim Sportplatz und beim Gh. Sonneck in Allitz (siehe Tourentext).
Anforderungen: Gemütliche Wanderung auf gut bezeichneten Wegen.
Einkehr: Gh. Sonneck in Allitz (Di Ruhetag); Gh. Sonne in Kortsch.

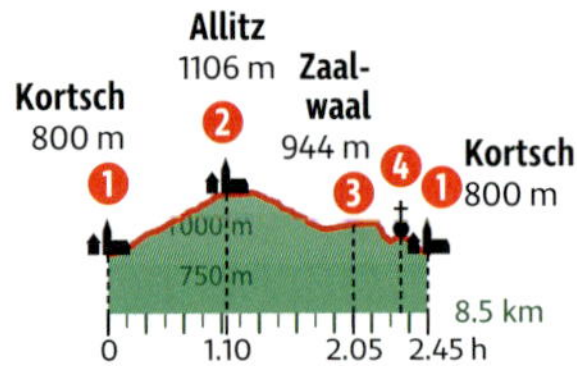

Von der Pfarrkirche in **Kortsch** ❶ geht man an der Alten Landstraße westwärts, zweigt beim Bäcker auf die Allitzer Straße ab und folgt ihr, bis der Zelimweg nach rechts abzweigt (kurz davor Parkmöglichkeiten entlang der Straße, Vorsicht, paralleler Graben!). Mit der Wegweisung zum Sportplatz

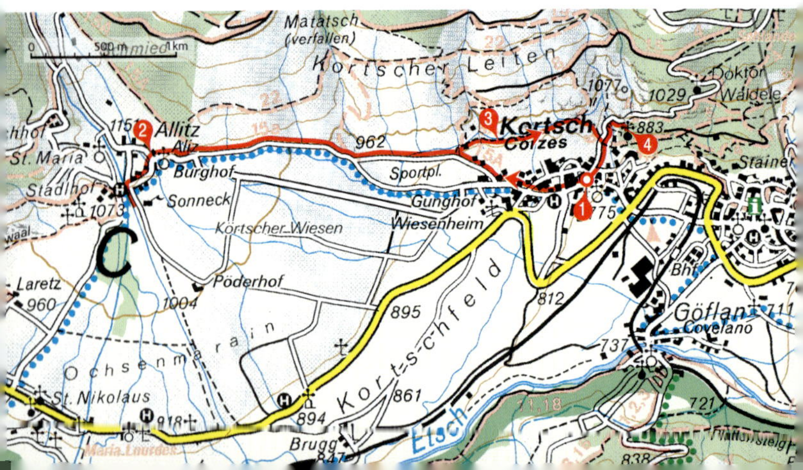

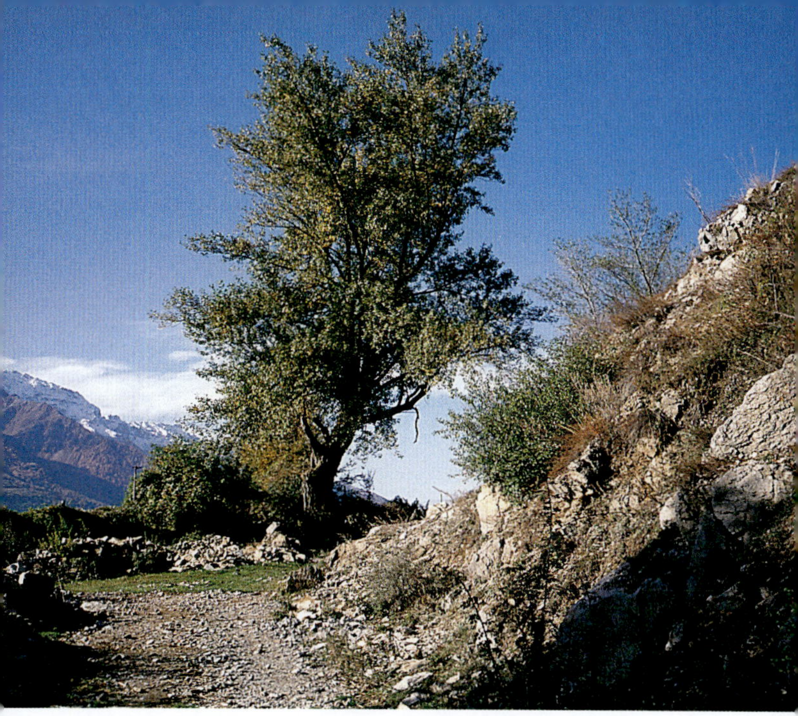

Unterwegs am Fuß des Sonnenbergs zwischen Kortsch und Allitz.

geht es bergan. Der Weg führt unterhalb der Sportanlage vorbei (weitere Parkmöglichkeit), an der Wasserfassung des Waales entlang, durch ein Gatter und oberhalb der eingezäunten Apfelpflanzungen durch lichten Wald, dann in freiem Gelände auf gutem Weg zu den Wiesen von **Allitz** ❷. Durch ein Gatter geht es zur Straße und abwärts zum Gasthaus Sonneck (mit Terrasse sowie Parkplatz, günstiger alternativer Ausgangspunkt).
Von hier wandert man nun ostwärts auf dem Weg zurück bis zum Sportplatz (der entgegen der Kartenbeschriftung nördlich unseres Weges liegt). Unmittelbar nach dem Sportplatz biegen wir links ab und treffen an der Nordostecke des Sportplatzes auf den **Zaalwaal** ❸. Diesem folgen wir nun in Richtung Osten. Am Ende des Waalwegs unter einem Köpfl um eine Biegung und steil hinab erreicht man die Sonnenberger Straße. Dieser folgt man bis zu einer Kehre und biegt dort ab auf den Weg zur Kirche **St. Ägid** ❹, 883 m, mit schönen Rastplätzen direkt davor und oberhalb. Danach kehrt man zurück zur Sonnenberger Straße, geht auf ihr hinab zur Alten Landstraße und darauf nach rechts zur Pfarrkirche von **Kortsch** ❶.

↗ 650 m | ↘ 650 m | 10.6 km

34 Ratschill, 1285 m

4.30 h

Wanderung auf die grüne Hangterrasse über der Tisser Schlucht

Diese Wanderung führt vom Ort und am türmchengekrönten Schloss Goldrain vorbei zum Schloss Annenberg und nach Ratschill. Hier wandert man in einem Garten Eden, einem fruchtbaren Landstrich, bewachsen mit Wein, Kastanien, Obst und Blumen. Scharf abgegrenzt darüber die kargen, steppenartigen Hänge des Sonnenberges mit den wenigen Wieseninseln. Bei dieser Wanderung kommt man an alten Höfen mit urigen Obstgärten vorbei und genießt herrliche Sicht auf die Ortlerberge.

Ausgangspunkt: Tiss, 695 m; Parkplatz rechts von einem Bildstock, gegenüber einem kleinen Brunnen (alternativ bei der Kirche). Die Zufahrt (Tisserweg) zweigt östlich von Goldrain gegenüber einem Möbelhaus ab. Wer mit dem ÖPNV anreist, erreicht den Latschander Waalweg mit knapp 500 Metern Fußmarsch von der Bushaltestelle »Seilbahn St. Martin« am Kreisverkehr vorbei.
Anforderungen: Weg nach Annenberg breit und bequem, nach Ratschill markierter Fußsteig. Abstieg über den Sonnenberg steil.
Einkehr: Hofschank Oberratschill, Tel. +39 0473 623 622.

Schloss Goldrain thront malerisch über dem Etschtal.

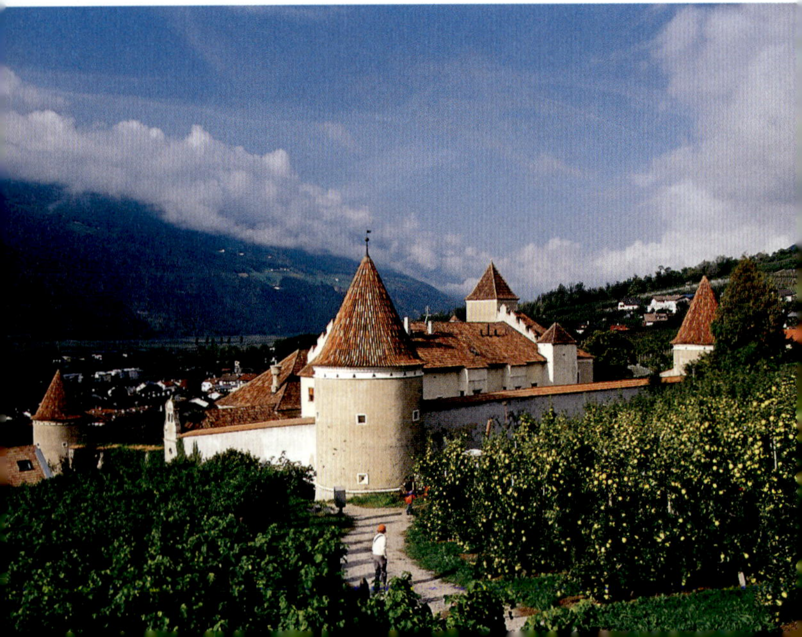

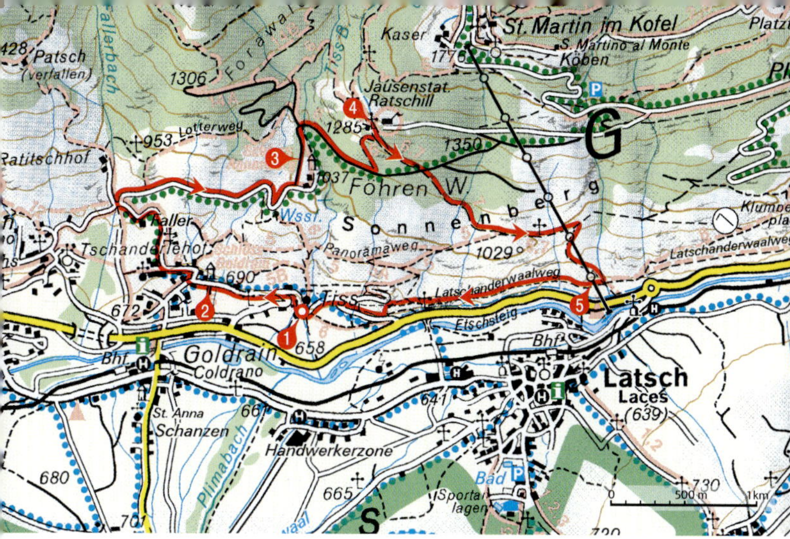

Von **Tiss** ❶ spazieren wir auf dem anfangs ansteigenden Tisserweg mit der Wegweisung »Langstein« zum **Schloss Goldrain** ❷. Bald darauf zweigen wir rechts ab in den Tschanderleweg. Mit der Wegweisung »Goldrainer Panoramaweg« geht es kurz darauf nach links, später nach rechts in die Tönieggasse. In Kehren gelangen wir zu einem Hof; dort rechts hinauf. Anschließend wandern wir auf einem Fahrweg zum **Schloss Annenberg** ❸.
Nun wandert man auf dem breitem Weg an Annenberg vorbei und durch lichten Wald, dann in einer großen Kehre ostwärts über den Tisser Bach. Die nächste weite Kehre auf dem Fahrweg kann man auf einem Steig abkürzen, der etwa 15 Min. nach Überschreiten des Baches links abzweigt (Weg 6) und durch Wald steil hinaufführt zu den auf einer aussichtsreichen Wiesenhöhe gelegenen Gehöften von **Ratschill** ❹.
Für den Abstieg kehrt man entweder auf dem breiten Weg zurück, oder man biegt nach der großen Kehre der Zufahrtsstraße auf Weg 7 ab und wandert auf diesem Steig immer in südöstlicher Richtung abwärts bis unter die Seilbahn, die nach St. Martin fährt. Hier steigt man steil gerade auf dem Steig in kleinen Kehren hinab und erreicht den **Latschander Waalweg** ❺ – s. Tour 35. Auf diesem geht es in weitgehend ebener Wanderung westwärts nach **Tiss** ❶.

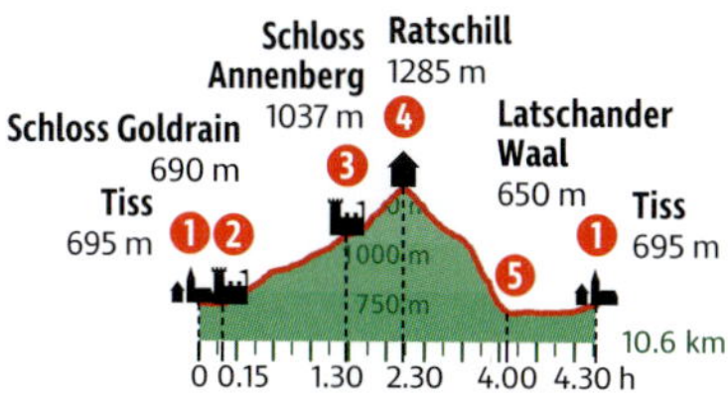

↗ 75 m | ↘ 120 m | 5.6 km

35 Latschander Waalweg

1.45 h

Auf dem Waalweg von Latsch nach Kastelbell

Auf diesem Weg wandert man entlang des bedeutendsten und längsten Wasserlaufs im Etschtal vom Beginn des Waals zwischen Goldrain und Latsch bis zu seinem Ende bei Kastelbell. Erbaut in den Jahren 1872/73 dient dieser Waal mit seiner starken Wasserführung noch immer der Versorgung vieler Kulturflächen im Tal. Bei Kastelbell musste das Wasser in Rohre gefasst werden, die die senkrecht zur Straße abfallende Felswand queren. Diese Stelle wurde erst 1995 sicher begehbar gemacht.

Ausgangspunkt: Latsch, 639 m. Bushaltestelle, Vinschgerbahn-Station, Parkplätze am nördlichen Ortsrand, auf Höhe Hotel Vermoi.
Endpunkt: Kastelbell, 577 m. Bushaltestelle, Vinschgerbahn-Station.
Anforderungen: Auf weite Strecken ebener Wanderweg, gut beschildert.
Einkehr: Pfraumhof, 695 m, kurz vor Erreichen von Schloss Kastelbell.
Variante: Den Latschander Waalweg kann man verlängern, indem man bei Kastelbell den Waalweg weiter ostwärts verfolgt: Man wandert am Oberrand der bebauten Hänge durch Pflanzungen mit Weinreben und oberhalb von Galsaun nach Osten, quert den Galsauner Bach und erreicht den Ansitz Schloss Kasten. Der nun weiterführende Schnalswaalweg leitet über Tschars bis Schloss Juval – Reinhold Messners Wohnsitz und »Mountain Museum« (Besichtigung mit Führung Ende März–Ende Juni, Anf. Sept.–Anf. Nov. tgl. außer Mi, Tel. +39 348 443 3871). Von dort zu Fuß auf dem Sträßchen talwärts zum Ort Staben an der Vinschgauer Straße oder mit dem Zubringerbus, der Staben mit Schloss Juval verbindet, nach Staben hinab; Bahnhof Schnalstal der Vinschgauerbahn 500 m östl. von Staben.

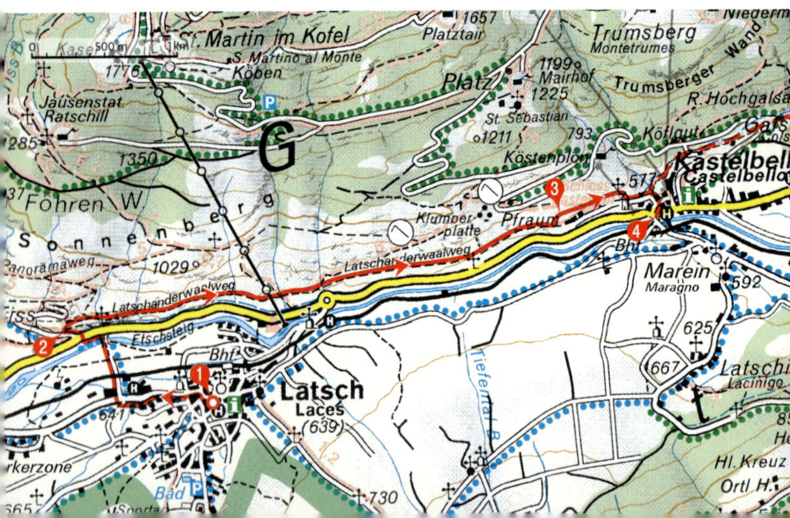

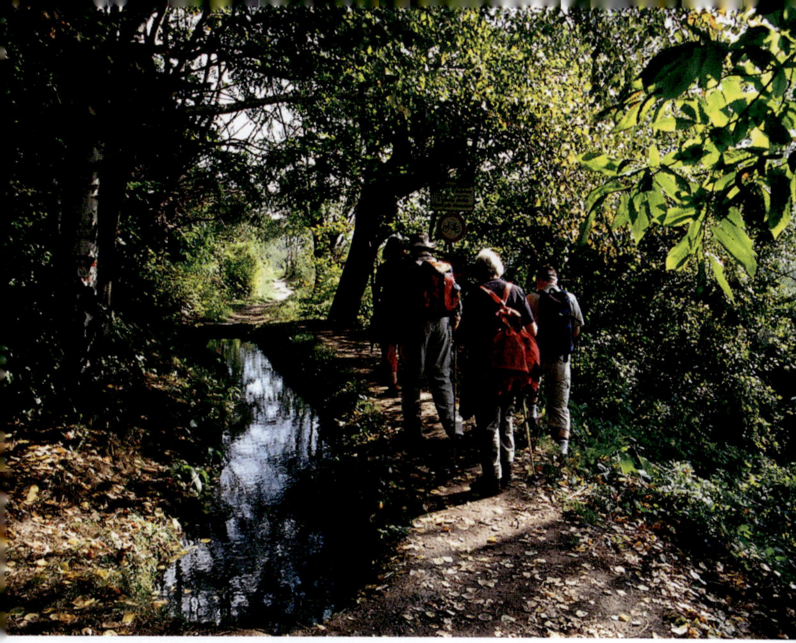

Wanderer am Latschander Waalweg.

In **Latsch** ❶ geht man die Hauptstraße westwärts, biegt rechts in den Roman-Köhle-Weg ab. Nach der Etschbrücke kurz links, dann vorsichtig die verkehrsreiche Vinschgauer Straße zum Ansatz des **Tisserwegs** ❷, 655 m, hin überqueren. Man folgt nun dem **Latschander Waalweg**, der hier als kleiner Steig nach rechts in den Wald führt, und wandert in Richtung Osten. Abwechslung bieten unterwegs die stets wechselnden Eindrücke von Wald und sonnenbeschienenen Wegstücken, die Ausblicke ins Tal und auf die gegenüberliegende Hügel- und Bergformation. Man sieht die Bergbahn nach St. Martin, die hoch über dem Weg quert.

An der weiteren Strecke Richtung Kastelbell folgen wir dem nach links hinaufführenden Weg zum **Hof Pfraum** ❸ mit Jausenstation. Von dort wandern wir durch die Weinberge und Kastanienwäldchen, dann oberhalb von Burg Kastelbell vorbei, zum Schlossweg, der in den Ort **Kastelbell** ❹ und zur Vinschgauer Talstaße hinunterführt. Der Rückweg nach **Latsch** ❶ erfolgt per SAD-Bus oder mit der Vinschgerbahn. Die Bahnstation liegt jenseits der Etsch und ist in wenigen Minuten zu erreichen.

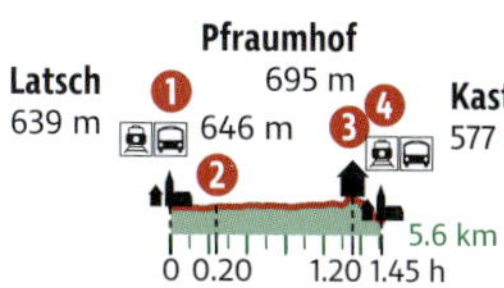

↗ 100 m | ↘ 1125 m | 12.5 km

36 Egg, 1677 m – Vorra, 1689 m

4.00 h

Am Vinschgauer Höhenweg zu traditionsreichen Höfen am Steilhang

Der Sonnenberg über Schlanders und Latsch ist seit langer Zeit bewohnt, die Bedingungen scheinen jedoch stets an der Grenze des Möglichen gewesen zu sein. Gegründet während einer günstigen Klimaperiode im Mittelalter, mussten einige Höfe wieder aufgegeben werden; der alte Spruch kündet davon: »In Zuckbüchel und Lagar ist der Schmalzkübel laar, in Patsch und Mittereben wird er a nimmer lang heben«. Die Wanderung beginnt in St. Martin im Kofel, die Mühe des Anstieges von über 1000 Höhenmetern wird hier der Seilbahn überlassen. Zwei Wandervorschläge stehen für viele: Der Abstieg über den Panorama-Höhenweg nach Schlanders und der Abstieg über Zuckbüchel und Annenberg nach Latsch.

Ausgangspunkt: Latsch, 639 m, St.-Martin-Seilbahn (www.bergbahnen-latsch.com/de/seilbahn-st-martin, Tel. +39 0473 622 212, Betrieb ganzjährig, Mittagspause!), Talstation mit Parkplatz nahe der östlichen Ortseinfahrt. Gut erreichbar vom Bahnhof (Fußgängertunnel-Nordseite) über Schießstattstraße und Seilbahnweg. Bergstation St. Martin im Kofel, 1740 m.
Endpunkt: Schlanders, 757 m. Bushaltestelle, Vinschgerbahn-Station.
Anforderungen: Nach Schlanders gut bezeichneter Weg, Abstieg über Zuckbüchel streckenweise steil; bei beiden Wegen großer Höhenunterschied.
Einkehr: Gasthaus an der Bergstation St. Martin; Hofschank – Af' Egg 35, Tel. 0039 338 500 5784 (derzeit nur über WhatsApp), www.afegg35.com, Fr Ruhetag.
Variante: Abstieg über Zuckbüchel nach Latsch: Von Egg über Forra auf dem Höhenweg bis zu den Ruinen von Lagar; weiter erreicht man den Wegweiser in Richtung Abstieg nach Zuckbüchel. Hier steil abwärts zu den burgartigen Ruinen, dann auf schmalem Steig (Nr. 14a) hinab in den Forrawald, bei zwei Wegverzweigungen rechts ab nach Süden, zuletzt auf breitem Weg nach Annenberg; schließlich auf gutem Weg (Nr. 6) hinunter nach Goldrain und am Latschander Waalweg (siehe Tour 35, Teilstück) zurück nach Latsch. 2.45 Std.

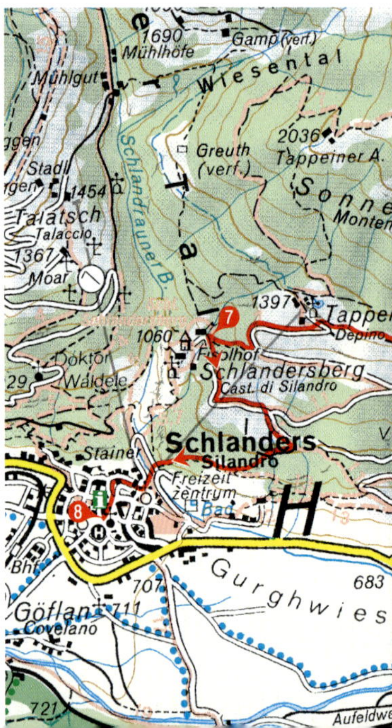

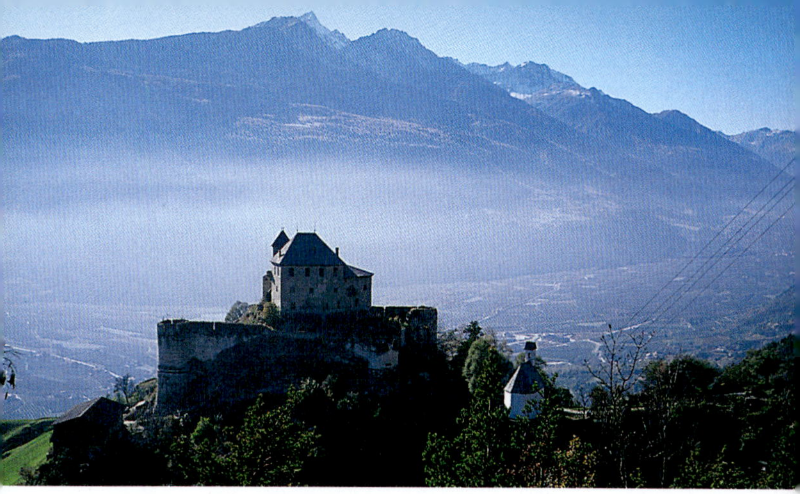

Blick auf Schloss Annenberg beim Abstieg über Zuckbüchel nach Latsch (Variante).

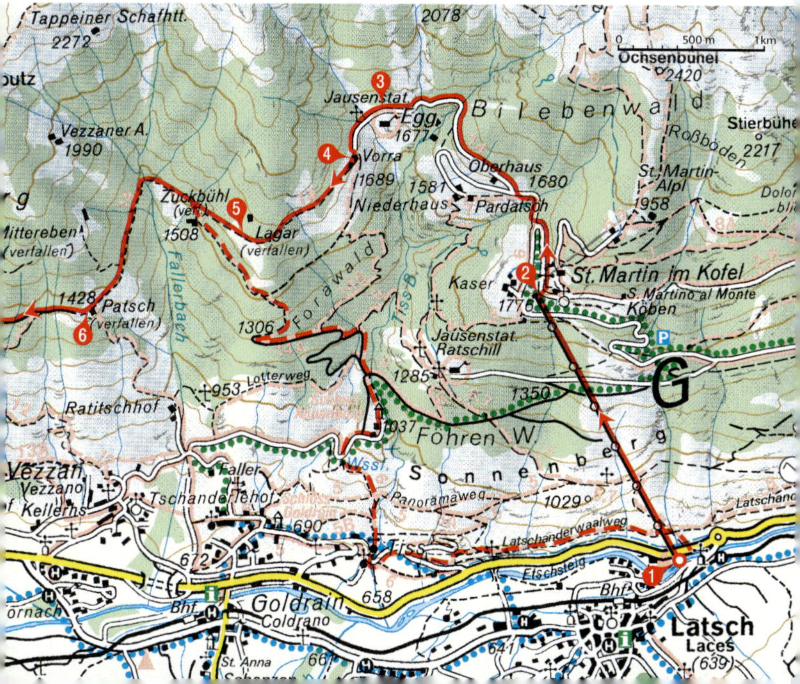

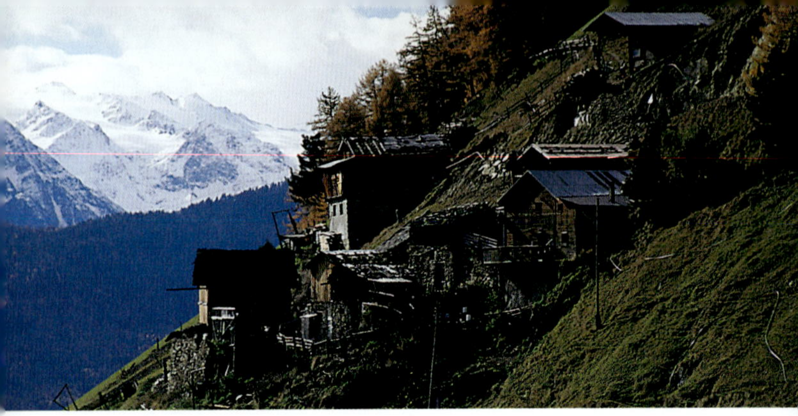

Das am extremen Steilhang gelegene Gehöft Vorra.

Von **Latsch** ❶ fährt man mit der Gondelbahn hinauf nach **St. Martin im Kofel** ❷. Nun wandert man westwärts – zunächst noch auf einem Sträßchen – um einen bewaldeten Rücken herum und an den Höfen **Egg** ❸ (Einkehr beim Hofschank Af' Egg 35 ein Genuss!) und **Vorra** ❹ vorbei. Auf dem Vinschgauer Höhenweg halten wir die Höhe, wandern auf einem reizvollen Pfad um einen weiteren Rücken herum und gelangen auf die steilen Wiesen mit den Resten des ehemaligen Hofes **Lagar** ❺ – Name auf einem Stein. Man trifft auf den Wegweiser »Zuckbüchel« (Ruinen unterhalb unseres Weges; s. Variante).
Der Weg nach Schlanders hält die Höhe, überquert mittels einer 50 Meter hohen Hängebrücke den Fallerbach und führt am Hang an den ehemaligen Gehöften **Mittereben** und **Patsch** ❻ vorbei. Stets leicht talab gehend genießt man eine schöne Aussicht auf das Etschtal und die gegenüber aufragenden Marteller Berge. Zuletzt führt der Weg am **Schloss Schlandersberg** ❼ vorbei und hinab nach **Schlanders** ❽, von wo man per Bus oder Vinschgerbahn nach **Latsch** ❶ zurückkehren kann.

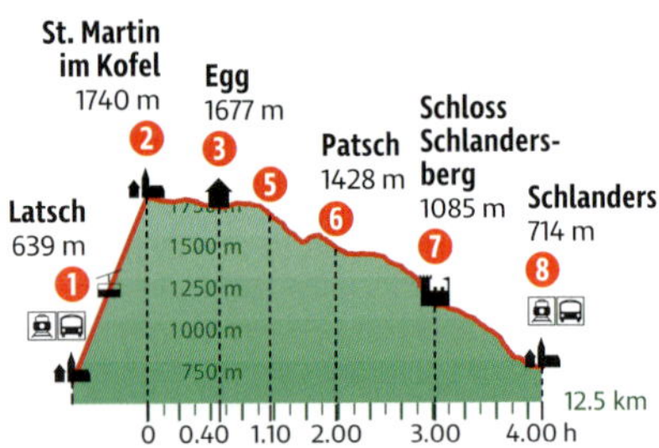

↗ 1200 m | ↘ 100 m | 10.0 km

4.30 h

Trumsberg und St. Martin, 1740 m

Über Platz und den Vinschgauer Höhenweg

Sonniger kann es im Sommer kaum werden als auf dem Sonnenhang des Sonnenberges. Diese Wanderung führt nur in kleinen Abschnitten durch Wald, sonst fast stets über freie Hänge in der besonderen Landschaft des Südhanges bergauf. Hier wandert man über die seit Generationen ausgetretenen Steige, man begegnet steppenartig kargen Hängen, dann wieder grünen Wieseninseln, Wegkreuzen, kleinen Weideflächen und steigt über Felstreppen und Stufen bis zur grünen Mulde des Platzhofs. Und bei Rast und Aussicht auf der Sonnenterrasse vom »Niedermoarhof« am Trumsberg hat der Wanderer den Gipfel seiner Sommerseligkeit erreicht.

Ausgangspunkt: Latsch, 639 m, Talstation St.-Martin-Seilbahn (siehe Tour 36). Bushaltestelle, Vinschgerbahn-Station.
Anforderungen: Markierte Wege; der Höhenunterschied erfordert Kondition.
Einkehr: Hofschank Platzmair, bew. Ostern–Allerheiligen, Tel. +39 0473 624 097; Hofschank Niedermoar, bew. Mai–Nov., Do Ruhetag, Tel. +39 0473 624091; Jausenstation Platztair, +39 320 219 1224.
Variante: Abstieg zu Fuß über Ratschill nach Latsch. 2.30 Std.; zur Schonung der Knie sind Wanderstöcke empfehlenswert.

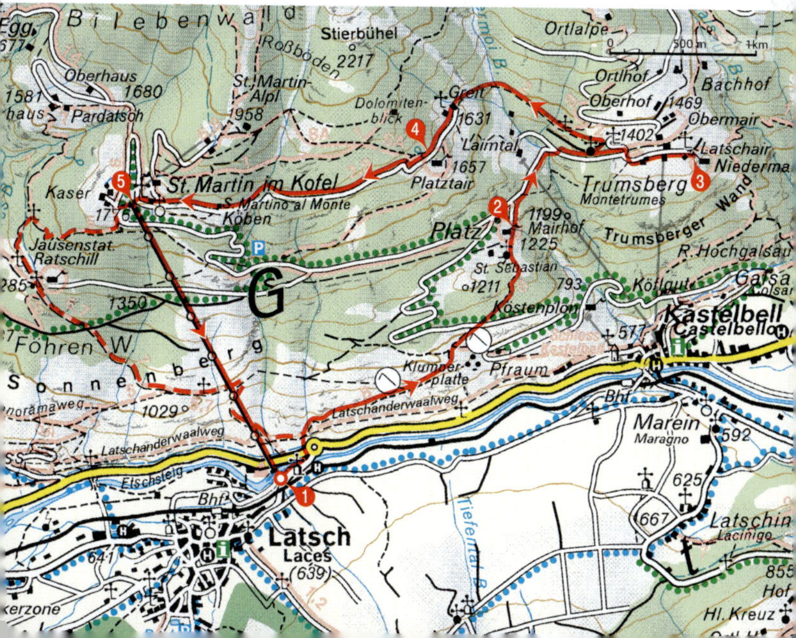

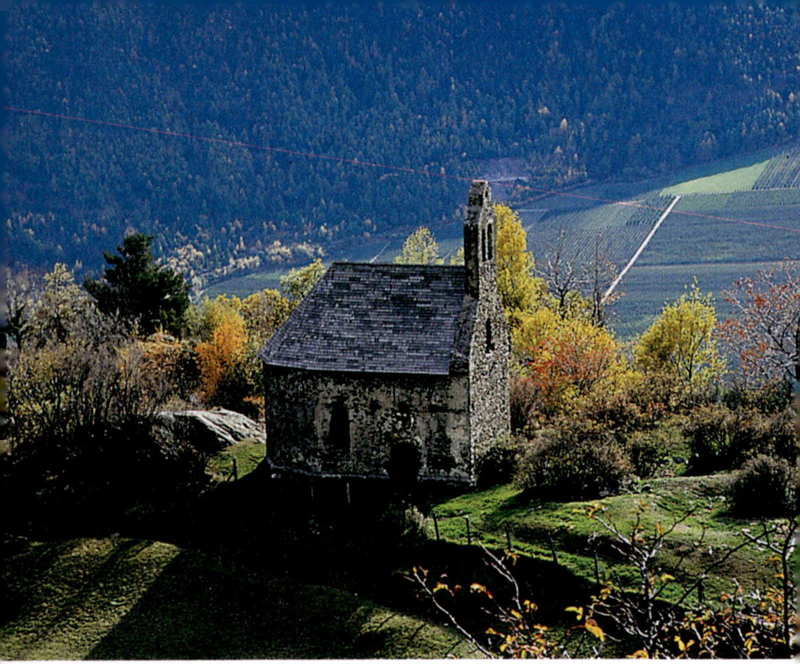

Die Kapelle St. Sebastian beim Hof Platz, am Sonnenberg über Latsch.

In **Latsch** ❶ gehen wir vom Parkplatz bei der Seilbahn-Talstation über die Etschbrücke zum Zebrastreifen beim Kreisverkehr. Auf der anderen Straßenseite geht es am Hang empor. Man überschreitet den Waal (jenseits Hinweistafeln und Wegweiser) und steigt auf dem alten Höfeweg (Nr. 8a, 8) über den Hang aufwärts, an einem großen Wegkreuz in einer Felsnische vorbei. Auf freier Höhe steht eine Infotafel (Hinweis und Steig zu einem Schalenstein) – es ist die sogenannte »Grüblplatte«. Zurück am Weg, geht es in gleicher Richtung weiter.

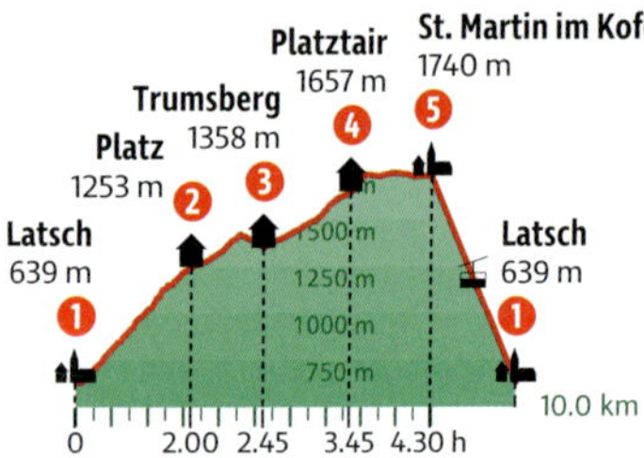

Dann gelangt man zu steilen Bergwiesen und erreicht die Geländestufe und Wiesenmulde mit den Höfen von **Platz** ❷; nahe dem alten Hof die Kapelle St. Sebastian. Die Hofschank Platzmair steht an der Straße.

Von Platz nimmt man die Straße kurz aufwärts, dann den Fußsteig weiter und wandert zu den

steilen Wiesen, auf denen verstreut die Höfe von **Trumsberg** 3 auf einer Höhe von 1350 m bis 1500 m liegen; am östlichen Rand lädt im Sommer die Hofschank Niedermoar zur Einkehr.
Von dort wandern wir ein Stück zurück. Der Weg 2 führt uns dann durch Wald in den Graben des Vermoibachs. Bald darauf erreichen wir die besonders schön am Steilhang gelegene Jausenstation **Platztair** 4, 1657 m. Im weiteren Verlauf queren wir auf dem Vinschgauer Höhenweg hinüber nach **St. Martin im Kofel** 5, 1776 m. Von dort fährt man mit der Seilbahn nach **Latsch** 1 ab, oder steigt zu Fuß (anstrengend!) über Ratschill in den Ort ab.

Blick von Trumsberg auf die Marteller Berge.

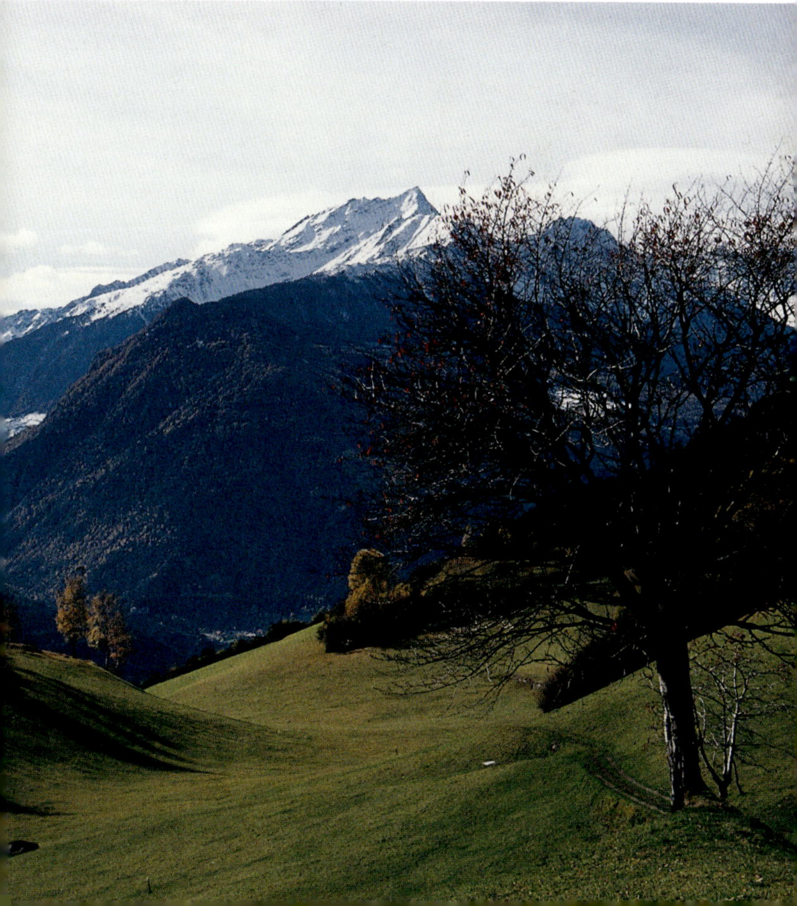

↗ 580 m | ↘ 580 m | 8.1 km

38 Zufallhütte, 2265 m – Marteller Hütte, 2610 m

3.45 h

Am Fuß der Marteller Gletscherberge zu zwei hochgelegenen Hütten

Die Zufallhütte ist umgeben von steilen Bergen, von denen einige durchaus auch für engagierte Alpinwanderer besteigbar sind. Die meisten Wanderer pilgern aber nur vom Ende der Straße im hintersten Martell zur Hütte herauf. Namensgeber für die Hütte war der nahe Wasserfall, denn Zufall (betont auf der zweiten Silbe) bedeutet »beim Fall«. Der Talschluss des 20 km langen, schmalen Martelltals mit seinen meist steilen Abhängen zu beiden Seiten wird von den Gletscherbergen bestimmt. Besonders schön schon bei der Zufahrt vom Zufrittsee aus zu sehen ist die trapezförmige Firnmauer von Zufallspitze und Cevedale. Beim Weg zur Zufallhütte erblickt man im Südosten die steilen zerklüfteten Ferner der Veneziaspitzen und der Köllkuppe. Zur höher gelegenen Marteller Hütte zieht es jene, die den Gletscherbergen näherkommen wollen. Dabei begeht man die »Große Mauer«, eine bereits zu Zeiten der K.-u.-K.-Monarchie aus riesigen groben Felsbrocken errichtete Talsperre, die das Marteller Tal vor den Verwüstungen durch die wilde Plima schützen sollte.

Ausgangspunkt: Ende der Marteller Straße, 2054 m. Busverbindungen (Linie 262/264) vom Vinschgau bis zum Gh. Enzian. Abzweigung von der Vinschgauer Straße zwischen Latsch und Schlanders nach Süden, großes Hinweisschild an der Straße. Über Morter, 701 m, am Eingang des Martelltals.

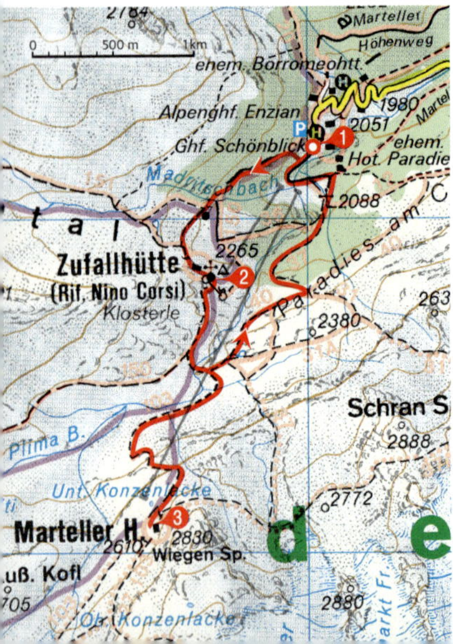

Anforderungen: Zur Zufallhütte breiter Weg. Zur Marteller Hütte gut ausgebauter Hüttenweg, markiert.

Einkehr: Zufallhütte, bew. Ende Feb. bis Ende Okt., 80 Schlafplätze, Tel. +39 335 630 6603, www.zufallhuette.com; Marteller Hütte (AVS), bew. Mitte Juni–Ende Okt. 50 Lager und Betten, Tel. +39 0473 744 790 oder +39 335 568 7235, www.martellerhuette.com; Gasthof Enzian, Restaurant und Gästezimmer, Tel. +39 0473 744 755, www.gasthof-enzian.it.

Vom **Parkplatz** ❶, 2054 m, geht es auf einem Fahrweg talein, dann rechts ab auf den Wanderweg Nr. 151. Dieser führt zunächst durch Wald aufwärts, quert den Graben des Madritschbachs und erreicht

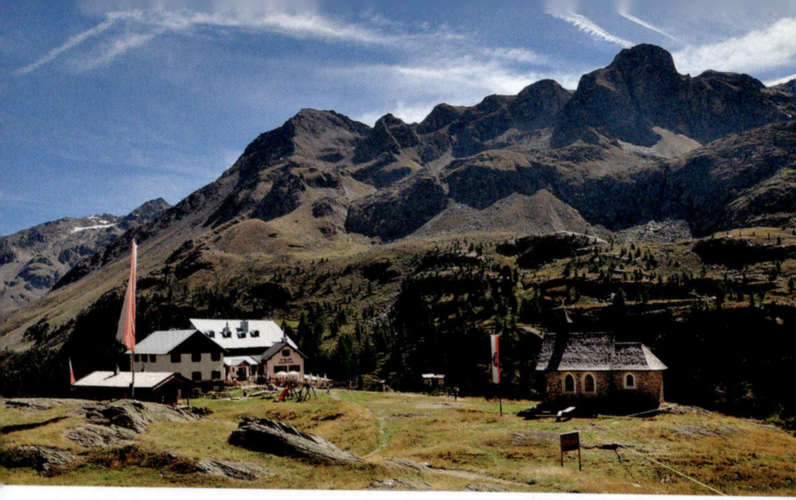

Die Zufallhütte ist beliebt als Stützpunkt für Bergtouren.

über einen steileren Hang die **Zufallhütte ❷** auf der aussichtsreichen Wiesenfläche. Daneben steht die malerische Kapelle.
Weiter zur Marteller Hütte wandert man an der Kapelle auf der Wiese bei der Zufallhütte vorbei (hier Wanderwegweiser »103«) und über die kleine Rasenfläche an den Felsriegel. Über ihn führt der Hüttensteig empor in das weite Becken, das von der Plima in vielen Armen durchflossen wird. Man geht über die Krone des aus großen Steinblöcken aufgeschichteten Dammes. An seinem Ende führt eine Leiter wieder hinab zum Talboden. Kurz talein und in Kehren auf dem Steig aufwärts, zuletzt steil, erreicht man die **Marteller Hütte ❸**.
Der Abstieg folgt zunächst dem Aufstiegsweg. Vor dem alten Damm halten wir uns halbrechts und folgen dem parallel zur Plima verlaufenden Weg Nr. 40. Abzweigungen nach rechts werden ignoriert. Auf dem Weg 37 geht es nach links und vorübergehend etwas steiler bergab zu einer Verzweigung. Von dort kann man nach links einen Abstecher zur Hängebrücke unternehmen. Nach rechts geht es weiter talwärts. Weitere kurze Linksabstecher erschließen eindrucksvolle Aussichts-Kunstwerke des 2017 eröffneten Erlebniswegs Plimaschlucht. Durch lichten Wald kommen wir zur treffend benannten Landschaft »Paradies«. Ein Stück vor einer wenig paradiesischen Hotelruine wenden wir uns nach links, passieren einen reizvollen Weiher und gelangen auf einem Fahrweg zurück zum **Parkplatz ❶** an der Enzianhütte.

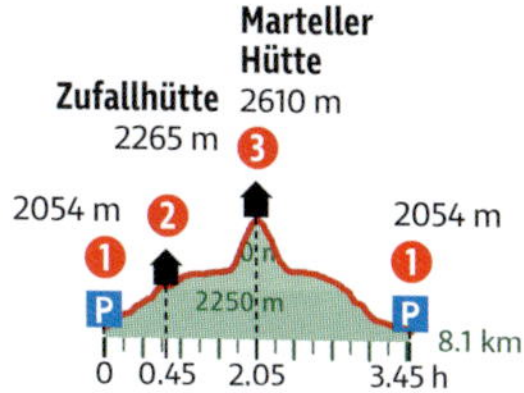

↗ 650 m | ↘ 650 m | 12.6 km

39 Über dem Zufrittsee

4.40 h

Wanderrunde von Hütte zu Hütte über dem Zufrittsee

Diese Wanderrunde führt oberhalb des Zufrittsees auf gutem Weg zur viel besuchten Lyfialm und zur Zufallhütte. Der im Sommer prächtig anzuschauende große Zufrittstausee wurde (neben der Stromgewinnung durch das angeschlossene Kraftwerk) gebaut, weil man hoffte, die stets drohende Überschwemmungsgefahr durch den wilden Plimafluss zu verhindern. Trotzdem ereignete sich nach überaus heftigen Regenfällen in den 1990er-Jahren eine noch größere Flutkatastrophe, als die Schleusen des Stausees nicht mehr geschlossen werden konnten und die Wassermassen im Tal schwere Schäden anrichteten.

Ausgangspunkt: Alpengasthof Zufritt, 1880 m. Haltestelle Bus 262, Parkplatz (gebührenpflichtig). Abzweigung von der Vinschgauer Straße zwischen Latsch und Schlanders nach Süden, über Morter, 701 m, am Eingang des Martelltals.
Anforderungen: Bezeichnete Wege und Steige. Kurze Strecke an der Straße.

Einkehr: Gh. Zufritt, 12 Gästezimmer, Tel. +39 334 355 3688 (Rita) oder +39 329 209 5629 (Josef); Lyfialm, Mo Ruhetag (außer Juli/August), Tel. +39 333 2770100, www.lyfialm.it; Gasthöfe Enzian und Schönblick, beide auch Gästezimmer; Zufallhütte, siehe Tour 38; Gasthaus-Hotel Zum See, am südwestlichen Seeufer.

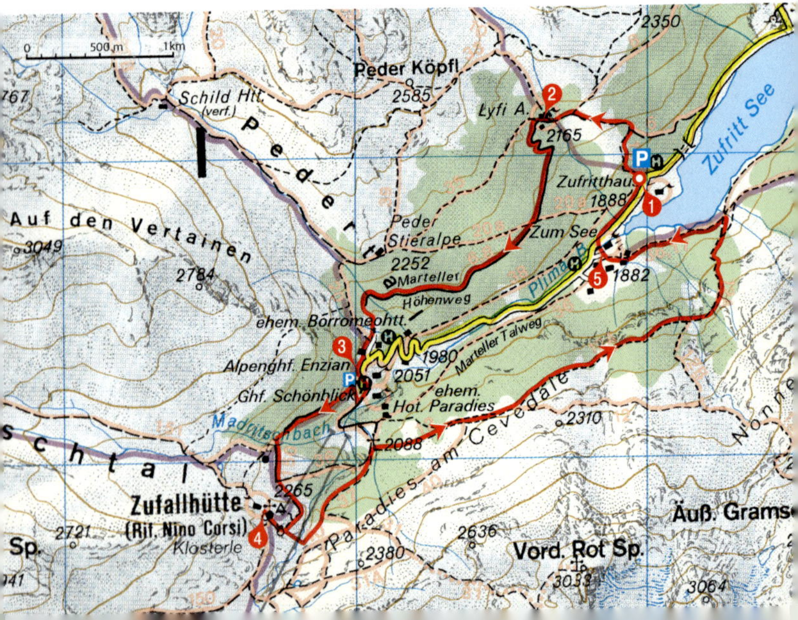

Vom **Zufritthaus** (1), auf waldiger Kuppe am gleichnamigen See gelegen, quert man die Straße und wandert auf dem Steig (Nr. 10) in angenehmer Steigung durch Wald hinauf. Der Weg führt über eine Wiese zu einer ehemaligen Almhütte. Dann geht es wieder durch Wald aufwärts zur urigen **Lyfialm** (2), 2165 m. Hier gibt es auch gemütliche Rastplätze im Freien auf einer Waldlichtung.

Von der Alm wandert man auf breitem Zufahrtsweg (Nr. 6) durch Wald abwärts. Im Pedertal überschreitet man den Bach und gelangt zum **Alpengasthof Enzian** (3), 2051 m. Von hier nimmt man zuerst den Weg 151, dann den Weg 103 und gelangt so auf die freie Höhe, wo die **Zufallhütte (Rifugio Nino Corsi)** (4) steht.

Beim Rückweg steigt man von der Hütte ganz kurz auf Weg 103 zurück, dann jedoch rechts ab und auf einer spektakulären Hängebrücke über die Plima. Auf dem Erlebnisweg Plimaschlucht wandern wir dann talaus, bis der Weg 12 rechts abzweigt. Diesem folgen wir und wandern bald darauf auf Weg 12a in großen Kehren hinab zum Seeufer. Schließlich westwärts am Ufer des Sees zum Hotel **Zum See** (5) und auf der Straße in wenigen Minuten zurück zum **Gasthof Zufritt** (1).

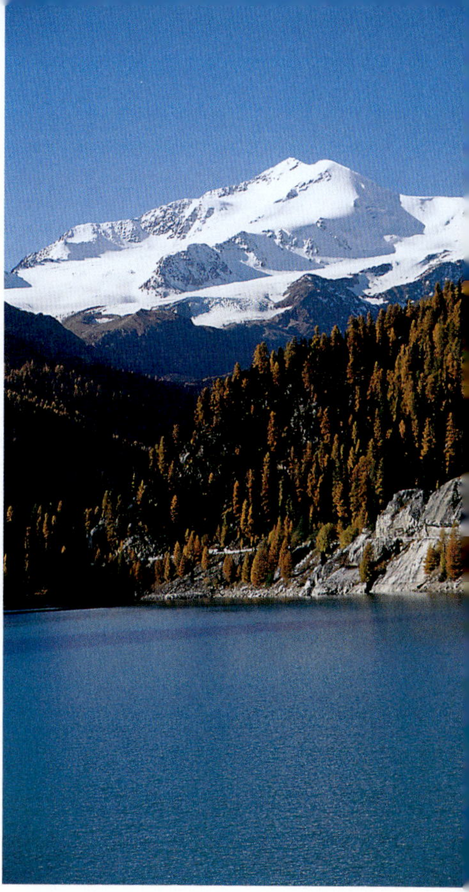

Der Zufritt-Stausee, überragt von der schneebedeckten Zufallspitze, 3757 m, oberhalb des Marteller Talschlusses.

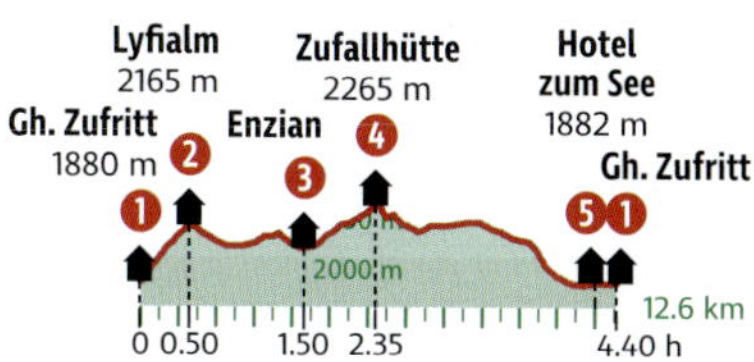

TOP

40

Pederköpfl, 2585 m

↗ 710 m | ↘ 710 m | 6.8 km

4.15 h

Genussvolle Bergwanderung zu Aussichtspunkt über dem Zufrittsee

Vom Ufer des Zufrittsees geht es gerade aufwärts über die Lyfialm und die freien Hänge zum Pederköpfl, auf dessen Kuppe drei große Steinmänner stehen. Das Pederköpfl ist nach Süden dem Hang vorgelagert und bietet dadurch besonders schöne Aussicht. Der Zufrittsee liegt tief unten, gegenüber zeigt sich der zackenreiche Zufrittkamm mit den in den Nordhängen eingelagerten Firnfeldern, die höchste Erhebung darin ist die Zufrittspitze.

Ausgangspunkt: Alpengasthof Zufritt, 1880 m. Hst. Bus 262, Parkplatz (gebührenpflichtig). Anfahrt von der Vinschgauer Straße zwischen Latsch und Schlanders nach Süden, über Morter, 701 m, am Eingang des Martelltals.
Anforderungen: Markierte Wege und Pfade.
Einkehr: Lyfialm, Mo Ruhetag (außer Juli/August), Tel. +39 333 2770100, www.lyfialm.it; bei Varianten: Gasthof Enzian, Restaurant und Gästezimmer.
Varianten: 1) Von der Pederalm kann man auch auf Weg 20 weiter talwärts Richtung ehem. Borromeohütte absteigen und dann auf Weg 6 zum Zufritthaus gelangen. 1.30 Std.
2) Eine weitere Möglichkeit ist, zur Enzianhütte abzusteigen und von dort auf dem alten Militärsteig (»Mulisteig«) in schöner Wanderung zum Zufritthaus zurückzugelangen. 1.45 Std.

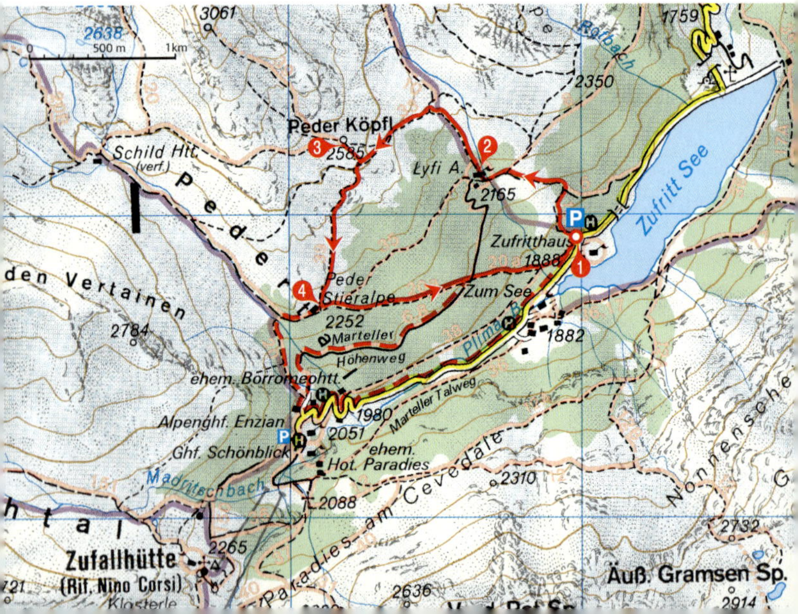

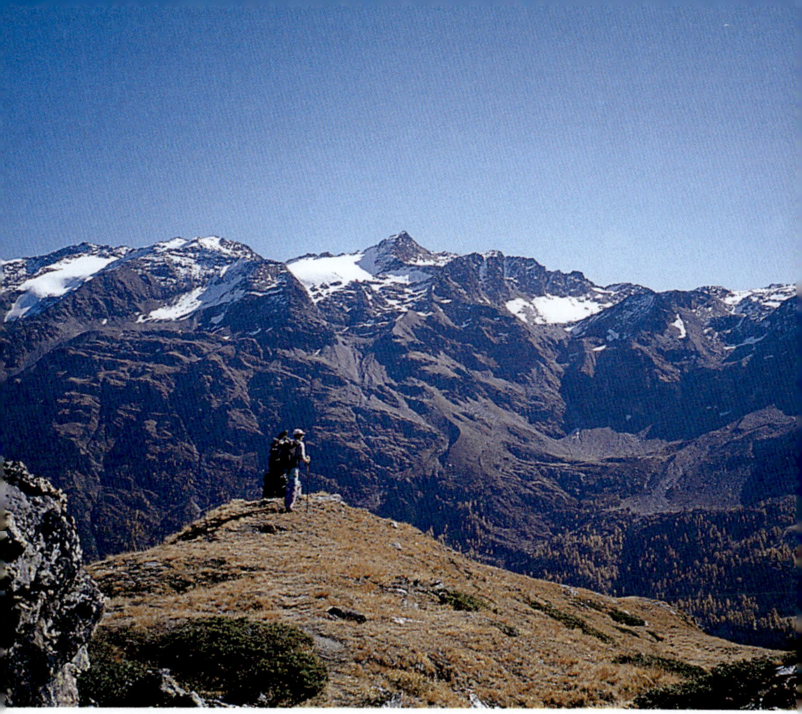

Auf dem Pederköpfl, Blick nach Osten, mit der Zufrittspitze als höchstem Gipfel.

Vom **Zufritthaus** ❶ wandert man wie bei Tour 39 zur **Lyfialm** ❷. Von dieser führt ein Steig (Nr. 10) durch Wald und Bergwiesen aufwärts, bis man freies Gelände erreicht. Der Pfad geht im Bogen das Tal aus – hier zweigt er nach Norden zum Lyfijoch ab – und führt ansteigend zu einem Rastplatz auf einem vorgeschobenen Kopf, 2464 m, der einen schönen Rundblick bietet. Von hier geht es nun gerade nach Norden über den Rasenhang zuletzt etwas steiler aufwärts. Man erreicht den auffallenden Gipfel des **Pederköpfls** ❸, der etwas westlich des Weges aufragt.

Vom Gipfel geht es zurück zum Weg und nun auf dem Steig (Nr. 39) südwärts steil hinab zur **Peder Stieralpe** ❹, 2252 m. Von der Alm steigt man dann durch Wald auf Weg 20a in Richtung Zufrittsee zum **Gasthof Zufritt** ❶ ab.

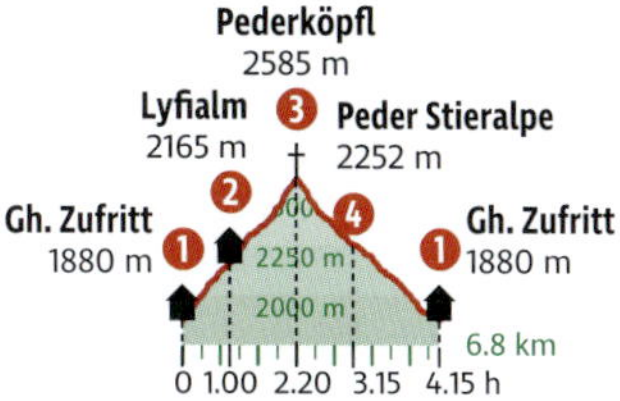

↗ 420 m | ↘ 420 m | 10.1 km

41 Stallwies, 1950 m

3.45 h

Zum Sonnenbalkon über dem Martell

Die Sonnenberg-Wanderung führt von Gand aus über die ehemaligen Verbindungswege zwischen den weit oben am Berg liegenden Einzelhöfen und Weilern bis zum letzten Hof im obersten bewohnten Talwinkel – dem Stallwieshof. Dieser war einst Außenposten der Feldwirtschaft und höchster Kornhof des Tals auf fast 2000 m Höhe. Daran erinnert die alte Mühle am Bach. Heute ist der stattliche Hof mit Gastwirtschaft ein vielbesuchtes Ausflugsziel. Stallwies liegt auf freier Wiesenfläche, mit wunderschöner Aussicht auf die Gletscherberge und schönen Rastplätzen auf den Wiesen um den Hof.

Ausgangspunkt: Gasthof Premstl, 1550 m. Erreichbar von Gand im Martelltal über Martell-Dorf und die Straße Ennetal. Oder: Zu Fuß vom Parkplatz im Ortsteil Thal über einen Wiesensteig (8), das letzte Stück über die Straße (40 Min.). Bus 262 bis Martell-Dorf, weiter mit Bus 258 (der auch bis Stallwies verkehrt).
Anforderungen: Breite Zufahrtswege, markierte Steige.

Einkehr: Gh. Premstl, Tel. +39 0473 744 766, www.premstl.com; Gh. Stallwies, Tel. +39 0473 744 552, www.stallwies.com; am Ende des Variantenabstiegs: Hotel-Restaurant Waldheim, Tel. +39 0473 744 545, www.waldheim.info.
Variante: Abstieg von Stallwies: Zurück nach Hochegg, von dort Abstieg auf Wanderweg (Nr. 5) ins Tal, das man beim Gh. Waldheim erreicht. 1.20 Std. (Hst. Bus 262).

Die Höfe um Martell-Dorf, wo die Wanderung beginnt.

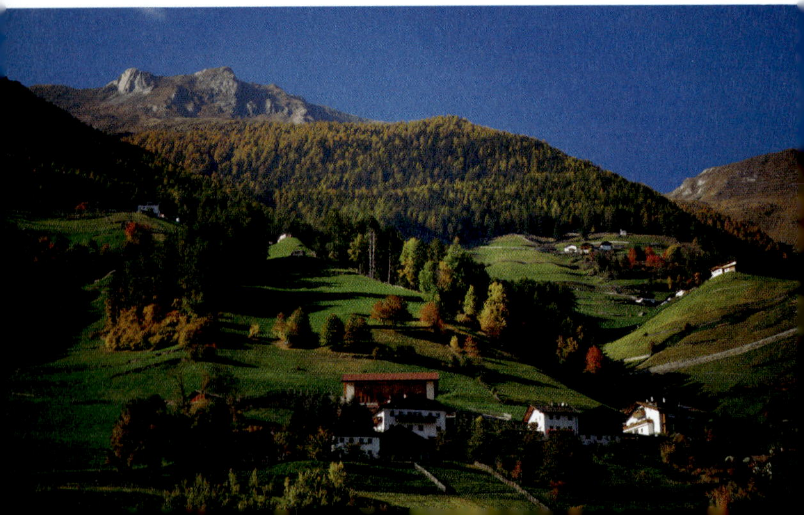

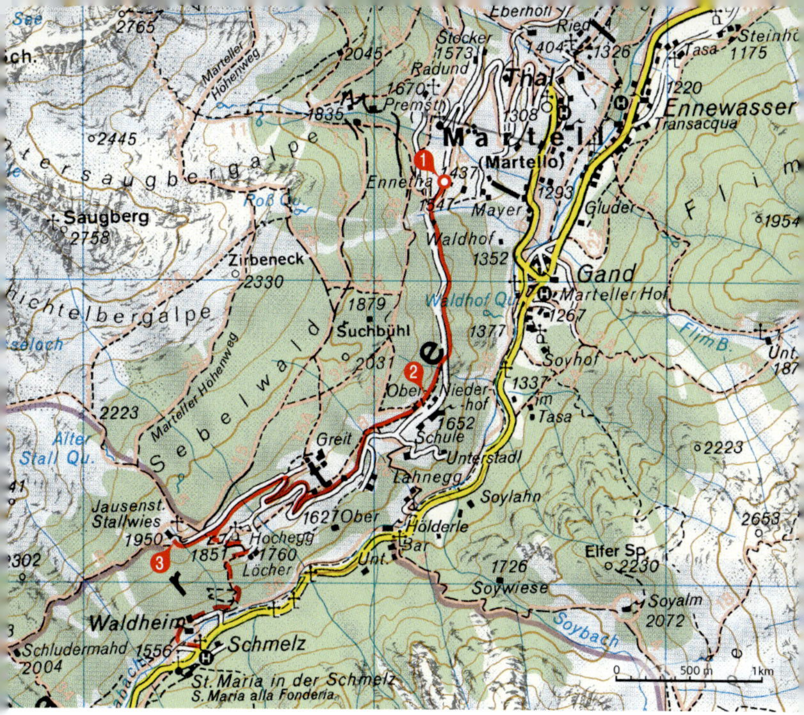

Vom **Gasthof Premstl** ❶ wandert man auf der schmalen Fahrstraße (wenig Verkehr) in leichter Steigung durch Wald, stets am steilen Talhang hinein, an den Höfen **Ober- und Niederhof** ❷ vorbei. Hier führt der Weg durch sehr steiles Wiesengelände, auf dem noch Feldwirtschaft betrieben wird. Weiter geht es in mäßiger Steigung meist durch Wald talein, dazwischen hat man schöne Ausblicke auf die gegenüberliegende Bergkette. Bevor man Stallwies erreicht, kann man zu der etwas unterhalb des Weges liegenden sehenswerten alten Höfegruppe **Hochegg** absteigen.

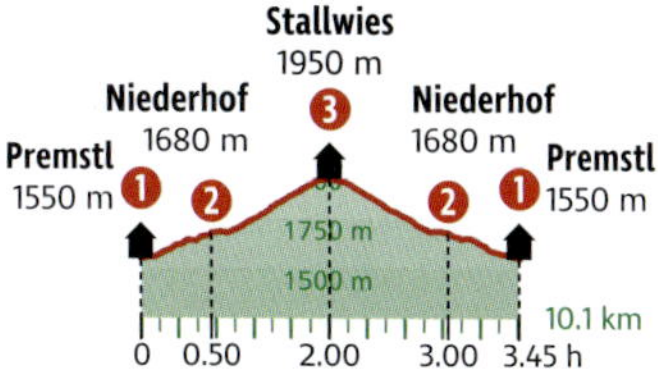

Von Hochegg steigt man wieder hinauf zum Sträßchen und weiter in gemütlicher Steigung talein, bis man in der Nähe der alten Mühle den Bach überschreitet und die Wiese mit dem **Gh. Stallwies** ❸ erreicht. Auf demselben Weg zu Fuß oder mit dem Bus 258 zurück zum **Gasthof Premstl** ❶.

↗ 650 m | ↘ 650 m | 7.2 km

42 Tarscher Alm – Jochwaal

3.50 h

Von den Almen hoch über Tarsch zum Kunstbau des Jochwaals

In großer Höhe kann man die Aussicht auf eine herrliche Hochgebirgslandschaft und nicht zuletzt das (teils rekonstruierte) Aquädukt eines Waals bestaunen. Dieser Waal sollte das Gletscherwasser zu den Latscher Almen leiten. Der teure Bau und die mühsame und kostspielige Erhaltung ließen das Projekt jedoch scheitern, die Wasserleitung konnte nie in Betrieb genommen werden. Heute zeugen die Reste des Bauwerks von der Mühsal der Berglandwirtschaft.

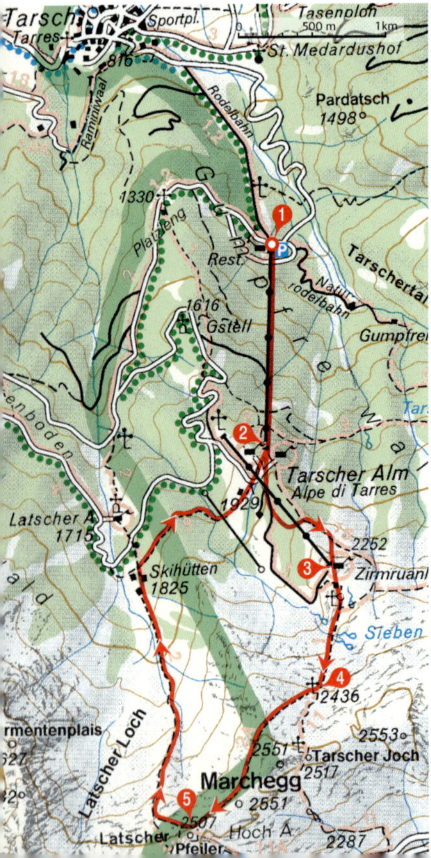

Ausgangspunkt: Sesselift Tarscher Alm (www.bergbahnen-latsch.com/de/sessellift-tarscher-alm/kontakt, Tel. +39 0473 623 109), Talstation der Bergbahn, 1180 m. Erreichbar von Tarsch per Pkw und Bus (Linie 269 im Stundentakt mit dem Bhf. Latsch – ab dort ab 9.11 Uhr, letzte Rückfahrt ab Talstation 17.36 Uhr, jeweils abgestimmt auf die Ankunfts-/Abfahrtszeiten der Vinschgerbahn beider Richtungen). Bergstation, 1920 m.
Anforderungen: Markierte Wege, Forststraße, unter dem Joch alpines Gelände in größerer Höhe, Kondition erforderlich.
Einkehr: Tarscher Alm Hütte, 1940 m, nahe der Bergstation, Tel. +39 339 882 8103; Latscher Alm, 1715 m, am optionalen Fußabstieg zur Talstation.

Von der **Talstation** ❶ gondeln wir hinauf zur **Bergstation Tarscher Alm** ❷. Zunächst auf Pistengelände, dann links hinauf durch Wald, wandern wir zur **Zirmruanhütte** ❸, 2252 m, gelegen auf einer Bergwiese unterhalb des Felskammes. Am Weiterweg kommt man an den Sieben Brunnen vorbei auf das **Wetterkreuz** ❹, 2436 m, einen schönen Aussichtsplatz.

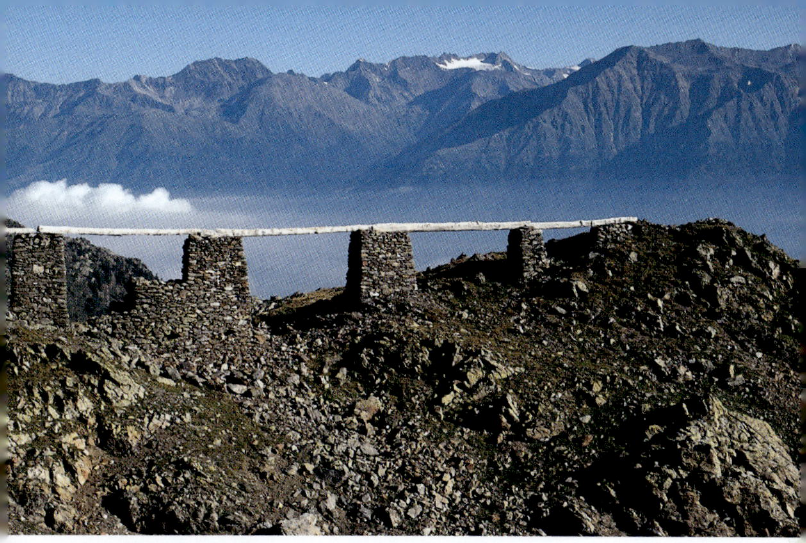

Der Waal am Latscher Jöchl.

Hier folgt man der Markierung (Nr. 2a) nach rechts zu dem nun beginnenden Jochwaal, der durch die Schutthänge ohne besondere Steigung zum **Latscher Jöchl** ❺, 2507 m, führt. Hier sieht man die mächtigen Steinpfeiler, auf denen die Leitung des ehemaligen Waals ruhte.

Um nicht wieder denselben Weg zurückgehen zu müssen, folgen wir bei den Pfeilern des Jochwaals auf Weg 2 gerade talab einem Pfad, der in vielen kleinen Kehren steil hinab Richtung Latscher Alm führt. Falls wir daran vorbei nicht zu Fuß zur Talstation gehen wollen, zweigen wir deutlich oberhalb davon rechts ab auf den Weg 9, der kurz etwas bergan durch Wald zurück zur **Bergstation Tarscher Alm** ❷ führt. Zum Schluss schwebt man mit herrlichem Blick auf den Alpenhauptkamm talwärts zur **Talstation** ❶.

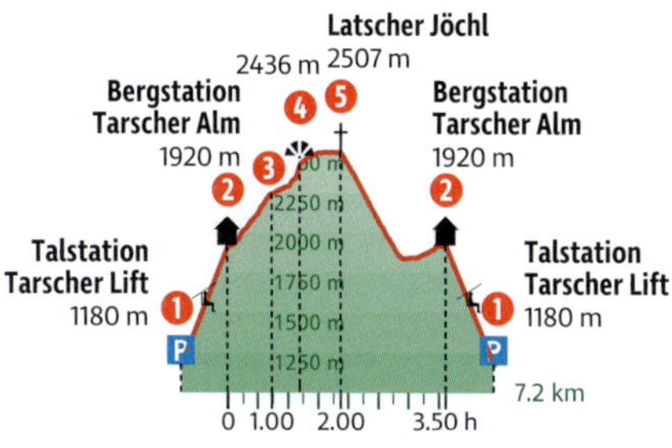

↗ 1150 m | ↘ 1150 m | 8.5 km

43 Vermoispitze, 2929 m

5.45 h

Überwältigender Tiefblick auf den unteren Vinschgau

Eine ganz ausgewöhnliche Tour: Am Gipfel steht man rund 2200 m über dem Talboden! Solch einen Höhenunterschied an einem Tag zu erleben, ist einfach überwältigend. Möglich ist das dank der Seilbahn, die die Höhensiedlung St. Martin im Kofel erschließt – auch als Nahverkehrs- und Transportmittel für die Menschen, die hier hoch oben am Vinschger Sonnenberg leben. Dass die Siedlungsgeschichte in der extremen Lage hier weit zurückreicht, zeigt die Kirche des Bergweilers: Der jetzige Bau stammt aus dem 16. Jh. und wurde um eine Höhle in einem Felsen (Kofel) gebaut, die wahrscheinlich sogar ein vorchristliches Höhlenheiligtum war. Später wurde dann der Heilige Martin in dieser Felshöhle verehrt (daher »im Kofel«). Das Gipfelziel Vermoispitze ist das breite, mit einem Gipfelkreuz geschmückte Ende eines Grates, dessen höchster Punkt (teilweise als Marzill-Spitze bezeichnet) 5 Meter höher ist.

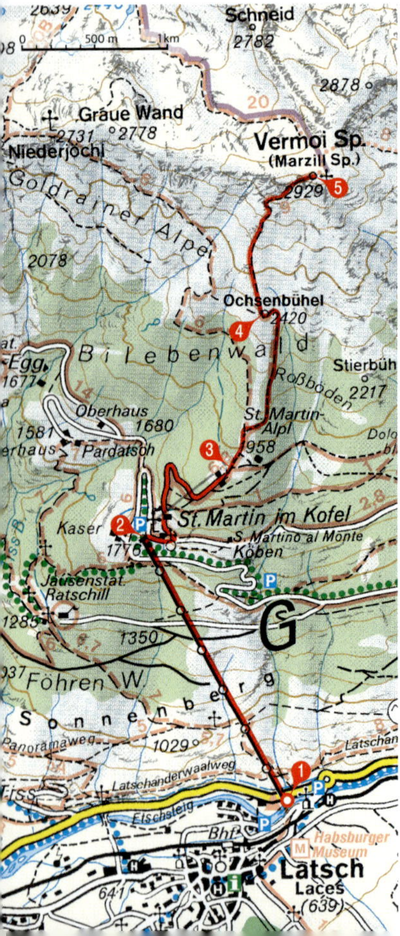

Ausgangspunkt: Latsch, 639 m, St.-Martin-Seilbahn (www.bergbahnen-latsch.com/de/seilbahn-st-martin, Tel. +39 0473 623 109, Betrieb ganzjährig, Mittagspause!), Talstation mit Parkplatz nahe der östlichen Ortseinfahrt. Gut erreichbar vom Bahnhof der Vinschgerbahn (Fußgängertunnel-Nordseite) über Schießstattstraße und Seilbahnweg. Bergstation St. Martin im Kofel, 1740 m.
Anforderungen: Ausdauer und Trittsicherheit; kaum Schatten, reichlich zu Trinken mitnehmen!
Einkehr: An der Bergstation der Seilbahn Gasthaus mit windgeschütztem Aussichtsbalkon (ideal für die Wartezeit bis zur stündlichen Talfahrt), Di Ruhetag, Tel. +39 334 758 7779.

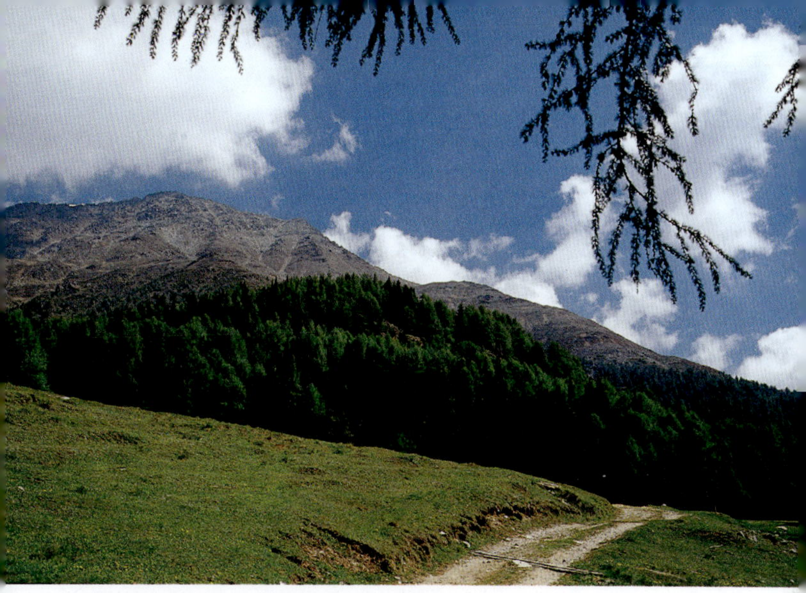

Die Vermoispitze, gesehen vom Anstiegsweg beim St.-Martin-Alpl.

Von **Latsch** ❶, 693 m, bringt uns die Seilbahn mit einer Geschwindigkeit von 6 m/s in 8 Minuten hinauf zum Bergweiler **St. Martin im Kofel** ❷, 1740 m. Von dort starten wir nach rechts (also nach Osten). Gegenüber der Kirche zweigt unser Weg nach links hinauf ab. Die Abzweigung zum »Dolomitenblick« bleibt bald rechts zurück. Nach einer Bank auf einer Mini-Lichtung folgen wir der Kehre nach rechts hinauf in den Wald. Bei einer Almhütte erreicht man eine Lichtung mit einer Wasserfassung. Hier, beim **St.-Martin-Alpl** ❸, 1958 m, folgen wir der Wegweisung nach links. Bald nachdem wir in ein Waldstück hineingegangen sind, lösen wir uns vom Weg Richtung Graue Wand und Niederjöchl, um nach rechts hinauf abzuzweigen. Im folgenden dichten Wald lohnt es sich, genau auf die Markierungen zu achten (vor allem im Abstieg). Bald lichtet sich der Wald und der Blick auf den Gipfel wird wieder frei. Bei einem Trog, in

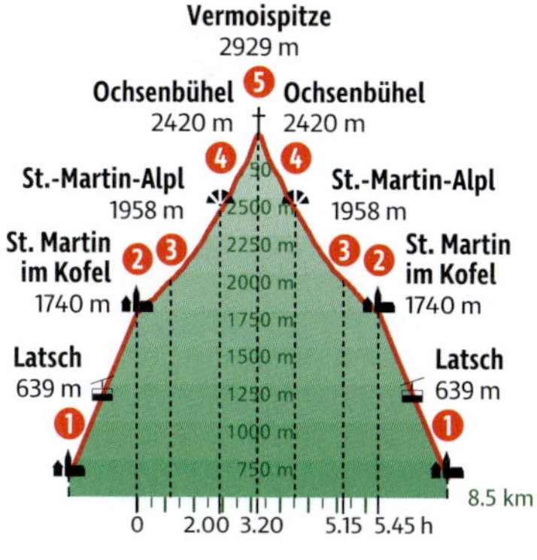

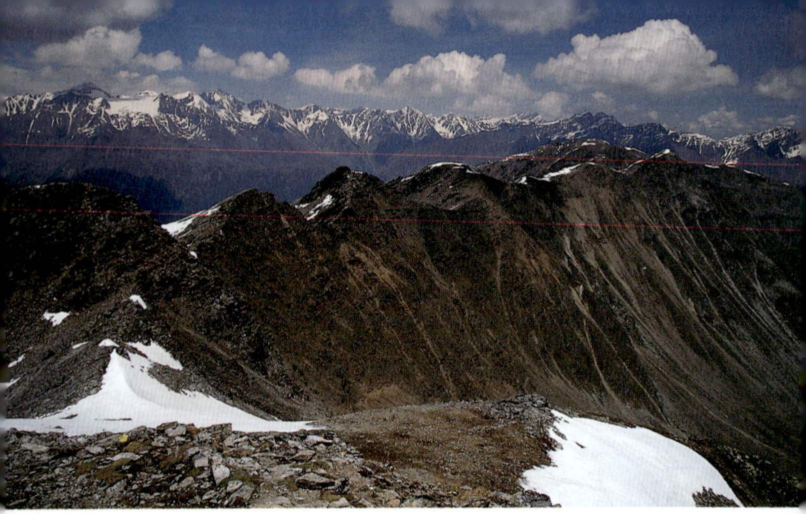

Blick von der Vermoisptze auf den Ötztaler Hauptkamm im Norden.

den durch einen Schlauch köstliches Quellwasser geleitet wird, folgen wir dem nach links hinaufführenden Steig (nicht den Weg- bzw. Weidespuren folgen, die geradeaus durch eine schuttgefüllte Rinne führen!). Der richtige Weg führt auf einen aussichtsreichen Absatz, den **Ochsenbühel** 4, 2420 m (bietet sich für eine Pause an).

Anschließend geht es über einen anfangs breiten, im weiteren Verlauf zunehmend felsigen Geländerücken. Oberhalb eines großen Steinmanns beginnt dann eine Querung nach rechts, bis der Steig schließlich durch eine steinige, teils erdige Rinne und über einige kleine Felsstufen auf den Gipfelrücken führt. Hat man die Höhe erreicht, sind es nur noch einige Meter zum Gipfelkreuz der **Vermoispitze** 5, 2929 m. Nachdem im Aufstieg die Dreitausender der Ortleralpen schon eine tolle Kulisse abgaben, sind es jetzt die ähnlich hohe Berge der Ötztaler Alpen, die hier am Gipfel spektakulär ins Blickfeld rücken.

Zurück nach **Latsch** 1 geht es wie auf dem Hinweg.

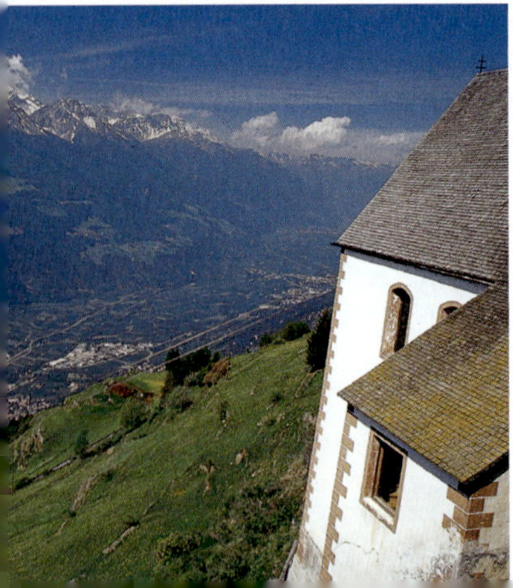

Blick von St. Martin im Kofel.

↗ 775 m | ↘ 90 m | 15.1 km

4.40 h

Schnalser Wanderweg 44

Durch das Schnalstal von Karthaus bis Kurzras

Auf dem Schnalser Wanderweg durchquert man den Talverlauf des Schnalstales an seiner Westseite. Von Karthaus, hundert Meter über dem Talgrund, geht es los, über die Raindlhöfe, Unser Frau und den Vernagtsee bis zu den Wiesen in Kurzras – mehr als 15 km Wanderpfad. Auch kürzere Abschnitte vermitteln den unvergleichlichen Reiz einer archaisch anmutenden, bäuerlich geprägten Landschaft mit ihren sattgrünen Wiesen und den dunkelbraunen Holzbauten der Bauernhöfe an den Talhängen.

Ausgangspunkt: Karthaus, 1327 m, Parkplatz; Hst. Bus 261 von Naturns.
Endpunkt: Kurzras, 2011 m. End-Hst. der Buslinie 261.
Anforderungen: Markierte Wege.
Einkehr: Oberraindlhof, Gasthof mit Hotel, ganzj.; Tonzhaus in Unser Frau, Hotel/Restaurant/Pizzeria; Gh. Edelweiß, in Vernagt (an Nordvariante); Hotel Gerstgras, Restaurant und Café; Gh. Wieshof bei Kurzras.
Varianten: 1) Nördlicher Weg um den Vernagtsee (Nr. 13b): Von der Dammkrone durch den Ort Vernagt, dann links hinab Richtung See über die Wiese und zum Wanderweg. Mit Blick auf die weite Seefläche wandert man ca. 100 m über dem See, überschreitet den schäumenden großen Finailbach und erreicht zuletzt bergan steigend einen Rastplatz mit Hochseilgarten (Wegweiser). Von dort kurz auf Zufahrtsweg zur Fahrstraße (Busstation). Den Wegweisern folgen, die abwärts zum Weg 13a leiten. 2) Runde um den Stausee ab Vernagt (Wege 13a und 13b, 3 Std.).

Am nördlichen Ortsrand von **Karthaus** ❶, beim Parkplatz, beginnt der Wanderweg (Nr. 21, 21a), der zuerst aufwärts, dann meist ohne besondere Steigung in nordwestliche Richtung den Hang entlang durch den Wald hineinführt. Man quert die Penaudschlucht und den gleichnamigen Bach und gelangt zu den Wiesen der **Raindlhöfe** ❷. Inmitten der malerischen Höfegruppe lädt der gepflegte Gasthof Oberraindlhof zur Einkehr. Der Weg (Nr. 19a) führt weiter, am Brugghof vorbei, dann in Talnähe, und erreicht die Wiesen von **Unser Frau** ❸, 1510 m. Man durchquert den Ort, kommt am archeoParc vorbei und erreicht die Forststraße, die ins Mastauntal führt. Dieser folgt man kurz, nach der ersten Kehre zweigt man jedoch von der

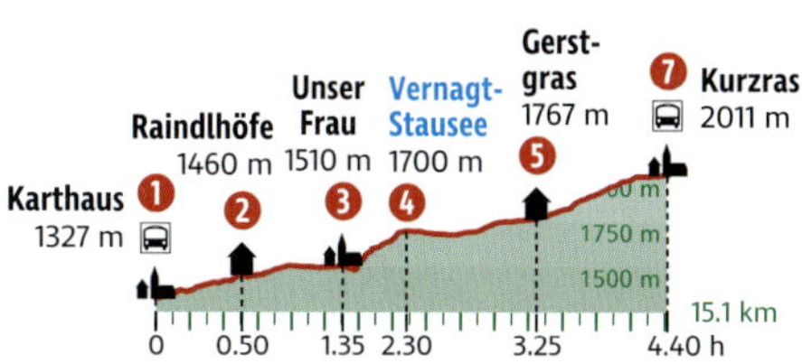

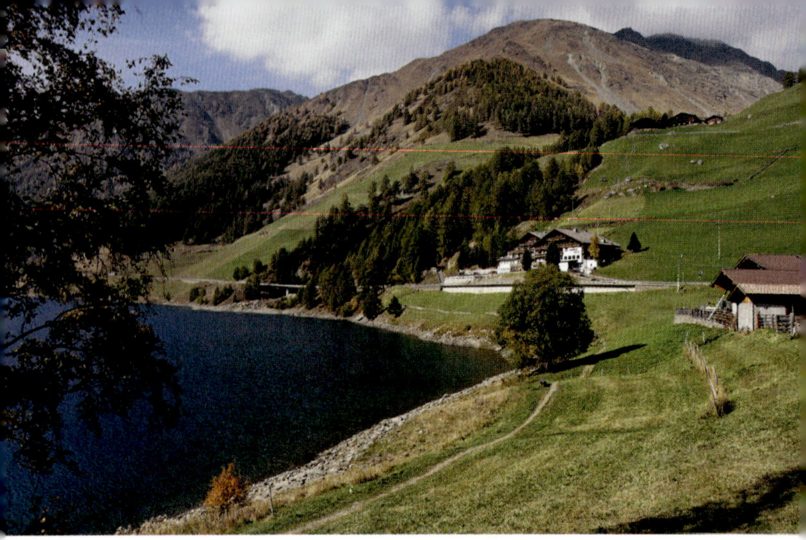

Der Vernagtstausee. Rechts oben der Tisenhof.

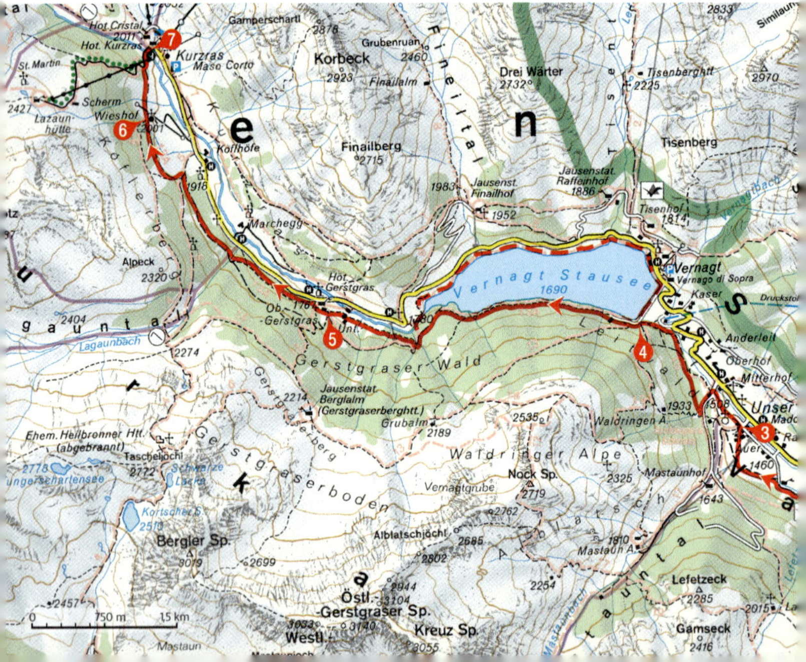

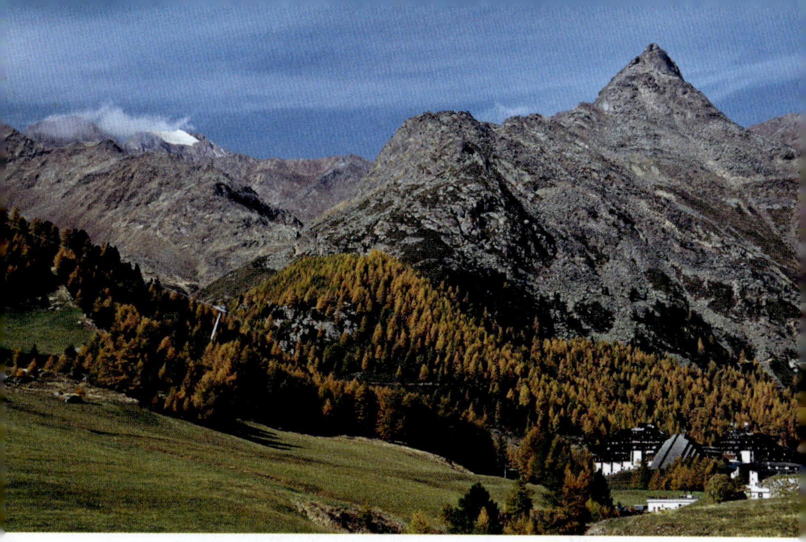

Kurzras, überragt von der Steinschlagspitze und dem vergletscherten Weißkugel-Massiv.

Straße nordwärts ab und auf dem Wanderweg 15 talein. Unser Steig führt kurz eben, dann durch Wald bergan und erreicht den großen Staudamm des **Vernagtsees** ❹.

Von der Dammkrone bieten sich zwei Wege zum westlichen Ende des Sees an: Der südliche Weg 13a verläuft im Wald und weist zahlreiche Auf- und Abstiege auf, der nördliche Weg 13b (Variante) ist angenehmer, denn hier gibt es weniger Gefälle (teilweise ebenfalls durch Wald, aber etwas sonniger). Der südliche Weg 13a führt von der Dammkrone kurz als breiter Weg, dann als Steig oberhalb des Sees hinein und trifft am westlichen Seeende mit dem Weg 13b zusammen. Hier links des Baches kurz aufwärts, dann auf einer Brücke über den Bach und talein zu den Häusern Untergerstgras, kurz darauf **Gerstgras** ❺, Gasthof und Hotel, 1767 m. Der Weg 13a führt nun an den Hang, weiter durch Wald 200 Höhenmeter aufwärts und zu dem nun flacheren innersten Talgrund. Im Folgenden geht es weiter talein und über Wiesen zum schön gelegenen **Wieshof** ❻. Schließlich wandert man beinahe eben weiter, an der Talstation des Lazaunliftes vorbei, nach **Kurzras** ❼. Von dort zurück per Linienbus.

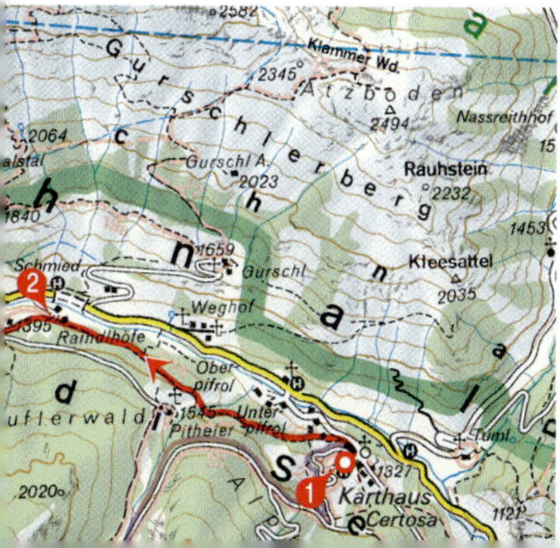

↗ 1200 m | ↘ 1200 m | 23.7 km

45 Eishof, 2071 m – Stettiner Hütte, 2875 m

8.30 h

Von Alm zu Alm bis auf die Höhe des Eisjöchls

Das Pfossental, ein Seitental des Schnalstals, zweigt (talein) kurz vor Karthaus nach Nordosten ab und reicht bis ins Herz der Ötztaler Alpen. Von Vorderkaser/Jägerrast leitet ein Almweg zum Eishof, dem einst höchstgelegenen ganzjährig bewohnten Hof. Auf diesem Tourenteil lernt man die Schönheit und Eigenart dieses einst so entlegenen Hochtals und die teils erhaltenen alten Höfe kennen. Zudem kann man in den drei Almen einkehren, wo man deftige Schnalser Kost aufgetischt bekommt. Im hinteren Talabschnitt wird es alpin – auf dem Hüttensteig geht es über das fast 2900 m hohe Eisjöchl zur Stettiner Hütte. Die ganze Strecke ist ein Abschnitt des Meraner Höhenweges.

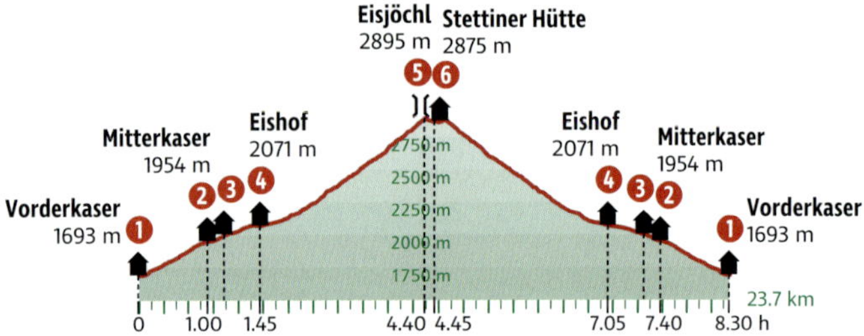

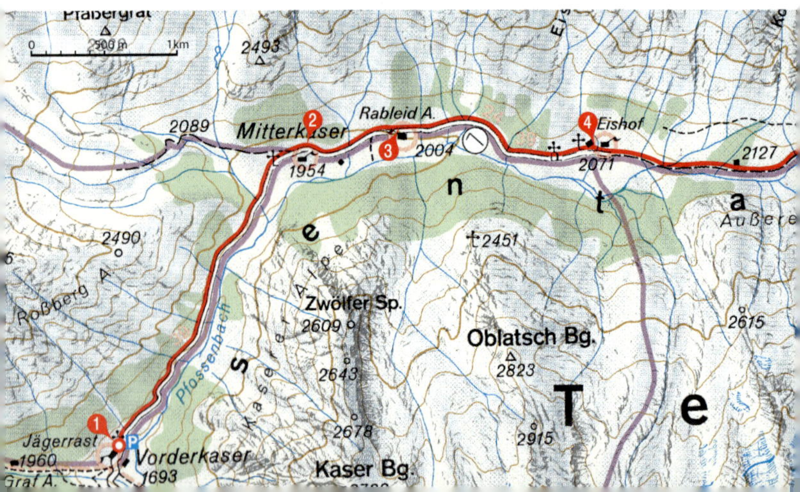

Ausgangspunkt: Vorderkaser/Jägerrast, 1693 m. Anfahrt: Via Schnalstal, an einer Steigungsstrecke Abzweigung nach rechts ins Pfossental. Auf enger Fahrstraße bis zum Parkplatz Vorderkaser. Auch Busverbindung.
Anforderungen: Über den Eishof hinweg breiter Almwanderweg, dann rauer, markierter Bergweg. Der Weg führt nahe an die 3000er-Zone, wo extreme Bedingungen herrschen können; Ausrüstung und Kleidung sollten diesen entsprechen.
Einkehr: Mitterkaser, Jausenstation; Rableid-Alm, Gasthof mit Übernachtung; Berggasthof Eishof, Einkehr mit Übernachtung; alle drei ab Mai den ganzen Sommer bew.; Stettiner Hütte, bew. Juli–Sept., wurde im Winter 2014 von einer Lawine zerstört, seit 2022 steht das größere neue Gebäude, Tel. + 39 0473 424244 (Sommer) und + 39 347 874 2805, www.stettinerhuette.com.

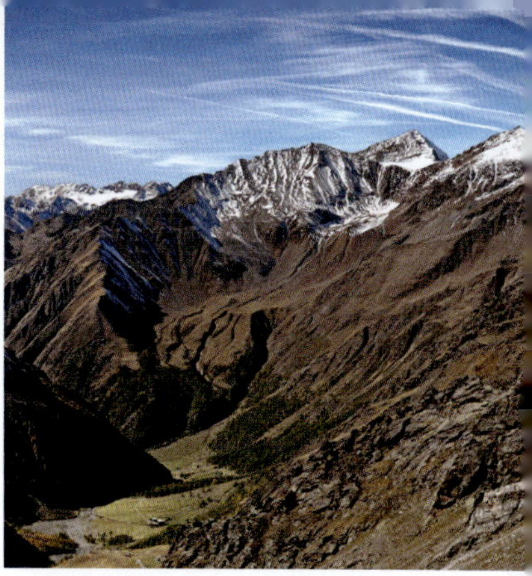

Blick vom Eisjöchl übers Pfossental auf den Similaun (rechts der Bildmitte).

Hinweis: Mit Übernachtung auf zwei Tage aufteilbar.

Vom Bauern- und Gasthof **Vorderkaser/Jägerrast** ❶ geht es auf breitem Almweg an Infotafeln vorbei talein – anfangs oberhalb des Baches. Am folgenden, offeneren Wegabschnitt befinden sich die urigen Almen **Mitterkaser** ❷, 1954 m, und **Rableid** ❸, 2004 m, auf der letzten schönen Wieseninsel mit weiten Weideflächen steht die Almwirtschaft **Eishof** ❹, 2071 m, die den jahrhundertealten ehemaligen Hof ersetzt, der 1973 abbrannte.

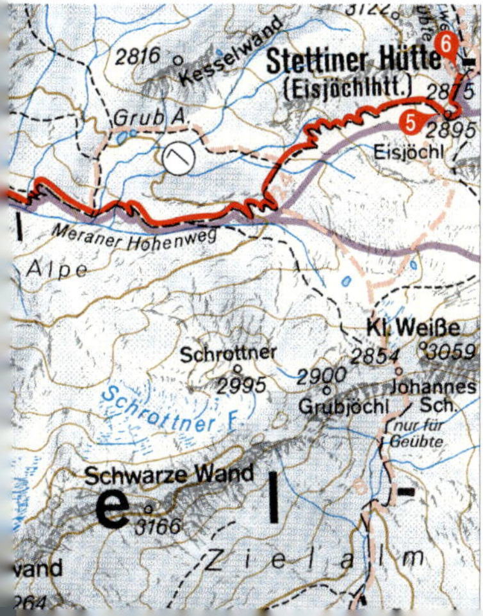

Vom Eishof an wird der Weg rauer und man wandert im Talgrund stetig ansteigend in östlicher Richtung links des Baches talein. Ein rechts abzweigender Karrenweg wird ignoriert. Später geht es in vielen Kehren bergan. Vor uns ragen hohe Gipfel auf: rechts die Hohe Weiße, 3278 m, links die Hohe Wilde, 3480 m. Zuletzt erreicht man in steilem Aufstieg das **Eisjöchl** ❺, 2895 m. Wenige Minuten weiter lockt die **Stettiner Hütte** ❻, 2875 m, zur Einkehr.

Der Abstieg nach **Vorderkaser/Jägerrast** ❶ erfolgt auf demselben Weg.

↗ 305 m | ↘ 305 m | 5.6 km

46 Mastaunhof, 1643 m – Mastaunalm, 1810 m

2.00 h

Zu den Naturschönheiten im einsamen Mastauntal

Eine gemütliche Wanderung führt von Unser Frau im Schnalstal auf breiten Wegen zum Mastaunhof und zur Mastaunalm im Mastauntal. Beide Gaststätten bieten schöne sonnige Rastplätze im Freien. Überall in diesem freundlichen Tal finden sich dazu Picknick- und Spielplätze auf den Wiesen und am Bach, mit schönem Blick auf die weiten Hänge und Berge im Talhintergrund, mit den höchsten Erhebungen Mastaunspitze, 3200 m, und Wiegenspitze, 3109 m.

Ausgangspunkt: Unser Frau im Schnalstal, 1508 m, beschilderter Parkplatz beim Archeoparc (Navi: Madonna 163, I-39020 Senales) am nördlichen Ortsrand, Hst. Unser Frau Oberdorf der Buslinie 261.

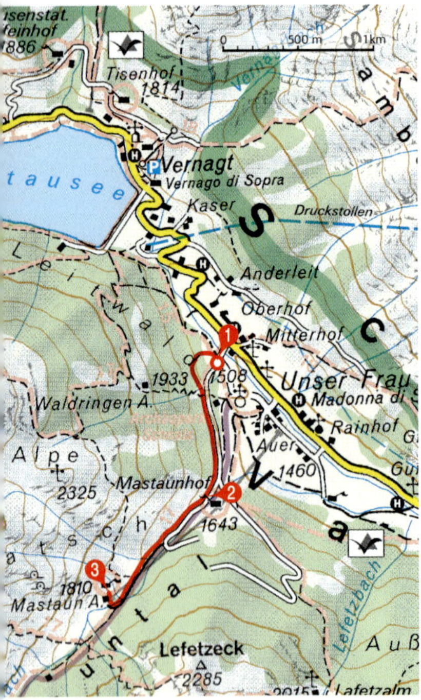

Anforderungen: Zum Mastaunhof Zufahrtsweg (kein Verkehr), dann Almweg.

Einkehr: Mastaunhof, ganzj. bew., Fr Ruhetag; Mastaunalm, Anfang Juni–Ende Okt. tgl.

Hinweis: Von der Mastaunalm kann man nach Südwesten zum Mastaunjoch, 2931 m, aufsteigen, dem Übergang vom Schnalstal ins Schlandrauner Tal, und nach Schlanders wandern – eine lange und anspruchsvolle Tour: Mastaunalm – Mastaunjoch 3.00 Std., Mastaunjoch – Schlanderer Hütte – Schlanders 5.00 Std. Die Wegstrecke von der Mastaunalm zu den obersten Höfen am Sonnenberg, 1682 m, und nach Schlanders, 707 m, ist im oberen Teil von einer Forst-, dann von einer Asphaltstraße erschlossen, die in zahlreichen Kehren den steilen Hang hinabführt.

Tipp: Ötzis Welt entdecken im Archeoparc (Tel. + 39 0473 676020, www.archeoparc.it).

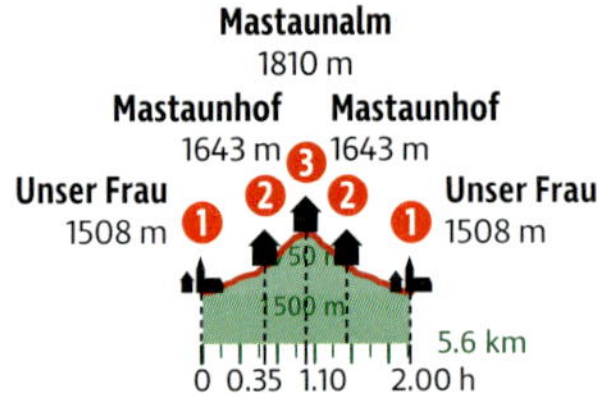

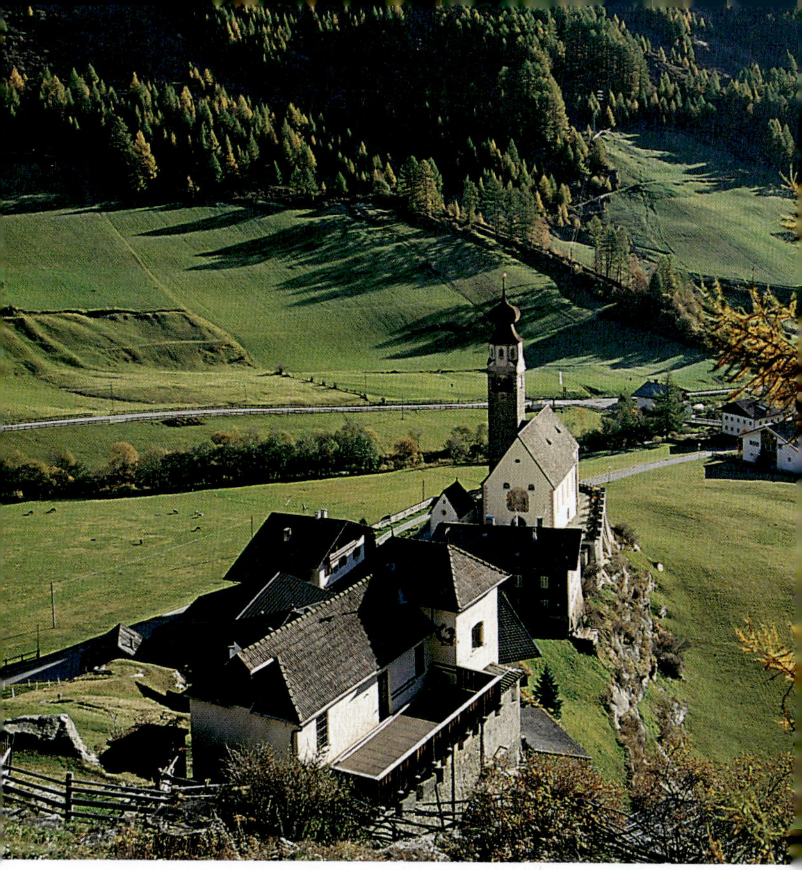

Unser Frau im Schnalstal, auf dem Weg zur Mastaunalm.

Vom nördlichen Ortsende von **Unser Frau** ❶ wandert man auf dem breiten Zufahrtsweg zuerst nordwärts den Hang aufwärts. In einer großen Kehre führt das Sträßchen dann nach Süden und durch Wald in das Mastauntal hinauf. Man erreicht den **Mastaunhof** ❷, 1643 m, ein noch in traditioneller Holzbauweise errichtetes Gehöft.
Der Weiterweg zur Mastaunalm führt auf breitem Weg (Nr. 17) wenig ansteigend taleinwärts bis zum wunderschönen Almboden, über dem die Hütte mit Rastplatz steht. Die Talweitung, in der die **Mastaunalm** ❸ liegt, eignet sich besonders zum Picknick für Familien.
Der Abstieg nach **Unser Frau** ❶ erfolgt auf demselben Weg.

↗ 400 m | ↘ 100 m | 7.9 km

47 Höfewanderung Vernagt – Kurzras

2.30 h

Zu den berühmten Berghöfen am Steilhang über dem Vernagtsee

Für die Bergwanderer im Schnalstal sind die Berghöfe ein besonderer Anziehungspunkt, weshalb diese Höfewanderung auch eine äußerst beliebte Tour ist. Heute sind die hochgelegenen Gehöfte wie Tisenhof, Raffein oder die Koflhöfe noch immer bewohnt, und auf allen treffen wir Jausenstationen. Berühmt ist der Finailhof, das älteste seiner vier Häuser ist mehrere hundert Jahre alt. Es wird berichtet, dass der Tiroler Herzog Friedrich IV. (»Friedl mit der leeren Tasche«) 1415 auf der Flucht dort Schutz und Unterkunft fand. Als Dank hinterließ er einen Becher mit Münzen und sein Essbesteck mit Etui. Diese Relikte werden heute noch dort aufbewahrt. Ehemals war Finail der höchste Kornhof Europas. Durch den Stausee hat sich das Mikroklima der ganzen Gegend verändert, Korn gedeiht hier nicht mehr. Die Ausblicke von dem hoch über dem Tal verlaufenden Wanderweg sind wunderschön, die Gletscherberge, die hier im hintersten Schnalstal eine beträchtliche Höhe erreichen, leuchten bei schönem Wetter in herrlichem Glanz.

Ausgangspunkt: Vernagt am See, 1711 m. Parkplatz, Hst. der Buslinie 261 von Naturns (Bhf. der Vinschgerbahn).
Endpunkt: Kurzras, 2011 m; Endstation der Buslinie 261.

Anforderungen: Wiesen- und Waldwege, bei Finail schmalerer Hangsteig.
Einkehr: Tisenhof, 1814 m, ganzj.; Raffein, 1886 m, ganzj.; Finail, 1952 m, ganzj.; in Kurzras mehrere Restaurants.

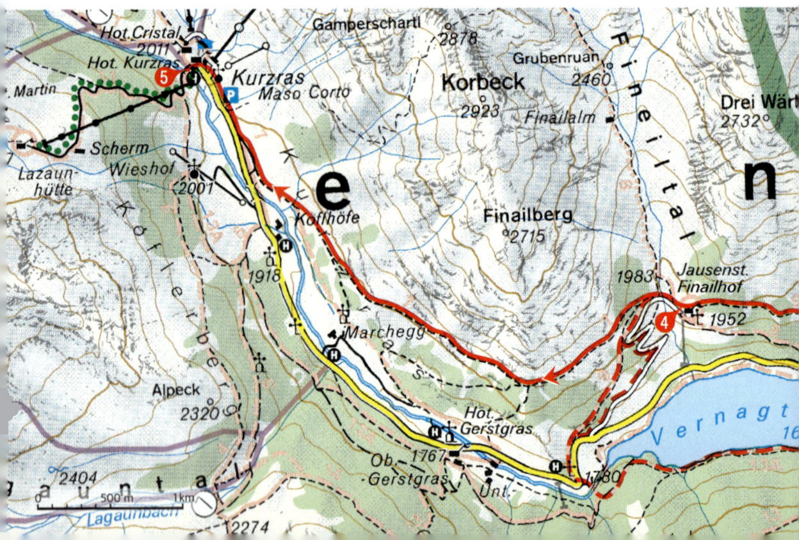

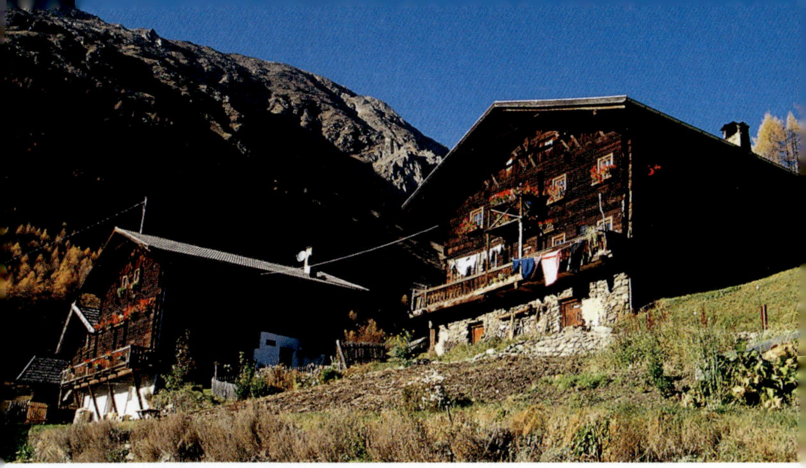

Die historischen Finailhöfe oberhalb des Vernagt-Stausees.

Von **Vernagt** ❶ geht man zum Haus Enzian am nördlichen Ortsrand. Hier beginnt der Steig, der über steile Wiesen hinaufführt zum **Tisenhof** ❷, auf schönem Aussichtsplatz über dem See gelegen. Hinter dem Hof wandert man nach links über die Wiese in den Wald und ins Tisental, rechts geht der Weg ab zur Similaunhütte, 3017 m. Über den Bach steigt man kurz empor zum **Raffeinhof** ❸, 1886 m, und von diesem den Hang hinauf. Ein schmaler Steig führt dann durch Wald und Wiesen zum **Finailhof** ❹; bestehend aus vier Gebäuden: zwei Wohn- und zwei Wirtschaftgebäuden – eines davon Jausenstation. Ein Stück weiter von Finail zweigt ein Sträßchen (bzw. Fußweg 9) ins Tal hinab zum Vernagtsee und am Ufer zurück nach Vernagt (Variante). Unser Weg führt von den Finailhöfen auf der Zufahrtsstraße über den Finailbach, dann rechts ab und auf schmalem Steig teils durch Wald am steilen Hang um den mächtigen Bergrücken herum. Der Weg quert die Talhänge, führt oberhalb der Wiesen der Kohlhöfe weiter talein und erreicht schließlich kurz vor **Kurzras** ❺ die Straße; auf ihr geht es in den Ort (von hier Busse durch das Tal und ins Vinschgau bzw. nach Meran).

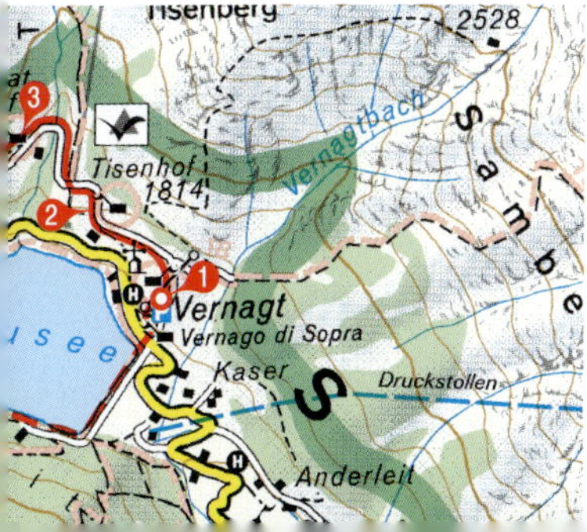

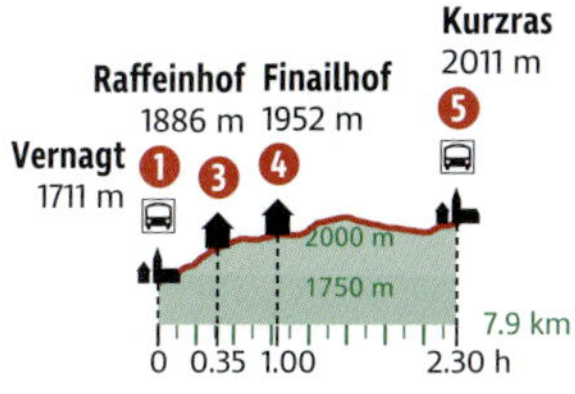

↗ 50 m | ↘ 1490 m | 6.5 km

48 Grawand, 3251 m

3.30 h

Luftiger Blockgrat über dem Schnalstaler Gletscher für Bergerfahrene

Diese Hochtour beginnt an der Grawand-Bergstation der Gletscherbahn. Die traumhafte Aussicht vom höchsten Punkt, dem eigentlichen Gipfel der Grawand, 3251 m, zeigt uns die ganze Reihe der Ötztaler Gletscherberge, dazu die Hausberge des Schnalstales: Similaun, Finail, Saldur- und Lagaunspitze, Weißkugel, und dazu die Marteller Berge im Süden. Beeindruckend der Tiefblick zu beiden Seiten unseres scharfen Grates auf die Gletscherfläche des Schnalstaler Ferners im Norden, tief drunten im Süden auf der anderen Seite das Finailtal mit dem See, durch das der Abstieg führt.

Ausgangspunkt: Kurzras, Schnalstaler Gletscherbahnen (ab Ende Juni, 10.00–16.30 Uhr, www.schnalstal.com, Tel. +39 0473 662 171), Talstation mit Bushaltestelle (Linie 261), 2011 m. Bergstation Grawand, 3212 m.
Endpunkt: Bushaltestelle (Linie 261), 1780 m, beim Hochseilgarten »Ötzi-Rope-Park« über dem Westende des Vernagtsees.
Anforderungen: Zur Grawandspitze angelegter Plattenweg, versichert. Grawandgrat teils Steig, teils Blockkletterei, gesichert und markiert. Nur für Schwindelfreie und Trittsichere. Abstieg, steiler Steig, Markierung beachten, westl. des Weges Schrofengelände.
Einkehr: Bergrestaurant Gletscherbahn, Finailhof, Hotel-Gasthof Gerstgras.
Varianten: Rückweg Finail–Kurzras auf Weg 7 (knapp 2 Std., s. Tour 47), oder über Raffein und den Tisenhof nach Vernagt auf Weg 9 (gut 1 Std., s. Tour 47, Teilstück in Gegenrichtung). Die gesamte Tour ist auch in umgekehrter Richtung begehbar.

Von **Kurzras** ❶ fährt man mit der Gletscherbahn zur **Bergstation Grawand** ❷. Hier geht es auf dem Steig zum Gipfel der **Grawand** ❸, 3251 m, mit Gipfelkreuz. Über den luftigen Grawandgrat wandert man anschließend in leichtem Auf und Ab hinüber Richtung **Finailjoch** ❹. Bei der Bergstation eines Skilifts führt der Weiterweg (Nr. 8) nach Süden hinab und unterhalb des Jochs (zur Einsenkung selbst müsste man einige Meter aufsteigen) über steilen Schutt talab. Durch den folgenden Felsgürtel hinab (unbedingt Markierung beachten, rechts schrofiges Gelände!) erreicht man einen ausgeprägten Felsrücken links des **Finailsees** ❺. Entlang des Weges am Ostufer, dann auf deutlichem Steig steil abwärts, kommt man an einer Jagdhütte vorbei über Almwiesen zum **Finailhof** ❻. Hier über-

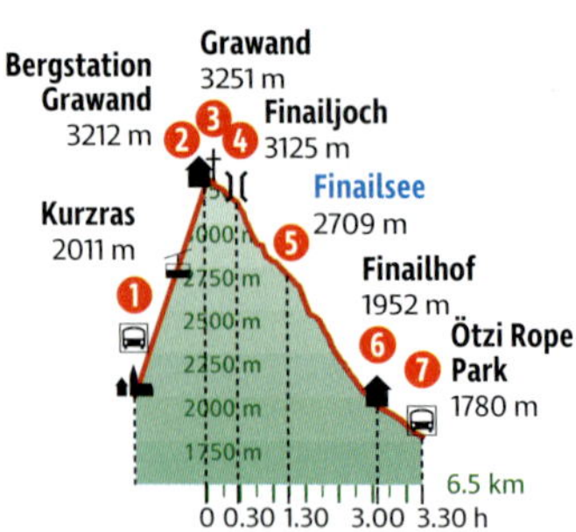

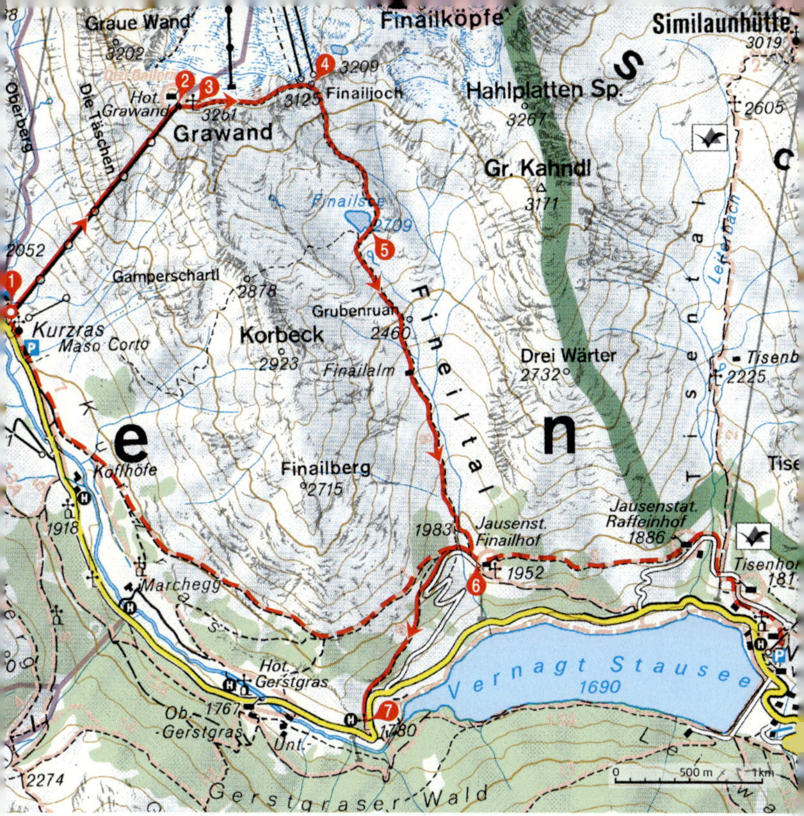

quert man den Bach, folgt kurz dem Zufahrtsweg und wechselt schließlich auf den Wanderweg 8. Dieser führt hinunter zur Hauptstraße; auf dieser 50 Meter nach rechts, gelangt man zur **Bushaltestelle** beim **»Ötzi Rope Park«** 7 oberhalb des Vernagtsees.

Der Hochjoch-Ferner, darüber der Grawandgrat, rechts die Bergstation.

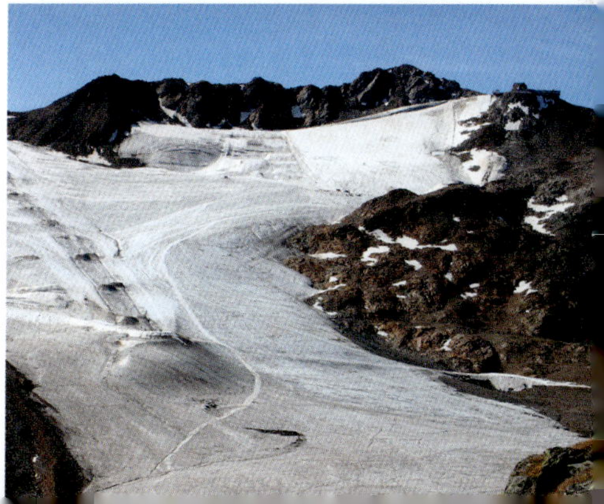

49 Schutzhaus »Schöne Aussicht«, 2846 m

4.30 h

Komfortabler Stützpunkt in Gletschernähe über dem Hochjochferner

Das große Unterkunftshaus am Hochjoch ist das Ziel vieler Wanderer. Es ist von Kurzras auf einem guten Hüttensteig erreichbar. Man begeht den Weg, der über das Hochjoch hinweg das Schnalstal mit dem Venter Tal in Nordtirol verbindet. Im Frühsommer ziehen die Vinschgauer Hirten mit ihren Schafherden hinüber zu den Venter Almen und im September wieder über das Joch zurück. Jedes Mal ist die Ankunft der riesigen Schafherde im Tal ein großes Ereignis für Einheimische und Gäste.

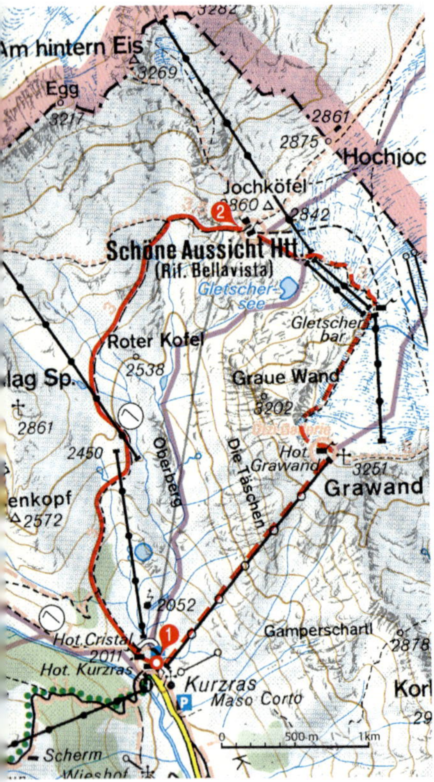

Ausgangspunkt: Kurzras, 2011 m, Talstation der Schnalstaler Gletscherbahn. Großer Parkplatz. Anfahrt: 25 km von der Abfahrt in Staben im Vinschgau. Busverbindung (Linie 261) mit Naturns (Bhf. Vinschgerbahn).
Anforderungen: Markierter Hüttenweg, der in größere Höhe führt. Abstieg von der Grawand, markierter Steig, teilweise Sicherungen.
Einkehr: »Schöne Aussicht« (private Schutzhütte), bew. Sommer bis Spätherbst, gut ausgestattete Unterkunft (Sauna u. a. m.), www.schoeneaussicht.it, Tel. +39 0473 679 130.
Variante: Ausgangspunkt Bergstation Grawand der Gletscherbahn: Nach Seilbahn-Auffahrt von Kurzras (s. Tour 48) erreicht man die Schutzhütte auf einem teils steilen, markierten Weg hinab in die Senke des Hochjochs, von dort hinauf zur Schönen Aussicht. 1.15 Std., 370 m im Abstieg, 130 m im Aufstieg zur Hütte.
Hinweis: Kombinationsmöglichkeit mit Tour 50, auch mit Übernachtung im Schutzhaus Schöne Aussicht.

Hinter dem letzten Hotel in **Kurzras** ❶ beginnt der Hüttenweg (Nr. 3), der zuerst als breiter Weg in mäßiger Steigung durch lichten Wald bergan führt. Dann wandert man auf einem Steig

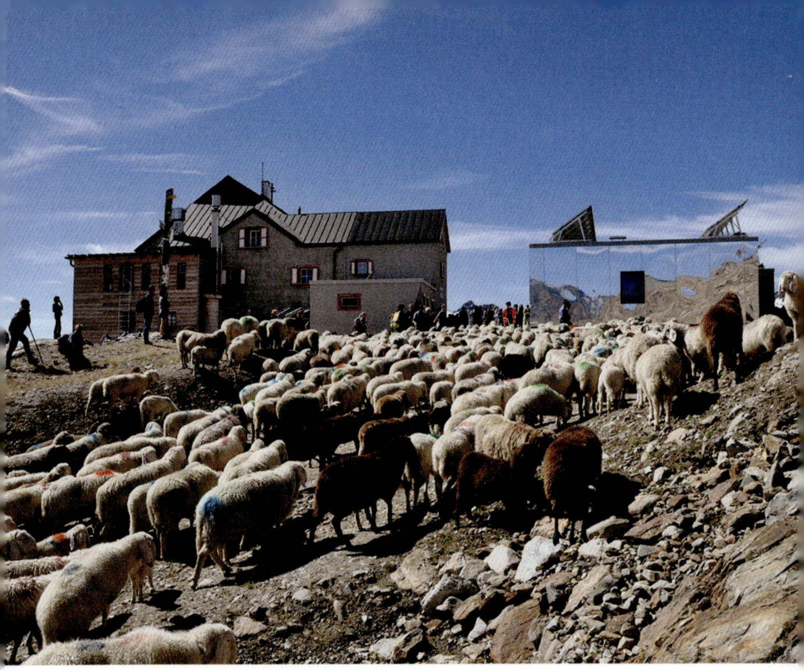

Der jährliche Schaftrieb bei der Schutzhütte »Schöne Aussicht«.

über die weiten Westhänge empor, hoch über dem steilen Tälchen mit dem Bach. Stets in freier Höhe steigt der Weg gleichmäßig an, im Westen hoch oben der Grat mit der Erhebung des Steinschlagjochs.

Der Weg führt über weite, mit Blockwerk übersäte Grashänge. Es geht stetig aufwärts, man durchquert das steile Kar unter dem Felskamm mit dem Teufelsegg. Dieses ist im Winter durch einen Skilift erschlossen. Wo der Weg sich aus seiner Nordrichtung nach Osten wendet, zweigt nach links der Steig zum Teufelsegg und zur Weißkugel ab. Bei der **Verzweigung** befindet man sich bereits in einer Höhe von 2800 m. Auf dem nun zwischen Schrofen und über Felsstufen verlaufenden Weg geht es in mäßiger Steigung ostwärts hinüber zum Hang, über den man die große Schutzhütte **»Schöne Aussicht«** 2 erreicht.

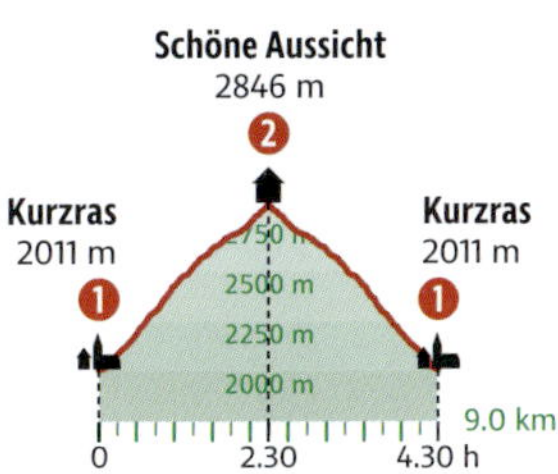

Der Abstieg zurück nach **Kurzras** 1 erfolgt auf dem Anstiegsweg.

TOP

↗ 1260 m | ↘ 1260 m | 12.7 km

50 »Im Hinteren Eis«, 3269 m

7.00 h

Auf einen »Familien-Dreitausender« mit grandioser Gipfelschau

Hat man erst einmal den Weg zur »Schönen Aussicht« geschafft, kann die Wanderung auf das »Hintere Eis« für einigermaßen geübte Geher zu einem einmaligen Erlebnis werden. Der Weg führt über die Block- und Schutthänge mäßig steil bergan, durchgehend mit teils großen Steinmännern und Farbflecken markiert. Vom Gipfel bietet sich eine umfassende Rundsicht an, die kleine Gipfelerhebung »Hinteres Eis« steht frei über dem großen Hintereisgletscher im Norden und dem Hochjochferner im Süden. Der eindrucksvolle Eisstrom des Hintereisferners ist von hier oben wunderschön zu sehen. Das Glanzstück dieser Gipfelschau bietet jedoch die nahe Weißkugel, 3738 m, mit ihrem majestätischen Gipfelaufbau. Weiterhin beeindrucken über dem Hochjochferner die formschöne Finailspitze, 3514 m, gegenüber die Schwarze Wand, 3354 m, und die Grawand, 3251 m, mit der Bergstation der Seilbahn.

Ausgangspunkt: Kurzras, 2011 m, Parkplatz der Schnalstaler Gletscherbahn (s. Tour 49).
Anforderungen: Markierter Hüttenweg, ab Schutzhaus »Schöne Aussicht« markierter Steig, Abschnitte mit Steigspuren und Altschneefeldern.
Einkehr: »Schöne Aussicht« (s. Tour 49).
Variante: Ausgangs- bzw. Endpunkt Gletscherbahn (s. Tour 49).

See unter dem Gipfel »Im Hinteren Eis« gegen Saykogel und Sennkogel.

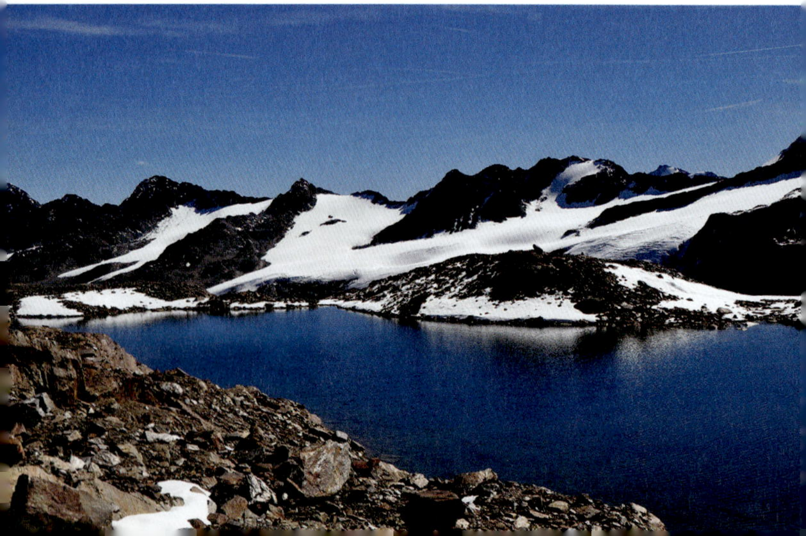

Hinweis: Mit Übernachtung im Schutzhaus »Schöne Aussicht« auf zwei Tage aufteilbar.

Der Aufstieg von **Kurzras** ❶ zur **Schutzhütte »Schöne Aussicht«** ❷ erfolgt wie bei Tour 49. Dort beginnt der Anstieg zum »Hinteren Eis« (Wegweiser »Hintereis«), der über die mit Geröll und Schutt bedeckten Berghänge mäßig steil aufwärtsführt. Man hält sich immer an die den Weg kennzeichnenden großen Steinmänner und Farbmarkierungen, die auch bei schlechter Sicht oder etwas Schnee nicht zu übersehen sind.

Es geht stets geradewegs in nördlicher Richtung aufwärts. Der Steig führt zu einer **Mulde**, in der sich im Sommer ein **See** ❸ bildet. Zuletzt steigt man zum Gipfelhang an, wo oft ein Firnfeld liegt, hier entweder über den Schnee aufwärts oder, leichter, links davon zum Gipfel **»Im Hinteren Eis«** ❹, mit Gipfelzeichen. Nordöstlich in der Nähe befindet sich die Sessellift-Bergstation (im Sommer kein Liftbetrieb).

Der Abstieg nach **Kurzras** ❶ führt über den Anstiegsweg.

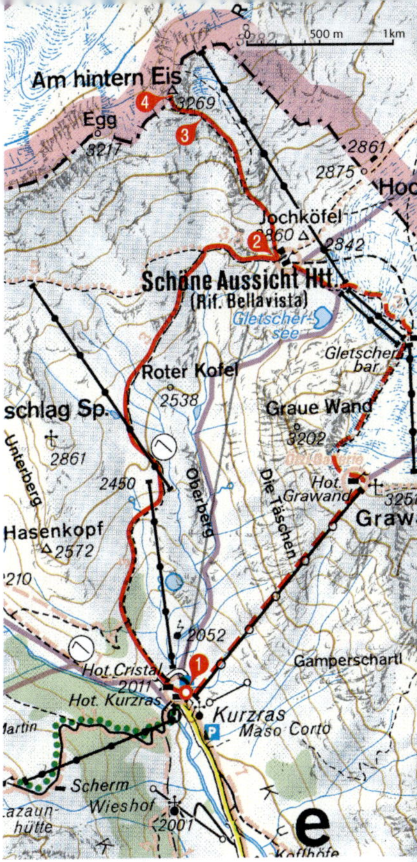

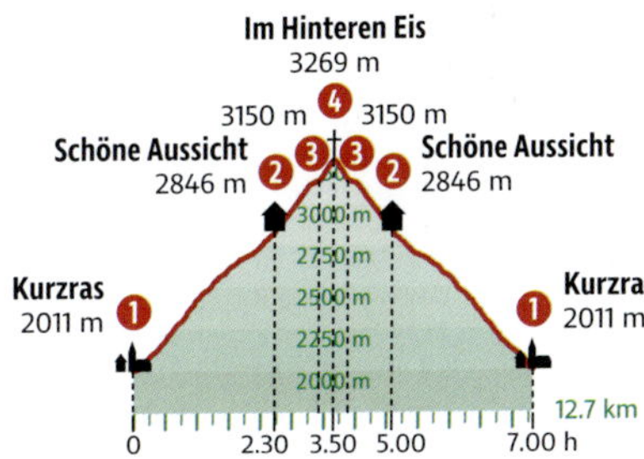

STICHWORTVERZEICHNIS

Umschlagbild: Am Zaybach unterhalb der Düsseldorfer Hütte. Blick auf das Dreigestirn Königspitze, Monte Zebrù und Ortler.

Bild im Innentitel: Schloss Kastelbell, auf einem Felsen über der Etsch im Untervinschgau gelegen.

Umschlagbild und Fotos Seite 1, 11, 12, 17, 20, 25, 27, 34, 43, 49, 55, 61, 79, 84, 89, 91, 92, 96, 100, 103, 106, 108, 109, 111, 113, 115, 119, 129, 135 und 136 von Peter Haselwanter; Fotos Seite 2, 9 oben, 9 unten, 15, 19, 22, 24, 25, 45, 59 oben, 59 unten, 62, 69 oben, 69 unten, 82, 83, 87 oben, 87 unten, 116, 121, 122 oben, 122 unten, 124, 125 und 127 von Gerhard Hirtlreiter; Fotos Seite 30, 31, 33, 37, 38, 39, 41, 46, 47, 51, 52, 53, 57, 63, 65, 67, 71, 72, 74/75, 77, 81, 95, 99, 105 und 131 von Henriette Klier; Foto Seite 133 von Helmut Satori.

Kartografie:
50 Wanderkärtchen im Maßstab 1:50.000 / 1:75.000
sowie 2 Übersichtskärtchen im Maßstab 1:300.000 und 1:600.000
© Freytag & Berndt, Wien

Werk.-Nr: 4205

11., überarbeitete Auflage 2024

ISBN 978-3-7633-4785-8

MIX
Papier | Fördert gute Waldnutzung
FSC® C147178

Wir freuen uns über jeden Korrekturhinweis zu diesem Wanderführer!
Bitte per E-Mail an: leserzuschrift@rother.de

ROTHER BERGVERLAG · Keltenring 17 · D-82041 Oberhaching
Tel. +49 89 608669-0 · www.rother.de